W0174495

BASTEI
LÜBBE
TASCHENBUCH

Christiane Stella Bongertz und Joakim Montelius

VERLIEBT IN SCHWEDEN

Eine Geschichte ohne Elch, aber mit Herz

BASTEI
LÜBBE
TASCHENBUCH

BASTEI LÜBBE TASCHENBUCH
Band 60740

1. Auflage: Juni 2013

Dieser Titel ist auch als E-Book erschienen.

Originalausgabe

Copyright © 2013 by Bastei Lübbe GmbH & Co. KG, Köln
Textredaktion: Lisa Bitzer
Übersetzung der Texte von Joakim Montelius
aus dem Schwedischen von Christiane Stella Bongertz
Titelillustration: Christina Seitz, Berkheim
unter Verwendung von Motiven von © shutterstock/Anan Kaewkhammul;
shutterstock/BigganVi; shutterstock/JKlingebiel
Umschlaggestaltung: Christina Seitz, Berkheim
Satz: hanseatenSatz-bremen, Bremen
Gesetzt aus der Adobe Garamond Pro
Druck und Verarbeitung: GGP Media GmbH, Pößneck
Printed in Germany
ISBN 978-3-404- 60740-2

Sie finden uns im Internet unter
www.luebbe.de
Bitte beachten Sie auch: www.lesejury.de

Der Preis dieses Bandes versteht sich einschließlich
der gesetzlichen Mehrwertsteuer.

INHALT

KNAPP VORBEI IST AUCH DANEBEN

Stella | Es war in der ersten Hälfte der Neunziger, ein ausgesprochen sonniger Juni. Auf 19 Studentinnen der Kunstwissenschaft und eine junge Lehrbeauftragte namens Anja kamen bei unserer Exkursion nur zwei Vertreter männlichen Geschlechts. Das war einmal der sommersprossige Poldi, ein guter Freund meiner ebenfalls zur Reisegruppe gehörenden Freundin Julia. Poldi war extrem schüchtern und verbrachte die meiste Zeit damit, aus in der Regel unerfindlichen Gründen knallrot anzulaufen. Außerdem war Professor Kubitschek mit von der Partie. Kubitschek war ein liebenswerter älterer Herr, der vor spannenden Anekdoten nur so überschäumte. Das einzige Problem an ihm war, dass er, wenn er einmal anfing zu erzählen, nicht mehr aufhörte.

Die Exkursion drehte sich fachgerecht um den hohen Norden und dessen Kunstpreziosen. Als Hauptquartier sollte Kopenhagen dienen, von wo aus wir zu diversen Ausflügen aufbrechen wollten. Zu Wikingerausgrabungen und vor allem dem weltberühmten Louisiana-Museum für Moderne Kunst.

Das Ganze fing schon mal gut an: In Kopenhagen waren wir in einer Jugendherberge untergebracht, die durch ihre exklusive Lage am Wasser und ein sensationelles Frühstücksbuffet positiv auffiel. Ich weiß noch, wie ich mit Julia den massiven Käseklotz bestaunte, von dem man sich mittels einer Art drehender Drahtkonstruktion hauchfeine Scheiben abhobeln konnte, im Geruch allerdings etwas streng. Schon merkwürdig, an welche Kleinigkeiten man sich nach so langer Zeit noch erinnern kann.

Am ersten Tag ging es direkt nach dem Frühstück ins Louisiana. Das Museum liegt etwa 40 Kilometer nördlich der dänischen Hauptstadt im Örtchen Humlebæk, wo es auf einer Anhöhe am Meer thront.

Julia, Poldi und ich hatten schon im Bus verabredet, uns nach der Ankunft schnell aus dem Staub zu machen. Kubitschek hatte nämlich Julia und mich im Laufe der Fahrt als sein liebstes Publikum auserkoren. So gern wir ihm lauschten, das Museum wollten wir gern in Ruhe genießen.

Schon nach den ersten Ausstellungsräumen war klar: Dass das Louisiana als eines der bedeutendsten Museen der Welt gilt, ist berechtigt. Mit großen Augen wanderten wir vorbei an Giacometti-Skulpturen, Gemälden von Yves Klein, Roy Lichtenstein, Andy Warhol, Picasso und Werken zahlloser weiterer internationaler Kunst-VIPs des 20. Jahrhunderts.

So viel stille Bewunderung und das Entziffern von Texttafeln, deren Schrift eigentlich nur unter der Lupe einwandfrei zu erkennen gewesen wäre, erwies sich allerdings als unerwartet anstrengend. Umso dankbarer waren wir, als uns mit einem Mal Kaffeeduft in die Nase stieg: Wir hatten das Museumscafé erreicht. Mit je einem dampfenden Becher in der Hand ließen wir uns kurze Zeit später auf den Rasen im sanft zum Meer abfallenden Park sinken, irgendwo zwischen Rhododendren, im Wind rauschenden alten Rotbuchen und Skulpturen von Joan Miró und Henry Moore. So saßen wir da, ließen die Kunst nachwirken und versanken im Anblick des Panoramas. Und wie jedes Mal irgendwo am Meer, begann ich mir auszumalen, wie es wohl wäre, hier zu wohnen. Jeden Tag diese Weite sehen, Meerluft schnuppern …

»Unglaublich, oder?«, sagte Julia plötzlich in meine Gedanken hinein. »Da drüben ist schon Schweden.«

Sie zeigte in die Ferne, wo weit draußen ein grüner Streifen den wolkenlosen Himmel vom tiefblauen Meer trennte.

»Mhmmm«, erwiderte ich und verlor mich in der Aussicht.

Eigentlich war mit unserem Besuch im Louisiana das Tagessoll an Kunstgenuss erfüllt. Doch als wir uns wieder vollständig am Bus eingefunden hatten, eröffnete uns Anja: »Wir machen noch einen kleinen Abstecher!«

Das Ziel desselben lag zwölf Kilometer nördlich: das Hamlet-Schloss Kronborg in Helsingør. Jenes Schloss, das Shakespeare 1603 zum Schauplatz seines *Hamlet* gemacht hatte, frei nach einer dänischen Heldengeschichte. Das jedenfalls referierte Anja über das Busmikrofon, während auf unserer rechten Seite das tiefblaue, mit weißen Segelbötchen übersäte Meer vorbeizog und auf der anderen so unglaubliche Villen, dass jedem *Architektur-heute*-Abonnenten die Tränen in die Augen gestiegen wären. Streng genommen fielen Hamlet-Schlösser ja eher ins Fach Anglistik. Aber man musste ja nicht übertrieben kleinlich sein, für eine solche Aussicht hätte ich auch eine Currywurst-Bude als kunstrelevantes Ausflugsziel akzeptiert.

»Helsingør«, erklärte Anja, und die Lautsprecher knisterten, »liegt an der schmalsten Stelle des Öresunds. Shakespeare ist mit ziemlicher Sicherheit nie dort gewesen, genau wie sein Held Hamlet.«

Es stellte sich heraus, dass das Schloss seinem Namen alle Ehre machte: Es hatte geschlossen. Wir liefen einmal um den alten Kasten direkt am Wasser herum und reckten unsere Hälse in Richtung der Türme und Fenster. Als wir alles gesehen hatten, was es auf diese Weise zu sehen gab, fassten Julia, Poldi und ich den Beschluss, das Städtchen ein wenig in Augenschein zu nehmen. Die Gelegenheit war günstig, der Professor war gerade hinter einer Ecke des Gemäuers verschwunden.

»Schön hier!«, meinte Julia lakonisch.

Ich konnte nicht anders, als ihr zuzustimmen. Der Platz, auf dem wir standen, war auf einer Seite von einem Bahnhof gesäumt, der selbst fast wie ein Schlösschen aussah. Schräg gegenüber folgte ein buntes Dänenhäuschen auf das andere, als wollte Helsingør den Preis fürs schönste Postkartenmotiv gewinnen.

In einer kopfsteingepflasterten Seitenstraße machten wir uns auf die Suche nach einer Eisdiele. Stattdessen stießen wir allerdings erst mal auf einen riesigen Käseladen. Aus der geöffneten Eingangstür wehte uns ein infernalischer Geruch entgegen, der stark an den Käseklotz vom Frühstücksbuffet erinnerte.

»Pfui Teufel!«, brach es angesichts dessen sogar aus dem sonst so schweigsamen Poldi heraus. »Kann es jemanden geben, der bei so einem Gestank Appetit entwickelt?«

Das kam so unerwartet und leidenschaftlich, dass wir uns richtig erschraken – am meisten Poldi über sich selbst. Dann bekamen wir uns alle drei vor Lachen nicht mehr ein. Hätte ich damals schon gewusst, was ich heute weiß, vermutlich wäre ich – der olfaktorischen Herausforderung zum Trotz – sofort in den Laden gestürmt.

Stattdessen fanden wir ein paar Häuser weiter einen Kiosk, an dem herrlich cremiges dänisches Eis verkauft wurde. Mit je einer großen Portion in der Hand ließen wir uns auf einer Bank an der Kaiseite des Marktplatzes nieder. Von hier aus war Schweden nicht mehr nur eine grüne Linie, sondern zum Greifen nah. Ich schaute blinzelnd übers glitzernde Wasser, auf dem sich eine dickbauchige Fähre einer Stadt auf der anderen Seite des Öresunds langsam entgegenschob, die mich mit ihren Türmchen entfernt an Venedig erinnerte.

Ich zeigte hinüber und sagte zu Julia: »Da drüben sieht's aber auch ganz schön aus. Weißt du, wie die Stadt heißt?«

Julia zog eine Landkarte aus ihrer Tasche und faltete sie mit einiger Mühe auseinander, denn gerade frischte die Brise etwas auf. Dann sagte sie: »Helsingborg ist das.«

»Schade, dass wir nicht mehr Zeit haben, dann könnten wir …«

Doch bevor ich meinen Gedanken zu Ende spinnen konnte, hörten wir Anja vom Bus aus zum Aufbruch rufen.

Joakim | Wie gewöhnlich in diesem unbarmherzig schönen Frühsommer kehrte ich mit größtem Widerwillen in mein Kellerloch unter dem Käsegeschäft in der *Mögelstræde* zurück, nachdem ich in der Sonne, die von einem unbekümmert blauen Himmel herabschien, zu Mittag gegessen hatte.

Auf dem Marktplatz irrte eine Gruppe Bustouristen umher. Das war nichts Ungewöhnliches, Helsingør ist pittoresk wie eine dänische Version von Brügge und obendrein das geografische Bindeglied zwischen Europa und Skandinavien. Touristenbusse aus ganz Europa machten hier jeden Tag halt.

Die Reisenden suchten vermutlich nach Hamlets berühmtem Schädel. Das war ungefähr so erfolgversprechend wie der Versuch, echte dänische *hygge* zu erleben, die dänische Version der Gemütlichkeit. Beides ist nämlich eine reine Erfindung. Hamlet hat nie auf Kronborg gelebt, weil es das Schloss zu Hamlets Zeiten noch gar nicht gab, und die Dänen sind ungefähr so gemütliche Zeitgenossen wie Judas in Gethsemane. Zumindest konnte man zu diesem Schluss kommen, wenn man wie ich Schwede war und als ›Käsemann‹ in Helsingør arbeitete!

Ich bekam in den Semesterferien kein Studentendarlehen, hatte Miete zu bezahlen und schlecht vorgesorgt. Das konnte – wie in meinem Fall – damit enden, dass man tagein, tagaus Käse schneiden musste, einsam, in einem gekachelten Keller. Dabei behandelten mich meine Vorgesetzten, als stünde ich auf derselben Evolutionsstufe wie die Schnecken. Wenn ich darauf hinwies, dass der Käse von Schimmel befallen war und ihn wegwerfen wollte, starrten sie mich an, als wollte ich einen Zuchthengst von unschätzbarem Wert umbringen, und riefen: »Du dummer Schwede, dann wäschst du den Schimmel natürlich mit Chlorin ab!«

»Bitte, was?«, antwortete ich, unsicher, ob das eine neue perfide Masche war, meine intellektuelle Unterlegenheit unter Beweis zu stellen. Andererseits: Was konnte man schon von einem Käse erwarten, der »Alter Ole« hieß und roch, als ob einige Mäuse in ihn hineingekrochen und darin gestorben wären? Aber »Alter Ole« hin oder her, ich weigerte mich, und somit wusch jemand anders den Käse mit Chlorin ab und beschriftete ihn mit neuem Mindesthaltbarkeitsdatum.

Die dänisch-schwedische Rivalität ist eine uralte Geschichte und tief verwurzelt in unseren Kulturen. Und das bekommt man manchmal zu spüren, wenn man als Schwede in Dänemark arbeitet. In diesem Sommer wurde *ohygge* jedenfalls mein Wort für Dänemark, das Wort gibt es – im Gegensatz zu *hygge* – auch im Schwedischen, und es bedeutet »Schrecken«. Ein Schrecken, den ich jedes Mal fühlte, wenn ich acht Stunden damit zugebracht hatte, Portionen von Grünschimmelkäse zuzuschneiden, und im Anschluss an meine Schicht gezwungen war, auf der Fähre umgeben von einem unsichtbaren, aber nahezu physisch greifbaren und undurchdringlichen Kraftfeld von Käsegestank zu sitzen, das die Leute dazu brachte, einen großen Bogen um mich zu machen.

Ich hatte im Grunde auch bessere Dinge zu tun, als dabei zu helfen, Menschen mit Käse zu vergiften. Ich wollte die Fähre zurück nach Helsingborg nehmen, um mit meiner Band zu proben. Unser erstes Album war gerade in Deutschland herausgekommen, und nun wurde verlangt, dass wir dort spielten. Das bedeutete: Adieu Unilehrbücher, bye-bye dänischer Despotismus und tristgraue Kleinstadt*lagomhet**! Stattdessen hieß es: Hallo Europa! Hallo Autobahn, hallo Hamburger Reeperbahn, hallo Düsseldorf und hallo mächtige Kühltürme von majestätischer industrieller Schönheit im mythenumsponnenen Ruhrgebiet! Ich nahm eine Kassette auf, um sie auf ausgewählten Zielen unserer Reise abzuspielen: Kraftwerk sollte den Soundtrack liefern und der Song *Autobahn* als Erstes gespielt werden, sobald wir auf der A1 waren, nach dem Landgang in Puttgarden und der Durchquerung Fehmarns. Ausgerechnet Deutschlands erste Autobahn war auch meine erste.

Dann sollte das ganze Album folgen, *Die Mensch-Maschine*, während wir weiter nach Süden fuhren. *Trans-Europe Express* sollte auf dem TEE-Bahnsteig im eigens dafür aufzusuchenden Düsseldorfer Hauptbahnhof in situ abgespielt werden. Die Reise sollte ein Abenteuer werden, hinein in eine größere Welt, eine leuchtende Zukunft. Und für mich persönlich, am wichtigsten von allem, weit weg von dänischem Käse.

Dass mich diese Reise, obwohl sie nur vier Tage dauerte, auf ein vollständig unvorhergesehenes Gleis leiten würde, einem ganz neuen Leben entgegen, konnte ich mir zu diesem Zeitpunkt zugegebenermaßen noch nicht vorstellen. Dass mich dieses Gleis nach, wie es schien, unendlichen Windungen zum Schluss wieder nach Schweden führen würde, nur ein paar Hundert Meter von der Stelle entfernt, an der ich aufgewachsen bin, klingt heute wie eine unglaubliche Geschichte aus einem Buch oder einem Film.

Aber so kann es gehen, wenn man sich auf Reisen begibt: Jeder Schritt in eine neue Richtung ist ein Schritt in eine unerwartete Zukunft.

KNAPP FÜNFZEHN JAHRE SPÄTER

Kapitel 1

EUROPA MIT HERZ

Stella | Ich steuere meinen Wagen durch den feinen Schneeregen an Münster vorbei über die A1 in Richtung Norden. Meine Stimmung entspricht in etwa der Witterung. Ich muss zum Überholen die Seitenspiegel benutzen, denn im Rückspiegel sehe ich nicht mehr als eine dunkle Wand. Die Lehne der Rückbank habe ich heruntergeklappt, damit ich mehr ins Auto hineinbekomme: Klamotten, einige Bücherkartons und ein paar Habseligkeiten, auf die ich nicht verzichten kann, wie meinen Computer, den Drucker und meine kleine Lieblingslampe im falschen Panton-Design. Die habe ich mal bei eBay ersteigert, und ihr orangefarbenes Licht wirkt auf mich irgendwie immer so heimelig und tröstlich.

Beides kann ich im Moment wirklich gebrauchen. Nach einer halben Ewigkeit ist meine »für immer« gedachte Beziehung nämlich an die Wand gefahren. Ich bin ausgezogen, gerade eben, und ich fühle mich amputiert. Nicht nur der bisherige Mann in meinem Leben bleibt zurück; auch meine beiden Kater und ein schnuckeliges Holzhäuschen mit offenem Kamin und Garten in den Bergen des Sauerlandes, wo wir die letzten vier Jahre gelebt haben, nachdem wir wegen seines neuen Jobs aus Köln weggezogen sind. Nicht nur meine Beziehung, auch mein Zuhause ist plötzlich ersatzlos gestrichen. Ein Zuhause, in dem ich mich wirklich sauwohl gefühlt habe. So kommt mir das jedenfalls gerade vor. Wie ein animiertes Panoramaposter sehe ich das Tal, in dem das Häuschen steht, im Sonnenuntergang vor meinem geistigen

Auge. Die Kater springen wie Miniatur-Black-Beautys die Wiese hinauf, während im Hintergrund bereits das Holz im Kamin knistert.

Mist, ich fange schon wieder an zu heulen!

Der rosarote Weichzeichner der Erinnerung blendet in diesem Moment alles Negative aus. Wahrscheinlich, um es mir besonders schwer zu machen. Unter größter mentaler Anstrengung fällt mir dann doch wieder einiges ein, was nicht immer *nur* schön war. Zum Beispiel, dass das Sauerland zwar überdurchschnittlich grün ist, dies aber der Tatsache verdankt, dass es dort auch überdurchschnittlich oft regnet. Und dann war da noch die rückläufige Auftragslage, weil ich nach dem Wegzug aus der Großstadt bei meinen Auftraggebern in Hamburg, München und Berlin plötzlich als Landei galt. Leute mit fünfstelligen Telefon-Vorwahlen nimmt man in den Redaktionen der Lifestyle-Journaille einfach nicht ernst.

»Tja, tut mir leid, aber Sauerland klingt eben wirklich ziemlich unsexy«, hatte mir erst vor ein paar Monaten eine frühere Magazinkollegin gesteckt, die seit einiger Zeit bei einem besonders hippen Hochglanz-Heft arbeitete. Im gleichen Tonfall, in dem sie vermutlich auch jemanden darüber aufklären würde, dass er Mundgeruch oder ein Transpirationsproblem hat. Aber es stimmte ja, ich *war* ein Landei, zumindest was die geografischen Koordinaten anging. Mal eben zum lockeren Netzwerken auf einen Kaffee oder eine gemeinsame Mittagspause in einer Redaktion vorbeischauen – essenzielle Maßnahmen, um als Freelancer in Erinnerung zu bleiben – war einfach nicht drin. Zu Interviewterminen mit internationalen Popstars im 160 Kilometer entfernten Köln brauchte ich etwa zwei Stunden – bei einigermaßen entspannter Verkehrslage.

Dann war da natürlich die Schwierigkeit, in der Pampa sozialen Anschluss zu finden, wenn man nichts für Schützenvereine und Feuerwehrfeten übrighatte. Ich hatte mir einen abgebrochen, um irgendwie Kontakte zu knüpfen. Im Fitnessklub, über Lauftreffs und soziale Netzwerke – mit sehr mäßigem Resultat. Alle Bekanntschaften blieben lange Zeit irgendwie nur so halbgar. Vielleicht lag es auch an mir. Vielleicht war ich ja unterbewusst auch so eine arrogante Hochglanzschnalle und wollte gar nicht so richtig dazugehören. Interessanterweise war der Knoten nämlich vor Kurzem geplatzt, als ich bereits ahnte, dass ich zwischen den sauerländischen Fichten nicht den Rest meiner Tage verbringen würde. Zwei der Kontakte waren zu so etwas wie richtigen Freundschaften geworden. Das war einmal Jana, die mit ihren Katzen, ihrem Mountainbike und einem Allradantrieb-Fahrzeug ein riesiges Haus an einem Berghang bewohnte. Und da war Marion, die Freundin eines Kumpels meines – nun also – Ex-Freundes. Sie hat mir sogar beim Packen geholfen und mich in den Arm genommen, wenn ich nicht mehr konnte, weil ich so schluchzen musste.

So ist also die Lage auf der Bundesautobahn mit der Nummer 1 in meinem Auto. Kurz zusammengefasst. Ich ahne, dass es richtig war, zu gehen, aber ich ahne auch, dass ich noch eine ganze Zeit daran zu knabbern haben werde. Und dass ich sogar den so »unsexy« klingenden Landstrich enorm vermissen werde. Ich habe ja früher nie gedacht, dass mir das Leben auf dem Land wirklich gefallen könnte, aber ich mag die grüne Umgebung, den im Sonnenlicht glitzernden Tau morgens auf dem Rasen, die Waschbären und die Rehe im Garten, die unglaublich gute Luft … oh nein, es geht schon wieder los.

Halt!, ruft die Stimme der Vernunft: *Du musst nach vorn schauen!*

Dort sehe ich einen Lastwagen mit der Aufschrift »Europa mit ♥«, der jede Menge Wasser gegen meine Windschutzscheibe wirbelt. Ansonsten ist alles dunkel. Europa mit Herz. Guter Witz eigentlich. Europa im Februar hat vielleicht in Südfrankreich, Spanien oder Italien ein bisschen Herz, Mandelblüte, *la vie en rose*, *dolce vita* und so was, jedenfalls Temperaturen mit bis zu über 20

Grad in der Sonne, aber in unseren Breiten? In meinem Fall gilt definitiv: Europa mit *gebrochenem Herzen*. Der Februar ist für mich traditionell der absolute Tiefpunkt des Winters. Keine festliche Atmosphäre und kuschlige Familiengemütlichkeit mehr, wie sie den November und Dezember noch einigermaßen erträglich macht. Stattdessen ein riesiges, über die lichtarmen Monate angestautes Sonnendefizit ohne Aussicht auf zügige Besserung. Widerliches Wetter, das am Joggen hindert, Festtagsspeck auf den Hüften. Und jetzt neu obendrauf: Trennung nach 16 Jahren. Das einzig Positive daran ist eigentlich nur: Schlimmer geht's nimmer.

HAMBURG 112 KM, fliegt nun rechts ein blaues Schild vorbei. Noch gut eine Stunde. Zum ersten Mal an diesem Tag spüre ich ein winziges bisschen positive Aufregung. Hamburg! Ich denke an meine Freunde. Von denen lebt tatsächlich ein Großteil in der Elbstadt, in der ich nach meinem Studium gut zwei Jahre in der Redaktion eines Frauenmagazins gearbeitet habe. Bevor es nach Köln ging, der Liebe wegen. Und dann ins Sauerland … auch der Liebe wegen. Jetzt also zurück auf Los. Alles ist möglich, oder etwa nicht?

Ja, das ist der Spirit!, lobt die Stimme der Vernunft. *Positiv denken!*

In den nächsten Wochen komme ich erst mal in der Stadtwohnung meines früheren Kollegen Marius unter, der vor Kurzem ein paar Kilometer aus der Stadt heraus aufs Land gezogen ist. Zusammen mit ein paar Freunden hat er sich die Bude in St. Pauli als eine Art Sicherheitsanker gemietet, weil ihm das Landleben wohl erst mal nicht so geheuer war.

»Da kann man übernachten, wenn man mal ausgehen und was trinken will«, hat mir Marius das Prinzip erläutert. Und mir anschließend erklärt, dass die ganze Sache zwar theoretisch eine nette Idee sei, aber niemals genutzt werde. Darum ist die Mietgemeinschaft nun darauf aus, die Wohnung an, nun ja … Bedürftige unterzuvermieten. An Leute wie mich. Ach, Freunde sind schon was Wunderbares.

In zwei der drei Zimmer lebt seit ein paar Wochen ein Mensch namens Thomas, ein Bekannter von Marius aus dem »ZENtrum«. Das klingt in meinen Ohren erst mal gefährlich. Nach Räucherstäbchen und Meditationsmusik mit fernöstlichem Gebimmel.

Abwarten! Positiv denken! Ein paar fernöstliche Weisheiten tun dir vielleicht auch mal ganz gut.

Marius hat erzählt, dass auch Thomas nach der Trennung von seiner Freundin schnell etwas finden musste, und mir dessen Handynummer gegeben. Ich habe mich bereits gestern per SMS angekündigt. Thomas' sympathische Antwort:

```
Sag Bescheid, wenn du geparkt hast. Dann komm
ich raus und helfe dir beim Ausladen.
```

Und das mache ich dann auch, kaum dass ich einen Parkplatz direkt vor der Tür gefunden habe – in St. Pauli normalerweise ein Ding der Unmöglichkeit. Ich entschließe mich, das als gutes Omen zu deuten. Der Motor ist gerade mal zwei Sekunden aus, da steht Thomas auch schon in der Haustür. Ein leicht untersetzter Typ in Jeans und Norwegerpullover mit breitem Stefan-Raab-Lächeln und blonden, kurz geschorenen Haaren, den ich eher einem norddeutschen Bolzplatz als einer buddhistischen Begegnungsstätte zugeordnet hätte.

»Da!«, sagt er und drückt mir einen temporären Anwohner-Parkausweis in die Hand. »Herzlich willkommen im Klub der einsamen Herzen. Hab gehört, du bist in gleicher Lage.«

Thomas grinst und schnappt sich eine Bücherkiste aus dem Kofferraum. Ein warmes Gefühl von »Ich bin nicht allein!« überkommt mich, als ich ebenfalls nach einer Kiste greife und hinter Thomas ins Innere des Hauses laufe.

Gut vier Stunden später liege ich in meinem möblierten neuen Heim auf einem Ausklappsofa mit leichter Schlagseite und starre an die Decke. Der blasse Schimmer der nächtlichen Großstadt taucht mein Zimmer zum Hof in dieses spezielle Licht, in dem in *Aktenzeichen XY … ungelöst* immer die schlimmsten Verbrechen stattfinden. Ich kann nicht schlafen. Zu viele Gedanken kursieren in meinem Schädel. Der Alkohol in meinem Blutkreislauf blockiert die Produktion des Schlafhormons Melatonin. Das weiß ich, seitdem ich für einen Artikel über die menschlichen Schlafphasen recherchiert habe. Manchmal kann einem der Job wirklich alles versauen: Ich kann meine Schlaflosigkeit nicht mal mehr dem Mond in die Schuhe schieben, wenn der denn überhaupt zu sehen wäre! Aber Thomas hat nun mal zur Begrüßung eine Flasche Wein spendiert. Dazu gab's Curry vom indischen Imbiss gegenüber.

Während wir gemeinsam in der winzigen Küche saßen und uns mit Curry und Rotwein stärkten, referierte Thomas mir in Grundzügen sein Elend, und ich gab ihm eine Kurzfassung meiner sehr ähnlich gearteten Situation. Wir versicherten uns gegenseitig, dass das schon alles gut so sei. Dass wir auf dem richtigen Weg sind. Dann stellten wir uns in der Dunkelheit auf den Balkon, der von meinem Zimmer abging, und rauchten bei Temperaturen knapp unter dem Gefrierpunkt zwei von Thomas' fürchterlich langsam abbrennenden Zigaretten einer dubios fernöstlich aussehenden Marke.

Thomas wirkt ansonsten aber Gott sei Dank gar nicht so eso, wie von mir befürchtet. Ich habe mich vorsichtig erkundigt, was man im »ZENtrum« so macht. Und Thomas hat erklärt: »Meditieren natürlich.«

Äh, ja. Klar.

Diese und alle anderen Ereignisse des Tages wiederholen sich nun in meinem Kopf in Endlosschleife. Ich überlege ernsthaft, ob ich einfach ins Auto steigen und zurückfahren soll. So tun, als wäre nix gewesen. Versuchen, alles noch mal hinzubiegen. Ohne Wein wäre ich vielleicht bekloppt genug. Oder eben gerade nicht.

Ich drehe mich zur Seite und tippe auf mein Handy, damit es aufleuchtet: 3 Uhr 27. Um diese Zeit kann man auch niemanden anrufen. Was lesen? Ich knipse meine orangefarbene Trostlampe an, robbe zur Bücherkiste am Fußende des Klappsofas, greife hinein und stelle fest: Es ist die Lexikon-Kiste. Der Rest ist noch im Auto beziehungsweise im Sauerland. Na, wunderbar.

Dann folge ich einem Impuls. Ich klappe mein Laptop auf und öffne mein E-Mail-Programm.

Völlig sinnlos, schimpft die Stimme der Vernunft in meinem Kopf, *nimm eine Baldrianpille, oder besser gleich zwei, und leg dich wieder hin!*

Stimmt, was soll schon zwischen ein Uhr nachts – da habe ich zum letzten Mal die Mails gecheckt und mich dann hingelegt – und halb vier morgens ankommen, außer Spam?

Doch da ist noch eine andere Stimme. Die scheint aus Richtung meines Solarplexus zu kommen oder vielleicht auch aus der Gummizelle in meinem Gehirn, in der der Schwachsinn verstaut ist, auf den ich manchmal komme.

Schau nach, flüstert diese zweite Stimme, *die doofe Baldrianpille von der ollen Vernunft kannst du später immer noch nehmen.*

Tatsächlich: Ich habe Post. Eine Mail, eingegangen vor fünf Minuten. Wieder durchströmt mich dieses tröstlich warme Gefühl: Ich bin nicht allein, da ist noch jemand schlaflos. Und als ich den Bruchteil einer Sekunde später sehe, wer der Absender der Mail ist, ist da noch was anderes. Ich muss kurz überlegen, um was es sich genau handelt, aber es ist so etwas Ähnliches wie dieses Sandkastenfreundschaftsgefühl. Diese spezielle Verbundenheit mit Leuten, die man schon ewig kennt. Das ist insofern merkwürdig, als dass ich den anderen Schlaflosen eigentlich gar nicht besonders gut kenne. Zumindest nicht nach herkömmlichen Parametern wie der Häufigkeit unserer bisherigen Begegnungen. Dennoch wirkt diese E-Mail auf mich gerade wie die rettenden Scheinwerfer eines Ranger-Autos, wenn man sich als verirrter, halb verdursteter Wanderer mit letzter Kraft durch die Rocky Mountains schleppt. Oder auch durchs Sauerland. In den Rocky

Mountains war ich schließlich noch nie, auch wenn die natürlich sexy klingen …

Den Absender der Mail habe ich vor inzwischen gut fünf Jahren an einem sonnigen Maisonntagnachmittag in Leipzig kennengelernt. Damals belieferte ich die Musikseite eines Lifestyle-Magazins mit den obligatorischen Text-Häppchen. So kam es, dass ich mit dem Keyboarder und Songwriter einer schwedischen Band auf einem Mäuerchen im Backstage-Bereich hinter der winzigen Leipziger Parkbühne saß und lauwarmes Alsterwasser aus der Flasche trank, während vorne Nachwuchskünstler mit dem Sound kämpften und dabei nicht jedes Mal gewannen.

Der Keyboarder hieß Joakim. Seine Band hatte bereits am Abend zuvor in einer bedeutend größeren Location als dieser gespielt und überhaupt keine Probleme mit dem Sound gehabt. Ich hatte von der ersten bis zur letzten Sekunde getanzt, bis ich keine trockene Faser mehr am Körper hatte. Daraufhin hatte ich beschlossen, »auf Verdacht zu produzieren«, wie es so schön heißt. Ich hatte wenig Hoffnung, meinen Musikredakteur von der Notwendigkeit eines Artikels zu überzeugen, denn auch wenn Joakims Band in der elektronischen Independent-Szene einen gewissen Ruf genoss, war sie weit entfernt vom Mainstream. Aber man konnte ja nie wissen, und vielleicht waren ja wenigstens ein paar Zeilen möglich. Ein Artikelchen. Eine Notiz.

Nach meinem etwa zehnminütigen Interview (ich wollte keine übertriebenen Erwartungen bei Joakim wecken) geschah dann allerdings etwas. Oder besser: Es geschah nichts. Weder Joakim noch ich standen auf. Wir blieben einfach auf dem Mäuerchen sitzen und redeten weiter. So als würden wir uns immer schon kennen. Wir unterhielten uns über Kunst, über Bücher, aber auch über so Intimes wie unsere langjährigen Beziehungen. Ich hatte meinen Freund fast zur gleichen Zeit kennengelernt wie Joakim seine Freundin. Außerdem erinnere ich mich an ein merkwürdiges Gefühl vibrierender Aufregung. Dabei war und bin ich sonst selbst bei Interviews mit internationalen Berühmtheiten immer die Ruhe selbst, weil es mir schon immer schwergefallen ist, in Menschen etwas anderes zu sehen als das, was sie sind: Menschen. Ich schob das Vibrieren auf das Bier in der Sonne, auf die allgemeine Geschäftigkeit eines Backstagebereichs und darauf, dass ich Joakims Augen hinter den abgedunkelten Gläsern nicht sehen konnte. Sonnenbrillen machen mich von jeher nervös.

Seitdem haben Joakim und ich so etwas wie Mailkontakt gehalten. In der Regel nur ein paar Zeilen, selten mal eine etwas längere Nachricht. Wir empfehlen uns Bücher und Musik, manchmal tauschen wir uns über aktuelle Ausstellungen oder Dinge aus, die uns auffallen. Nebenbei ist es mir tatsächlich geglückt, zum neuesten Album der Band einen Zwanzigzeiler im Frauenmagazin unterzubringen. Alles in allem kommen wir im Schnitt vielleicht auf etwa eine Mail in zwei Monaten. Wenn's hoch kommt.

Doch genau diese zweimonatliche Mail blinkt nun in meinem Postfach. In der Betreffzeile steht: *Lunar Eclipse.* Mondfinsternis.

Mondfinsternis? Ist die heute? Wie passend!

Die Mail ist ziemlich kurz, und doch bringt sie mich zum Lächeln, um halb vier Uhr morgens in einer trostlosen Februarnacht, die es in der Top Ten der trostlosesten Nächte meines bisherigen Lebens mühelos auf die vorderen Plätze schafft. Ich stelle mich ans Fenster und sehe mir den Himmel an. Es sieht so aus, als reiße die von der Großstadt blass beleuchtete Wolkendecke von Nordwesten her auf. Dann gehe ich in die Küche und setze Teewasser auf.

Hey Stella,

ich kann nicht schlafen, wie immer in letzter Zeit. Ich weiß gar nicht, warum ich dir schreibe und wo du dich gerade aufhältst, aber falls du wach bist und die Möglichkeit hast, verpass nicht die Mondfinsternis um 4 Uhr 26. Ich hoffe, es geht dir gut und dass du klare

Sicht hast. Hier oben, nahe der Oberkante der Welt, tun die Mächte der Natur ihr Bestes, um mir zu zeigen, dass sie nicht auf meiner Seite sind.

J.

P. S.: Gibt es die »Wolfsstunde« auch im Deutschen?

Joakim | Ich sitze allein im Studio meiner Band. Die vergangenen Stunden habe ich damit verbracht, lustlos eine mittelmäßige kleine Melodie zu klimpern, von der ich bereits jetzt weiß, dass ich sie vergessen haben werde, wenn der Tag anbricht. Gerade bin ich – zum bestimmt siebten Mal – hinaus auf den Flur gegangen, durch die Sicherheitstür, die Treppe rauf und dann hinaus in den Innenhof, um zu sehen, ob es aufklart. Der eiskalte Wind und der endlose Regen haben mich auch dieses Mal hineingezwungen. Ich muss wohl einsehen, dass es für mich in dieser Nacht keine astronomische Sensation geben wird und auch, dass ich keine Musik zustande bringen werde.

Stattdessen beginne ich, über die Wolfsstunde nachzudenken, die Zeit, in der die meisten Menschen am tiefsten schlafen, zwischen drei und fünf Uhr in der Nacht. Also jetzt. Und natürlich kann ich nicht umhin, an Ingmar Bergmans Film zu denken und wie Protagonist Johan im Dunkel der Wolfsstunde mit seinen Dämonen gerungen hat. Ich fühle geradezu, wie meine eigenen Wolfsdämonen in den Schatten um mich herumsitzen und ihre Klauen wetzen. Während sie das tun, grübele ich darüber nach, wieso ich eigentlich hier bin, allein und in ziemlich erbärmlichem Zustand, in einer Donnerstagnacht, wenn alle anderen schlafen. Wie ist es dazu gekommen?

Ich hatte die Chance beim Schopf ergriffen und war geflohen. Zunächst von meinem verhassten Ferienjob im dänischen Käseladen und nach einiger Zeit auch von meinem Studium. Statt Lehrer oder Archäologe zu werden, wurde ich Vollzeit-Musiker. Unsere Platten verkauften sich nicht allzu schlecht, und ich bekam die Welt zu sehen. Mal reisten wir in die USA, dann nach Russland, nach Südamerika oder sonst wohin, und ich fand, dass ich zumindest zum Teil so lebte wie der Entdecker, der ich immer hatte werden wollen.

Manchmal hatten wir einen längeren Aufenthalt, und meine Band und ich taten unser Bestes, um die Gelegenheit zu nutzen und so viel wie möglich von der Stadt zu sehen, in der wir uns gerade zufällig befanden. Wir erfanden das »Power Sightseeing«, eine Methode, die zwar manchmal ziemlich stressig sein konnte, aber auch erstaunlich effektiv war.

Mit der Technologie von heute, mit Smartphones und GPS, ist es einfacher, aber zu jener Zeit musste man schon planmäßig vorgehen: Am Flughafen kauften wir Reiseführer, arbeiteten eine Route aus und stritten ein bisschen darüber, was wohl am sehenswertesten war. Nachdem wir dann früh morgens aus dem reichlich holprigen Schlaf erwachten, den eine Übernachtung im Nightlinerbus so mit sich bringt, galt es, eine Route für den folgenden Tag zusammenzustellen. Zum Beispiel New York: Ankunft 7:15 Uhr, Frühstück, Metropolitan Museum, Socken kaufen bei Macy's, mit der Subway nach Harlem, zurück ins Village, Ausstellung mit Protopunkgraffitis in SoHo, rüber nach Alphabet City, um Pastrami zu essen, dann für den Soundcheck zum Klub in der 30. Straße, den wir mit einem Stück Pizza in der Hand absolvierten. Schließlich zu Fuß aufs Empire State Building, zurück zur 30., dort Lagebesprechung und Konzertvorbereitung. Ein paar Drinks, rauf auf die Bühne und zwei Stunden später zurück in den Tourbus. Und das gleiche Spiel am nächsten Tag woanders.

Am intensivsten tourten wir allerdings in Deutschland. Unsere Karriere hat dort begonnen, und wir verbrachten viel Zeit bei unserem »großen Bruder« im Süden. Fast alle, mit denen wir bei unserer Arbeit zu tun hatten, waren Deutsche, und ich schloss viele Freundschaften. Einen halben Nachmittag lang saß ich zum Beispiel in Leipzig auf einer Mauer und diskutierte mit einer Frau, die ich zuvor noch nie getroffen hatte. Anlass unserer Begegnung war ein Interview, das sie mit mir führen wollte, aber wenn ich es richtig verstanden hatte, war ihr Auftraggeber nicht so recht von der Sache überzeugt – sie aber umso mehr.

Wenn man Zeit und Energie darauf verwendet, eine Underground-Band wie unsere bekannt zu machen, lernt man eines im Nullkommanichts: Sobald eine Idee oder ein Gedanke nicht der »Norm« entsprechen, wird es erstaunlich schwer, diejenigen zu überzeugen, die nicht sowieso schon bekehrt sind. Man kann sich natürlich ein provokantes Image zulegen. Gern etwas sexuell Abweichendes oder etwas, das die Religion oder die politische Korrektheit herausfordert. Am besten alles zusammen. Aber wenn man sich nicht auf solch billige Tricks einlassen mag, wird man oft ignoriert. In diesem Punkt gibt es wohl keinen Unterschied zwischen den Lifestyle-Magazinen der Welt.

Die Redakteure wollen Berühmtheiten, die Dinge sagen, um die sich eigentlich niemand schert, die aber Überschriften hergeben. Weil ich dazu leider nichts beitragen konnte, sprachen die Journalistin und ich nach dem Interview einfach über das, was uns in den Sinn kam. Über Kunst, Musik, Literatur und nach einer Weile auch über ganz Privates. Über unsere Beziehungen, unsere Ängste und über unsere Träume. So als sei es das Natürlichste auf der Welt. Da war es nur konsequent, dass wir schließlich unsere E-Mail-Adressen tauschten.

Ich war auch nach dieser Deutschland-Tour wieder zurück in meine schwedische Wirklichkeit gefahren, in die kleine Stadt am Meer, aus der ich immer floh. Obwohl ich dort praktisch mein ganzes Leben gewohnt hatte, fühlte ich mich nie wie einer ihrer Einwohner. Ich betrachtete die Stadt vor allem als praktisch gelegenen Wohnort. Sie war nicht zu weit vom Flughafen entfernt, lag am Wasser und war relativ günstig. Auf Schwedisch: alles *lagom**.

Natürlich handelte es sich bei meinem Heimatort um nicht viel mehr als um ein ziemlich großes Dorf. Es gab kein Kulturleben, das der Rede wert gewesen wäre. Nach 22 Uhr herrschte an Werktagen Grabesstille und völlige Leere in den Straßen. Gleichzeitig gab es eine Art aggressive, protzige Attitüde. Ein Bedürfnis, konstant darauf hinzuweisen, dass man wirklich eine richtige Stadt war, was man mithilfe bizarrer Bauprojekte und der Lokalpresse ins Bewusstsein zu bringen versuchte. Ein bisschen wie ein Terrier, der sich gegenüber allem in Rage bellt, was größer als er selbst ist.

Dennoch sehnte ich mich immer nach der Stadt, wenn ich ausgeflogen war und umherreiste, vielleicht, weil sie trotz allem mein fixer Punkt in einer großen Welt blieb, in der ich oft an einem Ort aufwachte, den ich zuvor noch nie gesehen hatte. Wie ein Bumerang kam ich immer wieder zurück. Der Teil meines Lebens, der sich nicht in ständiger Bewegung befand, war dort verankert.

Ich begriff lange nicht, dass ich dabei war, den Boden unter den Füßen zu verlieren. Ich fühlte mich oft so einsam, dass ich hätte heulen können, obwohl ich umgeben war von guten Freunden und einer Familie, die sich um mich sorgte. Doch in gewisser Weise waren die Freunde, die ich unterwegs gewonnen hatte, wirklicher für mich als die Menschen in meiner unmittelbaren Umgebung. Die wunderten sich mehr und mehr, wer ich eigentlich war. Und ich hatte keine gute Antwort auf diese Frage. Ich wusste nur, dass ich mich nie richtig anwesend fühlte, so als ob mein Unterbewusstsein nicht mit dem Tempo meiner physischen Standortveränderungen Schritt halten konnte.

Die kleinen alltäglichen Dinge, die die meisten Leute als wichtig ansehen, fühlen sich fremd an, wenn man immer nur kommt und geht. Die Eindrücke, die ich von meinen Reisen mitbrachte, bedeuteten dagegen nichts für meine Familie und meine Freunde, die jeden Morgen einer geregelten Arbeit nachgingen und über ganz andere Probleme nachdachten. Eine Expertise darin entwickelt zu haben, wie man in möglichst kurzer Zeit von einem Flughafenterminal zum nächsten kommt oder wie man ohne Worte »Kannst du bitte die Lautstärke auf Keyboard 2 im Monitor runterdrehen« kommuniziert – das sind Fertigkeiten, die in der Welt der meisten Menschen recht geringen Wert besitzen.

Wenn ich keinen Schlaf finde, weil mir solche Gedanken durch den Kopf gehen, schwinge ich mich manchmal mitten in der Nacht aufs Rad und fahre ins Studio. Dort sitze ich dann rum, schreibe an einem Lied oder starre stundenlang die Wand an. Und hin und wieder schicke ich auch eine Mail an Stella, die Frau von der Mauer in Leipzig. Dann, wenn es etwas gibt, von dem ich annehme, dass sie es interessant finden könnte.

Wie zum Beispiel in dieser Februarnacht die totale Mondfinsternis, die mir zu sehen wohl nicht vergönnt ist. Dafür sehe ich nun etwas anderes, einen kleinen digitalen Briefumschlag in der unteren Leiste meines Browsers: Ich habe Post.

Hej Joakim,

wie geht es dir? Hast du geahnt, dass ich noch wach bin? Verrückt! Trotz Mondfinsternis ist deine Mail ein wahrer Lichtblick. Bei mir ist ziemlich viel passiert, heute bin ich in Hamburg angekommen, wo ich wohl erst mal bleibe. Axel und ich haben uns getrennt, da passt das mit der Mondfinsternis ganz gut, ich fühle mich nämlich auch ziemlich verfinstert. Aber darüber will ich jetzt gar nicht reden, ich trinke lieber noch einen Yogi-Tee und hoffe, dass der Himmel noch ein bisschen weiter aufreißt. Es sieht fast so aus, als könnte das was werden. Danke für den Tipp! Fühl dich umarmt, und hab noch eine gute Nacht!

Stella

PS: Die Wolfsstunde – ja, natürlich kenne ich die! Ich habe mal ein Interview mit einem Schlafforscher geführt, der gesagt hat, dass nachts um drei alle Menschen depressiv sind und man darum anfängt, über alles Mögliche nachzudenken, wenn man nicht schlafen kann. Das Gute ist: Das geht vorbei.

Kapitel 2

DER AUFTRAG, DER PROPHET UND DAS LAND

Stella | So habe ich mir das vorgestellt: Altbau mit polierten Holzdielen, Balkon, zwei sonnendurchflutete Zimmer und eine helle Wohnküche. Bad mit Fenster und Wanne. Und vom Wohnzimmer ein Blick in einen idyllischen Garten mit alten Buchen, Flieder und Holunder. Die Elbe nur etwa 400 Meter entfernt, ein Biobäcker liegt gleich um die Ecke, ebenso die S-Bahn-Station. Sicher, mit 49 Quadratmetern ist das Schmuckstückchen nicht besonders groß, aber verglichen mit dem Zimmer in Marius' Bude ist es ein Schloss, und für mich reicht es allemal.

So weit zu den guten Nachrichten.

Die schlechten: Es ist Samstagmittag, und in der Immobilie ist es so gerammelt voll, als gäbe es Kaviar-Schnittchen und Champagner umsonst. Dabei kann von »umsonst« wirklich nicht die Rede sein. 850 Euro monatlich soll die Behausung kosten. Kalt. Ohne alles. Außerdem zwei Komma achtunddreißig Monatsmieten an den Makler. Obendrauf noch mal drei als Kaution an den Vermieter. Allein für die Summe gäbe es einen guten Gebrauchtwagen. Oder eine Woche Mauritius im Fünfsternehotel. Mit Flug. Doch wenn ich mir die Gesichter der Mitbesichtiger so ansehe, scheint das kaum jemanden zu stören. Zumindest lässt sich niemand etwas anmerken. Hamburg galt ja schon immer als teures Pflaster. Als ich Ende der Neunzigerjahre das erste Mal hier gewohnt habe, zwischen meinem Studium in Essen und dem Umzug nach Köln, waren die Preise in etwa gleich. Allerdings war die Währung eine andere: Damals zahlte man noch in D-Mark.

Die Abgesandte des Maklerbüros, eine streng frisierte Blondine undefinierbaren Alters im marineblauen Businesskostüm, verteilt jetzt mit eingerastetem Heidi-Klum-Grinsen DIN-A4-Bögen: »Für die Selbstauskunft. *Falls* Sie Interesse haben.«

Alle haben Interesse. *Alle* Anwesenden kritzeln den Wisch voll, auf der Fensterbank, dem Fußboden, dem Rücken der Begleitung. Als ich das erste Mal so ein Ding ausgefüllt habe, musste ich dem Impuls widerstehen, mich sofort zu beschweren. Inzwischen hab ich mich daran gewöhnt. Anzugeben sind: Beruf, monatliches Einkommen (netto, Einkommensnachweis ist ggfs. nachzureichen), Anzahl der zukünftigen Bewohner (davon _ Kinder im Alter von _ Jahren), Arbeitgeber (genaue Anschrift), Art des Arbeitsvertrages (unbefristet, Schwangerschaftsvertretung, o. Ä.), Familienstand, Haustiere (Anzahl, Art, Rasse, Größe) und noch einiges mehr. Sogar nach Religion und Vorstrafen wird gefragt. Wer nicht ausfüllt, kann gleich nach Hause gehen. Oder eben dorthin, wo er gerade noch haust. Warum sich bloß immer alle über Datenschutz in sozialen Netzwerken aufregen? Makler müssen über Datenbanken verfügen, von denen selbst Geheimdienste nur träumen können!

Als ich Blondie den Zettel in die Hand drücke, lächelt sie unverändert: »Danke. Wir melden uns dann.«

Mit einem kaum merklichen Schielen auf die Jobspalte fügt sie hinzu: »Gegebenenfalls.«

Ich seufze. Es ist so klar wie die blitzblanken Scheiben: Das wird wieder nix. Alleinstehende freie Journalistinnen mit schwankendem Einkommen rangieren auf der Mieter-Beliebtheitsskala ungefähr auf Höhe radikal-fundamentalistischer Bombenbastler oder Stinktierfreunden mit Blasinstrumentenhobby. Wenn nicht darunter. Einerseits erleichtert mich das. 850 Flocken plus Betrag x für Nebenkosten, Strom und so weiter sind eindeutig zu viel für mein Budget. Andererseits bin ich bald mit meiner Weisheit am Ende.

Fürs dauerhafte WG-Leben fühle ich mich nicht geschaffen, so gut Thomas und ich auch miteinander auskommen. Ich will morgens nicht am Bad anstehen. Ich will in der Küche keinen Kombucha-Kulturen beim Wuchern zusehen und habe auch keine Lust, mit Thomas' redseligem neuestem Püppi zusammenzustoßen. Zumindest dann nicht, wenn ich mir morgens im Schlaf-T-Shirt Kaffee koche. Bevor ich meine erste Dosis Koffein zu mir genommen habe, ist es nämlich besser, mich nicht anzusprechen. Natürlich will ich auch mehr Platz. Und einen Südbalkon. Oder, noch besser, einen Garten oder einen begrünten Innenhof. Ich will Freunde bekochen und meine Musik laut drehen, ohne vorher prüfen zu müssen, ob jemand gerade meditiert oder in Kürze zu meditieren gedenkt.

Aber in Hamburg mit meinen Voraussetzungen eine bezahlbare Wohnung zu finden, die nicht über einem Porno-Kino, in der Herbertstraße, im sozialen Brennpunkt, im Industriegebiet oder eigentlich gar nicht mehr in Hamburg, sondern in Orten wie Pinneberg, Horst oder Elmshorn liegt, ist in etwa so problemlos, als wolle man über Nacht eine Mitfahrgelegenheit nach Kasachstan organisieren. Also, falls man da nun unbedingt hinwill. Ich suche nun seit fast zwei Monaten, lese täglich die Immobilienanzeigen im Internet und umschleiche Laternenpfähle, als wäre ich ein Hund, weil da ja manchmal diese Zettel daran hängen, in denen die dollsten Buden angeboten werden. Immer zum Tausch. Oder befristet.

»Muss es denn unbedingt Hamburg sein?«, fragt Wanda, tunkt ihr Brot bedächtig ins Olivenöl und streut ein bisschen grobes Meersalz drüber.

Na, die hat gut reden! Sie ist stolze Besitzerin einer Dreizimmerwohnung mitten im begehrten Stadtteil Ottensen. Balkon vorne, Balkon hinten. Morgensonne. Mittagssonne. Abendsonne. Ein Apartment, das ihre Eltern vor 15 Jahren als Geldanlage gekauft haben. Die Rechnung ist aufgegangen: Das, wofür die Hansens mal 70 000 Mark bezahlt haben, ist heute locker 150 000 Euro wert. Mindestens. Meine Verwandtschaft war leider nicht so vorausschauend.

»Ja. Muss es. Ich will nicht ins Umland«, gebe ich patzig zurück. »Da bleib ich lieber in der WG. Oder kannst du mir verraten, wie ich in Tötensen jemanden kennenlernen soll? Singles über 18 treiben sich nicht auf dem Land rum!«

Wanda kichert. »Der Bohlen wohnt in Tötensen. Und der ist immer mal wieder Single. Zwischen den ganzen Hasis.«

»Also, wenn das der Prototyp des Tötenser Durchschnittbewohners ist, spricht eine ganze Menge gegen das Kaff. Nämlich so ungefähr alles!«

Ich nehme einen Schluck von meinem Chianti und dezimiere dadurch den Inhalt des Glases um höchstens drei Millimeter. Sofort materialisiert sich Padrone Ricardo mit der Flasche neben dem Tisch, um das Glas ungefragt wieder fast randvoll zu machen – und Wandas gleich dazu.

»Prego, Signorine!«, sagt er und lächelt charmant.

Dann ist er in einem Tempo, das Speedy Gonzales wie den Butler aus *Dinner for One* wirken ließe, an der Tür. Neue Gäste haben das *Da Ricardo* betreten, Mutter und Tochter, wie es scheint. Ich sehe Ricardo wie einen Tänzer herumwirbeln, um mehr oder weniger zeitgleich beiden Damen aus ihren Mänteln zu helfen, sehe ihn Stühle rücken, Kerzen anzünden, mit den Mänteln Richtung Garderobe fliegen, mit Speisekarten, Brot und Olivenöl zurückkehren …

Wanda ist meinem Blick gefolgt und seufzt.

»Toll, oder? Ricardo ist der absolute Gegenentwurf zu einem Macho wie Bohlen«, sagt sie. »Und er sieht viel besser aus. Es gibt nur einen Haken …«

»Lass mich raten: Er ist schwul?!«

Sie nickt und deutet dezent mit dem Kinn zur Theke. »Der

blonde Adonis, der da gerade Bier zapft, ist sein Freund. Er ist Model, ich habe ihn kürzlich für eine Modestrecke fotografiert. Ricardo war dabei. Die reinsten Turteltäubchen.«

Auch wenn ich keine Absichten bezüglich Ricardo hege, jedenfalls keine bewussten, versetzt mir die Bemerkung einen Stich. Ich muss den Tatsachen wohl ins Auge sehen: Das mit den Männern wird nicht einfacher. Ich bin 36. Mit 25 war die ganze Uni eine Art Selbstbedienungsladen voller hübscher Jungs, die Single waren. Damals war *ich* allerdings in festen Händen. Jetzt, wo ich zum ersten Mal seit meinem 19. Lebensjahr solo bin, ist das Buffet blöderweise abgeräumt und keiner füllt nach. Männer in meinem Alter scheinen alle entweder schwul, vergeben oder an maximal 25-Jährigen interessiert zu sein. Oder aber sie interessieren *mich* nicht. Zum Glück habe ich keine Chance, weiter trüben Gedanken nachzuhängen, denn Wanda ist noch nicht fertig.

»Um noch mal drauf zurückzukommen: Ich meine natürlich nicht Tötensen oder irgendwelche anderen Kuhdörfer. Ich rede von New York, Rio, Tokio. Warst du schon mal im Ausland?«

Sie muss an Gedächtnisschwund leiden. Ich habe sie schließlich im Ausland kennengelernt. Genauer gesagt im Garten einer Schauspielerin in Greenwich Village, über die ich ein Porträt schreiben wollte. Wanda war die vom Magazin gebuchte Fotografin. Damals lebte sie in New York und war mit einem stinkreichen Teleshopping-Produzenten verheiratet. Kurz nach unserem Zusammentreffen hat sie den allerdings für einen Hamburger Taxifahrer mit Philosophie-Abschluss sitzen gelassen und ist zurück nach Hamburg gezogen. Der Taxifahrer ist inzwischen auch schon Geschichte, im Moment kann sie sich nicht zwischen einem Rechtsanwalt und einem Nachwuchsspieler von St. Pauli entscheiden. Wie gesagt: Wanda hat gut reden! Sie ist in jeder Hinsicht überversorgt.

»Natürlich war ich schon im Ausland«, sage ich. »Das solltest du am besten wissen!«

Wanda verdreht die Augen. »Mensch, Stella, jetzt sei doch nicht so schwer von Kapee. Ob du schon mal im Ausland *gelebt* hast. Davon rede ich. Nicht von Urlaubsreisen oder Jobs!« Sie guckt mir beschwörend in die Augen. »Wenn nicht jetzt, wann dann? Das ist deine Chance! Du hast nichts, was dich hier hält. Du bist frei.«

Ich schlucke. Ja, so ist es. Ich fühle schon wieder die kitschigen Sonnenuntergangsbilder aus dem Sauerland heranrollen. Um sie zu stoppen, konzentriere ich mich mit aller Kraft darauf, noch ein Stück Brot abzubrechen und im Olivenöl zu tränken. Ganz langsam.

»Muss ja nicht für immer sein. Ein paar Monate. Ein Jahr. Kannst du ja dann immer noch sehen. Mir hat die Zeit in den USA sehr gutgetan.«

»Du hattest ja auch Matt«, sage ich. »Da hat man doch sofort Anschluss!«

»Der war doch eh ständig weg. Ich hab auch ohne ihn so viele tolle Leute kennengelernt, die mir sonst nie begegnet wären. Außerdem hab ich beruflich profitiert. Alle anderen stöhnen, aber meine Auftragslage ist top, dabei fotografiere ich immer noch genauso wie vorher. New York City im Lebenslauf stehen zu haben, das hat einfach mehr … wie soll ich sagen? Mehr Sex-Appeal!«

Moment mal. Das kenne ich doch irgendwoher!

»Mehr Sex-Appeal als was?«, frage ich, und es klingt eine Spur zu scharf. Trotzdem, wenn jetzt »Sauerland« kommt, werde *ich* sauer. Dass ich *momentan* ein Leben auf dem Land für mich ausschließe, hat ja vor allem praktische Gründe. Und diese ganze Rumhackerei auf dem armen Sauerland von Leuten, die in ihrem Leben noch nie auch nur einen Fuß in die Gegend zwischen Arnsberg, Brilon und Schmallenberg gesetzt haben, hat der Landstrich einfach nicht verdient. Vielleicht sieht man mir an, dass ich auf dem besten Weg bin, mich zu echauffieren, vielleicht hat Wanda die Sache aber auch ganz anders gemeint. Jedenfalls sagt sie: »Na ja, vielleicht ist Sex-Appeal auch das falsche Wort. Aber wenn du eine Zeit lang in einem anderen Land warst, ist das der unmissverständliche Beweis dafür, dass du über den Tellerrand gucken kannst. Und dass du Mumm hast. Das traut sich nicht jeder. Dabei ist es eigentlich total einfach: Du fährst hin, und statt nach zwei Wochen wieder zurückzufahren, bleibst du einfach da. Befristet findet man wirklich an jedem Ort der Welt eine Unterkunft.«

»Hm …«, sage ich. »Komisch, dass du jetzt auch damit anfängst.«

»*Auch?* Wer denn noch?«, fragt Wanda.

Ich berichte, wie Thomas gestern, als wir zusammen beim Frühstück in der Küche saßen, einen Anruf von seinem Bruder Jens bekam. Der lebt mit seiner Familie in der Toskana und leitet dort die Filiale einer deutschen Spedition.

Nachdem Thomas aufgelegt hatte, seufzte er: »Kannst du dir das vorstellen? Jens hat gesagt, dass sie gerade 25 Grad haben, und kein Wölkchen am Himmel.« Dann schaute er mit zusammengezogenen Brauen in den Hamburger Nieselregen, dachte vermutlich an die lieblichen Hügel der Toskana und konstatierte grimmig: »Wieso macht man so etwas eigentlich nie von sich aus? Wieso braucht man erst einen Boss, der einen in die Fremde schickt? Irgendwie ist man schon ganz schön feige und bequem.«

Er hat »man« gesagt, aber sich gemeint. Und mich möglicherweise auch. Letzteres ist bisher allerdings nicht so ganz in mein Bewusstsein gedrungen. Bis jetzt.

Gestern Thomas, heute Wanda. Kann es Zufall sein, dass zwei Menschen in meiner unmittelbaren Umgebung unabhängig voneinander dieses Thema anschneiden? Dass das Glück möglicherweise hinter den bundesdeutschen Grenzen liegt? Okay, gut, ich bin ehrlich: Es *kann* nicht nur Zufall sein, es *ist* vermutlich Zufall. Aber ganz abgesehen davon: Ist das nicht eigentlich ein Ansatz, den ich in Erwägung ziehen sollte? So ganz grundsätzlich? Wenn ich schon mal dabei bin, mein Leben umzukrempeln, kann ich eigentlich auch direkt Nägel mit Köpfen machen. Viel aufzugeben habe ich ja wirklich nicht. Nicht mehr.

Verdammt, wieder dieser Stich in den Eingeweiden.

»Na ja, ich kann ja mal drüber nachdenken«, sage ich dann.

Wanda schaut mich triumphierend an. »Mach das. Du kannst doch von überall aus arbeiten. Besonders jetzt, wo du das Buch schreibst.«

Das Buch, ach ja. Auch das noch. Das habe ich schon wieder vollkommen verdrängt. Vor ein paar Wochen habe ich zugesagt, das Ghostwriting für die Autobiografie einer berühmten Schauspielerin zu übernehmen – vorausgesetzt, sie gibt beim gegenseitigen Beschnuppertreffen grünes Licht. Das Ganze wird nächste Woche in Berlin stattfinden und ist eine Sache, der ich mit gemischten Gefühlen entgegensehe, denn die Dame gilt als schwierige Diva.

»Erst mal schauen, ob sie mich überhaupt will«, sage ich. »Da bin ich mir nämlich nicht so sicher. Sie hat kürzlich auf einem Empfang eine Sushi-Platte nach einem Reporter geschmissen. Erinnerst du dich?«

»Papperlapapp«, gibt Wanda zurück. »Natürlich will sie dich! Und der Reporter mit der Sushi-Platte war selbst schuld, der hat sie gefragt, wo sie das Lifting hat machen lassen. So was fragt man ja auch nicht. Schon gar nicht auf einem offiziellen Empfang mit Hunderten von Leuten drum herum. Außerdem bist du ja kein Reporter, sondern ihre Biografin. Das ist so was wie der persönliche Hofnarr!«

»Eben. Hofnarren wurden früher geköpft. Oder gefoltert. Nur so zum Spaß«, entgegne ich düster.

Es entsteht eine Pause, in der ich das geronnene Wachs von der hölzernen Tischplatte kratze und Wanda Taschenspiegel und Lippenstift zwecks Restauration ihres Make-ups aus der Tasche holt. Mitten in der Malerei hält sie plötzlich inne und sieht mich über den Rand des Spiegels an: »Außerdem ist sie das beste Beispiel für meine Theorie: Bei ihr war's Frankreich!«

Ich stehe auf dem Schlauch. »Verzeihung? Ich verstehe nicht, was ...«

»Na, Madame Hochwohlgeboren hatte ihren Durchbruch in Frankreich. Erst dann wurde sie bei uns erfolgreich. Der Prophet gilt nichts im eigenen Land. Jedenfalls so lange nicht, bis er mal woanders war. So ist das.«

»Na dann«, sage ich und habe das deutliche Gefühl, dass ich mir nicht sicher bin. Ganz und gar nicht sicher. Wobei ich mir allerdings am wenigsten sicher bin, kann ich gerade gar nicht sagen.

»Entschuldigung, wer ist da?«, frage ich. Etwa im gleichen Augenblick nehme ich im Augenwinkel eine von den blau-silbernen Hamburger Polizeilimousinen wahr. Ich schleudere das Handy von mir, als wäre es plötzlich zum glühenden Brenneisen mutiert. Es landet in der Einkaufstüte auf dem Beifahrersitz und versinkt zwischen Spargel, Frühlingszwiebeln, Radieschen und Erdbeeren.

Ich rufe in Richtung Grünzeug: »'schuldigung, ich sitze im Auto und hab keine Freisprechanlage, da war gerade die Polizei. Einen Moment bitte!«

Zum Glück erspähe ich direkt vor mir eine Bushaltestelle. Ich rolle in die Einbuchtung, halte an und fische das Telefon aus der Papiertüte. Leider lässt sich lautes Knistern dabei nicht vermeiden. Das Ding ist außerdem voller Erdbeermatsch. Immerhin, der Anrufer hat offensichtlich noch nicht aufgegeben.

»Noch eine Sekunde, Sie sind in die Erdbeeren geflogen«, sage ich laut, während ich hektisch im Handschuhfach nach einem Taschentuch fische, um damit die gröbste Klebrigkeit zu entfernen.

Am anderen Ende der Leitung ertönt ein unterdrücktes Kichern. Oje, hoffentlich ist das niemand Wichtiges! Immerhin keine von den eingespeicherten Nummern. Die Vorwahl ist 089 – München. Dreht die Berliner Diva nicht gerade in München? Hat sie so was nicht erwähnt? Mir wird heiß. Dabei sind sowohl das Kennenlerntreffen als auch die Interviews mit der Schauspielerin in ihrer Berliner Grunewaldvilla, die sie sich mit ihrem der Öffentlichkeit nahezu unbekannten »Prinzgemahl« namens Gunther und den Siamkatzen Alain und Romy teilt, wider Erwarten sehr harmonisch verlaufen. Sicher, da gibt es ein, zwei gewisse Schrulligkeiten. Zum Beispiel fällt Madame zu allen möglichen Tages- und Nachtzeiten gerne irgendetwas enorm Wichtiges ein, das sie noch ins Manuskript eingearbeitet haben möchte. Dieses Wichtige teilt sie mir dann eben auch unmittelbar mit. Immer mit der Einleitung »*Mon dieu*, dass mir das jetzt erst einfällt …«, und immer in der unumstößlichen Annahme, dass ich mit gezücktem Laptop auch nachts um drei nur darauf warte, ihr demütig zu lauschen.

»Hallo«, sagt der Hörer. »Sind Sie noch da?«

Definitiv *nicht* die Stimme der Diva. Glück gehabt.

»Ja, ich bin noch da. Verzeihung, ich sollte mir wirklich mal so eine Freisprecheinrichtung besorgen. Ich habe eben leider nicht verstanden, wer am Apparat ist. Könnten Sie noch mal …?«

Am Ton der Anruferin höre ich, dass sie immer noch lacht. Oder zumindest schmunzelt. »Katharina Ackermann hier. Wir haben vor einer Weile mal telefoniert.«

Ackermann, wer ist das noch gleich? Besser nichts anmerken lassen und professionell klingen. Wenn das nach *der* Einleitung überhaupt noch möglich ist.

»Oh, hallo, Frau Ackermann! Schön, dass Sie sich melden. Was kann ich für Sie tun?«

»Ich hab gehört, Sie sind jetzt in Hamburg, und da sind Sie ja etwas näher an …, ach, ich rede gar nicht lang um den heißen Brei rum. Ich wollte fragen, ob Sie Lust und Zeit hätten, für uns ein paar Tage durch Südschweden zu radeln? Um dann darüber zu schreiben, natürlich.«

Schweden? Radeln? Ein Job, so viel ist klar! Aber welches Magazin? Katharina Ackermann? Bitte, Gehirn, hilf!

Ich mache gerade den Mund auf, um die Dame zu bitten, mir auf die Sprünge zu helfen, da spuckt mein träger Erinnerungsspeicher doch noch die erforderliche Info aus: Katharina Ackermann, Reportage-Ressortleiterin eines Münchner Magazins. Vor gut einem Jahr habe ich ihr mal mein Portfolio geschickt. Dann haben wir einmal telefoniert, und sie hat meine Texte über den grünen Klee gelobt. Und sich dann trotzdem nicht gemeldet. Bis jetzt. Und dann auch noch Schweden! *Tralleri, trallera, trallehoppsassa,* singt Pippi Langstrumpf und tanzt mit wippenden Zöpfen.

Ich sage: »Also, ich muss mal schauen. Wann wäre das denn?«

»Zweite Juniwoche«, antwortet Frau Ackermann.

Das ist in drei Wochen. Da habe ich noch Zeit, das weiß ich definitiv. Die Urlaubsvertretung, die ich in der Redaktion eines Promi-Magazins machen sollte, ist nämlich gerade geplatzt, weil das Promi-Magazin wegen sinkenden Anzeigenaufkommens in die ewigen Jagdgründe befördert wurde.

Im Rückspiegel nähert sich etwas großes Weißes. Das große Weiße biegt in die Bushaltestelle ein und betätigt die Lichthupe. Der Bus! Ich muss hier weg. Und mich entscheiden. Sofort!

»Alles klar. Ich mach's!«

»Super«, sagt Katharina Ackermann.

»Ich schicke Ihnen dann das Programm der Pressereise per Mail zu.«

»Tun Sie das«, rufe ich, während ein lautes Hupen ertönt und ich das Handy ein zweites Mal von mir schleudere.

Schweden, denke ich und fädele mich in den Feierabendverkehr auf der Stresemannstraße in Hamburg-Altona ein, *ja, warum eigentlich nicht?*

Zurück in der WG räume ich die Einkäufe hastig in den Kühlschrank, gehe rüber in mein Zimmer und werfe das Laptop an. Tatsächlich, ich habe bereits Post von Frau Ackermann.

Neugierig klicke ich den E-Mail-Anhang an und überfliege zunächst die Teilnehmerliste. Da sind Radiojournalisten, Magazinschreiber und Tageszeitungsreporter, aber niemand, den ich kenne.

In Malmö am Bahnhof ist der Treffpunkt unserer Gruppe. Von dort werden wir mit dem Auto in einen Ort namens Mölle gefahren, wo wir unsere Leihräder in Empfang nehmen. Dann radeln wir in einer Mini-Etappe von sieben Kilometern bis zu einem Ort, der Arild heißt. Dort übernachten wir, und von dort geht die Tour am nächsten Morgen auch richtig los. Weitere Stationen sind Ängelholm, Torekov, Båstad und Margaretetorp. Abgesehen von Malmö (das ich allerdings auch nicht ohne Schwierigkeiten auf einer Landkarte verorten könnte) sagt mir das alles erst mal in etwa so viel wie die Spielernamen der Basketballnationalmannschaft aus Uruguay. Falls die überhaupt eine Basketballnationalmannschaft haben.

Aber wozu gibt es Suchmaschinen? Ich klicke auf »Maps« und gebe die Orte der Reihe nach ein. Dabei stelle ich zuallererst erfreut fest: Unsere Radtour führt die meiste Zeit am Meer entlang, zunächst rund um eine große Bucht namens Skälderviken. Keine Ahnung, wie man das ausspricht, auf alle Fälle heißt das Meer hier Kattegat*, und das kann ich nicht nur aussprechen, sondern das klingt so aufregend wie Viermaster, Seemänner und schaumgekrönte Wellen.

Ich höre den Schlüssel im Schloss der Wohnungstür kratzen. Einen Augenblick später erscheint Thomas in der Diele und wirft seine Sporttasche mit einem lauten Knall auf den Fußboden. Als er mich am Schreibtisch hinter der geöffneten Zimmertür sitzen sieht, fragt er: »Na, warum grinst du denn so? Wohnung gefunden?«

Erst jetzt stelle auch ich fest, dass meine Mundwinkel quasi an den Ohrläppchen hängen.

»Nee«, sage ich, »ich fahr nach Schweden!«

»Oh, klasse, wohin denn da?« Thomas kommt in mein Zimmer und linst auf den Bildschirm, auf dem die Satellitenkarte zu sehen ist. »Ah, Mölle«, sagt er dann und schlägt dabei einen weltmännischen Ton an, den ich von ihm gar nicht kenne. »Da war ich früher mal mit meinen Eltern. Ist hübsch da. War auch der Lieblingsferienort des letzten deutschen Kaisers, ich glaube, weil da Männlein und Weiblein schon zusammen baden durften. Ist gar nicht weit von Helsingborg, das gefiel mir damals besonders. Fährst du da auch hin?«

»Helsingborg?«, sage ich perplex, und irgendetwas klingelt in meinem Hinterkopf.

»Ja, zoom mal ein bisschen raus, dann zeig ich's dir.«

Ich klicke auf das Minuszeichen, um den Maßstab zu verringern. Mölle und die Skälderviken-Bucht werden kleiner, am unteren Bildrand erscheint eine Stadt mit dem komischen Namen Höganäs.

»Weiter!«, befiehlt Thomas.

Noch ein Klick. Da ist es: Helsingborg. Direkt gegenüber von Dänemark. Etwas kommt mir an dieser Kartenansicht bekannt vor, aber ich bekomme es nicht zu fassen. Und wohnt Joakim nicht in Helsingborg?

Kapitel 3

DIE AUS-VERSEHEN-BESTELLUNG BEIM UNIVERSUM

Stella | Es ist halb drei Uhr morgens. In gut sechs Stunden geht die Radtour weiter. Meine Beine, aber vor allem die Körperteile, die direkten Kontakt mit dem Sattel des dunkelblauen Tourenrades hatten, mit dem ich heute – nein: gestern – an der südschwedischen Westküste entlanggeradelt bin, verlangen, dass ich jetzt gefälligst schlafen gehe.

Doch an Schlaf ist nicht zu denken. Ich bin viel zu beschäftigt damit, aus dem Fenster in den Garten hinauszuschauen. In einigen Metern Entfernung geht die Wiese in Dünen über, und dahinter liegt das Meer. Alles hell erleuchtet von einem riesigen Vollmond. Eine Szene wie diese würde jeder seriöse Filmproduzent seinem Drehbuchautor um die Ohren hauen. Wäre ich nicht gerade selbst anwesend, ich würde vermutlich die Augen verdrehen, weil sich das so kitschig anhört. Aber jetzt, in diesem Moment, ist es einfach nur perfekt.

Mir kommt *Über den Dächern von Nizza* in den Sinn. Allein Hitchcock hat es hinbekommen, mit Zutaten wie diesen zu jonglieren – wahrscheinlich macht das den Könner aus. Ich habe den Film zuletzt als Teenager gesehen und kann mich an kaum etwas erinnern, aber so eine Nachtatmosphäre wie diese hier ist mir in Erinnerung geblieben: Mondschein, Meer und eine seltsame Spannung in der Luft, die an erotische Erwartung grenzt. Fehlt nur noch so ein Mann wie Cary Grant. So gut meint es das Schicksal dann aber leider doch nicht mit mir.

Ich versuche, von hier oben ein Foto zu schießen. Beweismaterial, dass es wirklich so ist, wie es ist. Dass ich nicht träume oder mir das alles ausdenke. Aber es funktioniert nicht, trotz des Mondes hat die Kamera zu wenig Licht, alles ist verwackelt. Mit Blitz sieht man erst recht nichts.

Ich fasse einen Entschluss, hänge mir meine Strickjacke um die Schultern, schnappe mir die Kamera, gehe zur Tür, öffne sie und – werde von einem Werwolf angefallen. Zumindest denke ich das für den Bruchteil einer Sekunde, denn ich stoße gegen etwas sehr Haariges und Warmes, das sofort wie wild anfängt, abwechselnd laut zu knurren, zu bellen und vor mir auf und ab zu hüpfen. Auch wenn ich die Werwolf-Theorie sofort wieder verwerfe, habe ich vermutlich unmittelbar den Adrenalinspiegel von Sebastian Vettel in der letzten Runde.

Nun kommt auch noch ein Gespenst aus dem Nachbarzimmer. Dann geht das Licht an, und ich erkenne: Das Gespenst trägt ein geblümtes Nachthemd, ist blond, hübsch und sieht im Großen und Ganzen aus wie Pernilla, die Chefin des Bed & Breakfast, in dem unsere Reisegruppe heute Nacht untergebracht ist. Sie zischt etwas in Richtung des Monsters, das sich auf wundersame Weise in einen orange-weißen zotteligen Zwergcollie verwandelt hat. Der hört sofort auf, sich wie ein Ungeheuer zu gebärden, setzt sich hin und legt den Kopf schief, als sei er sich keiner Schuld bewusst.

»Entschuldigung«, sagt Pernilla zu mir, »Karlsson sollte eigentlich gar nicht hier sein. Sie ist wohl entwischt, als ich vorhin ins Bad gegangen bin. Aber sie ist wirklich harmlos … nur ein ganz kleines bisschen verrückt.«

»Sie?«, frage ich. »Ich dachte, Karlsson wäre ein Jungenname?«

Astrid Lindgrens Karlsson auf dem Dach war, neben Pippi Langstrumpf, einer der Helden meiner Kindheit. Und dabei handelte es sich eindeutig um einen dicken Jungen. Zwar einen mit Propeller auf dem Rücken, aber doch eindeutig um einen Jungen.

Pernilla grinst. »Stimmt. Als sie ein Welpe war, dachten wir, sie sei ein Er. Das hat sich dann als optische Täuschung rausgestellt. Aber da hatte sie den Namen schon.«

Um dem ›verrückten‹ Hund zu zeigen, dass mit mir gut Kirschen essen ist, beuge ich mich runter und streichle ihn vorsichtig hinter den Ohren. Er – oder besser: sie – betrachtet mich dabei aufmerksam. So als wollte sie sagen: *Wiege dich nicht voreilig in Sicherheit, Fremde, ich hab dich im Auge.* Ob dieses Fräulein Karlsson wirklich so harmlos ist, wie Pernilla behauptet?

»Ich kann nicht schlafen, und da dachte ich, ich geh mal runter zum Strand«, erkläre ich meinen nächtlichen Streifzug.

»Ja, das ist der Vollmond, da liege ich auch oft wach«, entgegnet Pernilla. »Wenn du willst, kannst du dir unten in der Küche einen Lavendeltee machen. Ich nehme Karlsson mit zu mir, dann brauchst du keine Angst zu haben, wenn du zurückkommst. Ist eine schöne Nacht, ich war auch lange draußen. Und gleich wird es wieder hell, in ein paar Tagen ist schon Mittsommer.«

Sie lächelt liebenswürdig, nur der Hund zieht den Schwanz ein, als ihm bedeutet wird, seine Nachtwache in Pernillas Schlafzimmer fortzusetzen.

Ich gehe die Treppe hinunter, während mein Puls sich langsam wieder auf Normaltempo einpendelt. Draußen schlägt mir der Duft von Wildrosen entgegen, den ich seit meiner Kindheit mit Ferien an der See verbinde. Ich gehe den kurzen Weg entlang zum Gartentor, der Kies knirscht unter meinen Schritten. Sonst höre ich nur ein ganz sachtes Rascheln des Windes in den Büschen und im Dünengras.

Ich sehe mich um. Rechts von mir beginnt ein schmaler Pfad, der sich an Pernillas Garten vorbei durch die Dünen in Richtung Strand windet. Im Mondschein habe ich keine Schwierigkeiten, auf dem schmalen Steg zu balancieren. Auf der letzten Düne entdecke ich eine Bank mit Blick auf die Bucht: mein Stativ! Ich stelle die Kamera auf die Sitzfläche, verlängere die Verschlusszeit, soweit es geht, und drücke ab. Es dauert eine halbe Ewigkeit, bis es klick macht. Genug Zeit, um mich zu fragen, ob ich mit der Kamera schon einmal so etwas Schönes fotografiert habe.

Die Bucht vor mir beschreibt eine Kurve, ein enormes U, das von weißem Sandstrand gesäumt ist. Am linken Ende der Kurve, direkt unter dem Vollmond, geht sie in einen Höhenzug über, der sanft zum Wasser hin abfällt und wie eine riesige Schildkröte aussieht, die über die Bucht wacht. Das ist der Kullaberg. Obwohl er lediglich 200 Meter hoch ist, haben wir ihn mit den Rädern umfahren – worüber ich nicht nur traurig bin –, aber ich ahne, dass die Aussicht auch von da oben spektakulär ist. Joakim, der während meiner kleinen Schwedentour leider nicht in Helsingborg ist, hat mir in einer Mail mit zahlreichen Reisetipps geschrieben, dass jedes Jahr eine Handvoll dänischer Bergsteiger mangels eigener Höhenzüge zum gigantischen Kullaberg kommt, um sich dort von den Klippen ins Meer zu stürzen. Das hat er sich natürlich ausgedacht, aber die Vorstellung war herrlich absurd.

Rechts vom Kullaberg, über dem offenen Meer, hängt ein einziger, sehr heller Stern am Himmel. Venus, der Morgenstern. Eigentlich müsste es ja Morgenplanet heißen, aber es ist wie mit Karlsson: Als man herausfand, was Sache ist, hatte er seinen Namen schon. Die Luft, die vom Meer heraufweht, ist kühl. Ein ganz leichter Salzgeruch liegt darin, nicht so überwältigend wie an der Nordsee, eher ein dezentes Aroma, wie in dieser unwiderstehlichen Zartbitterschokolade mit Meersalz, die seit Monaten meine Seelenmedizin ist. Dann rieche ich wieder die Wildrosen, jetzt nur als einen Hauch, gemischt mit dem harzigen Aroma von Kiefern. *Ferien auf Saltkrokan*, denke ich, auch wenn das hier natürlich keine Insel ist. Aber genau so fühlt es sich an: wie auf einer fernen Insel, auf der die Uhren anders ticken.

Ich ziehe meine Schuhe aus, nehme die Kamera und steige die Holztreppe hinunter, die zum Strand führt. Hier unten ist es vollkommen still. Der Sand ist weich und kühl. Ich gehe langsam zum Wasser und tunke vorsichtig erst einen Zeh hinein, dann den ganzen Fuß. Das Wasser ist badewannenwarm und plätschert leise, als ich hineinwate, mitten in die Straße aus Licht, die der Mond auf die Wasseroberfläche wirft. Ich gehe, bis ich bis zu den Waden im Meer stehe. Wahrscheinlich liegt es an der Kulisse, aber plötzlich habe ich ein überwältigendes Gefühl von … ja, von was? Zustimmung? Zuversicht? Geborgenheit? Glück? Von »Alles wird gut«? Auf alle Fälle führt dieses überwältigende Gefühl dazu, dass ich denke: *Ja! Das hier ist es!*

Ich weiß nicht genau, was ich damit eigentlich meine, aber es fühlt sich richtig an. Wahrscheinlich habe ich nicht mehr alle Tassen im Schrank oder noch einen Schock von dem Hundeüberfall. Aber das Schöne ist: Das ist mir gerade total egal. Denn für einen kurzen Moment, dem ersten seit vielen Monaten, erinnere ich mich daran, wie es ist, glücklich zu sein.

»Du schreibst ein Buch, habe ich gehört?«, fragt Pernilla, während sie mir Kaffee nachschenkt. Es ist schon die dritte Tasse, aber wenn ich jetzt eines brauche, dann ist es Koffein. Ich habe maximal dreieinhalb Stunden geschlafen und fühle mich wie nach einem Transatlantikflug. Dieses staunende Gefühl, wenn man mit Jetlag im strahlenden Sonnenschein einer anderen Welt sitzt, obwohl die innere Uhr noch auf Tiefschlaf eingestellt ist. Die andere Welt ist in diesem Fall nur etwa 500 Kilometer von Hamburg entfernt, gefühlt sind es aber 5 000. Mindestens.

Wir sitzen auf der Terrasse von Pernillas Bed & Breakfast. Meer und Himmel sind blau wie in einer Werbeanzeige, und um das Bild komplett zu machen, flattert an einer Fahnenstange mitten auf der Wiese ein blaugelber Schwedenwimpel.

Ich blinzele Pernilla an, und noch bevor ich fragen kann, woher sie das mit dem Buch weiß, ruft Taina vom Nebentisch: »Ich hab's ihr erzählt, ich hoffe, das durfte ich?!«

Taina ist die Leiterin unserer Tour, eine Frau um die 60 mit rotbraunem Bubikopf und blitzgrünen Augen, die so viel Energie hat, als sei sie als Kind in einen Topf mit Zaubertrank gefallen, oder von mir aus auch in einen Topf mit Aquavit oder Preiselbeersaft oder was man eben in Schweden so zur Stärkung trinkt. Taina ist eine Art erwachsene Ronja Räubertochter. Sie hat sich nicht nur die Route ausgedacht und kennt die Gegend bis zum letzten Grashalm, sie scheint auch mit jedem Lebewesen bestens befreundet zu sein, das uns begegnet. Selbst Werwolfdame Karlsson liegt devot zu ihren Füßen.

»Streng genommen ist es nicht mein Buch«, erkläre ich, »ich schreibe es für jemand anderen. Eine Schauspielerin.«

»Darf man fragen, für wen? Ist sie bekannt?«, schaltet sich nun Annelie ein, eine Radiojournalistin aus Köln.

»Klar darf man fragen. Ich darf darauf leider nur nicht antworten. Das Schicksal der Ghostwriterin«, gebe ich entschuldigend zurück. »Und, ja, sie ist bekannt.«

»Musst du sie noch oft treffen?«, fragt nun Bertold, Fotograf aus Leipzig, und köpft sein Frühstücksei mit einem geschickten Schlag. Ich unterdrücke ein Seufzen.

»Nein, die Interviews sind schon gemacht. Jetzt muss ich daraus einen zusammenhängenden Text basteln …«

»Das dauert bestimmt lang, oder?«, fragt Annelie.

»Na ja, es geht«, sage ich, »aber so mindestens drei, vier Monate werde ich mich dafür wohl einigeln müssen.«

»Und wo wirst du das tun?«, fragt Pernilla. »Ich hab gehört, du bist demnächst heimatlos.«

Ich werfe Taina einen schnellen Blick zu, die eine entschuldigende Grimasse zieht. Sie hat mich während der Fahrt gestern ganz schön gelöchert, und ich habe brav geantwortet. Aber ich konnte ja auch nicht ahnen, dass sie alles derartig interessant findet, dass sie halb Südschweden davon in Kenntnis setzen muss! Unter anderem habe ich Taina von der Hiobsbotschaft erzählt, die ich vor ein paar Tagen von Marius bekommen habe: Ihm und seinen Mitmietern wurde der Mietvertrag gekündigt. Das heißt, dass erst mal die

Untermieter rausmüssen. Als da wären: Thomas und ich. Ich habe noch gute sechs Wochen, um eine neue Bleibe zu finden *und* umzuziehen. Eigentlich wollte ich auf der Schwedentour über diese prekäre Situation nicht nachdenken. Aber irgendwie beschäftigt mich das Thema ja nun doch, sonst hätte ich es wohl auch nicht direkt Taina auf die Nase gebunden.

»Tja«, sage ich und zucke mit den Schultern. »Das weiß ich dann, wenn ich es weiß. Im Augenblick habe ich keine Ahnung.«

»Komm mal mit. Ich will dir etwas zeigen«, sagt Pernilla und steht auf.

Ich schaue sie verwundert an. Als ich mich ebenfalls erhebe, springt Karlsson an meine Seite, gibt ein helles Bellen von sich und wedelt mit dem Schwanz. Jetzt sieht sie nicht mehr ganz so gefährlich aus wie in der letzten Nacht.

Ich folge Pernilla, die an der großen Veranda entlangläuft, um die Ecke biegt – und stehen bleibt.

»Voilà!«, sagt sie und strahlt mich an. »Darf ich vorstellen? Lucylust!«

Ich kneife die Augen zusammen. Entweder sehe ich vor lauter Müdigkeit doppelt, oder Pernillas Haus hat ein Junges. Vor uns steht in einem wildrosenumkränzten Gärtchen eine Miniaturausgabe des großen Hauses. Mit allem Drum und Dran, inklusive Miniatur-Veranda und kleiner Holzterrasse.

»Lucy war in den Zwanzigerjahren das Hausmädchen meines Großvaters«, erklärt Pernilla. »Er hat das Haus für sie gebaut, damit sie immer in der Nähe der Familie sein konnte, aber trotzdem ihre Privatsphäre hatte. Jetzt ist es ein Ferienhaus. Es gehört meinem Bruder Börje.«

»Aha«, sage ich, in erster Linie, um überhaupt etwas zur Unterhaltung beizutragen. Ich verstehe nämlich nur Bahnhof.

»Ist alles drin, was man so braucht«, fährt Pernilla fort. »Und es ist vor allem komplett modernisiert und winterfest. Heizung gibt es auch. Soweit ich weiß, ist es ab August erst mal frei, wenn die

Sommergäste weg sind. Da frage ich aber noch mal Madde, das ist meine Schwägerin. Also, wenn du Interesse hast. Hast du?«

Ich muss halluzinieren. Schlägt mir Pernilla gerade vor, das Buch der Diva in Schweden zu schreiben?

Plötzlich bemerke ich, dass die ganze Journalistengruppe still um uns herum steht und mich mit unverhohlener Neugier anschaut. Wie in *Notting Hill* in der Szene, als Hugh Grant als falscher Reporter von *Horse & Hound* vor der versammelten Journaille Julia Roberts indiskrete Fragen stellt. Mit dem Unterschied, dass ich mich hier gerade nicht für Hugh Grant entscheiden soll, sondern für ein Ferienhaus mit dem durchaus interessanten Namen Lucylust.

»Äh, ja, ich … äh, ich weiß nicht. Das, das … ist jetzt doch ziemlich, äh, äh … überraschend«, stammele ich.

Wandas Satz hallt in meinen übernächtigten Ohren wider: »Eigentlich total einfach: Du fährst hin, und statt wieder zurückzufahren, bleibst du einfach da.«

Kann es wirklich so einfach sein? Und habe ich da vergangene Nacht versehentlich irgendetwas beim Universum bestellt? Funktioniert dieser Esoterik-Kram tatsächlich? Thomas hat mir kurz vor meiner Abfahrt nach Schweden ein Buch von einem indisch-amerikanischen Motivations-Guru in die Hand gedrückt. Vielleicht habe ich das Zeug ja unterbewusst verinnerlicht und bin ein Naturtalent.

»Entschuldigung«, mischt sich nun Taina ein, »ich will nicht drängeln, aber wenn wir unseren Terminplan einhalten wollen, müssen wir bald mal losradeln.«

Pernilla legt mir die Hand auf die Schulter und sagt: »Du musst dich ja nicht sofort entscheiden. Ich geh gleich mal ins Vebon rüber und bespreche das.«

»Vebon? Wer ist das denn nun wieder?«, wundere ich mich.

»Vebon heißt das Haus von Madde und Börje. So wie der Lieblingsplatz von Michel aus Lönneberga.«

»Und wie heißt dein Haus, Pernilla? Villa Kunterbunt?«

Pernilla fängt an zu lachen: »Nein, das hat keinen Namen, aber ich kann ja mal drüber nachdenken. Passen würde es schon …«

Ich nicke und denke, dass ich jetzt dringend eine Zigarette brauche, auch wenn das vor sportlicher Betätigung doppelt schädlich ist, wie ich erst kürzlich gelesen habe, aber dann ist das eben so. Ich rauche ziemlich selten. Eigentlich nur in besonderen Situationen, auf Reisen, wenn ich total übernächtigt bin oder mich dringend beruhigen muss. Und da hätte ich jetzt gleich vier Gründe auf einmal.

Jedem Location Scout, der in seinem Portfolio Verwendung für ein malerisches Fischerdorf hat, würden in Torekov Tränen der Begeisterung in die Augen steigen. Hier hat man es ganz offensichtlich hinbekommen, seit der Wende zum 20. Jahrhundert nicht eine einzige Bausünde zu begehen. Das Ganze sieht aus wie das Werk eines Aquarell-Künstlers: Die kleinen bunten Häuschen an den Kopfsteinpflastergässchen sind unordentlich um eine leicht erhöht liegende weiße Kirche angeordnet, in einem winzigen Hafen liegen, ebenfalls dekorativ chaotisch, bunte Kutter und andere Bötchen herum.

In diesem Moment legt eine Art Kahn ab, und auch der sieht aus wie ein Originalrequisit alter Zeiten. Ein offenes und vielleicht 20 Meter langes Holzboot, blau-weiß gestrichen, die Reling behängt mit orange-weißen Rettungsringen. Am Bug das Häuschen für den Kapitän, dahinter eine einfache Dachkonstruktion über Holzbänken, auf denen sich jede Menge Leute zusammenquetschen. Ich blicke dem Boot nach, wie es sich schnell entfernt und über gischtgekrönte Wellen einer Insel am Horizont entgegentanzt. *Saltkrokan*, denke ich. *Da ist es!*

»Die Fähre nach Hallands Väderö«, erklärt Taina, als hätte sie meine Gedanken erraten. »Das ist die Insel da drüben. Autofrei. Leider reicht unsere Zeit nicht, aber wenn ihr mal wieder herkommt, müsst ihr unbedingt einen Ausflug dorthin machen, ein wunderschönes Fleckchen Erde!«

So langsam wird es gemein! Hier wird einem ständig der Mund wässrig gemacht, was es noch so alles zu sehen gibt – erst der Kullaberg, jetzt diese Insel –, und dann heißt es immer: »Ätschibätsch, keine Zeit!«

Wir haben unsere Räder vor einem zartgrünen Holzhaus abgestellt, und auch das sieht so nach anno dazumal aus, dass es mich nicht wundern würde, wenn eine Dame mit Reifrock und Sonnenschirm herauskäme. Stattdessen erscheint eine rothaarige Frau in Jeans, Clogs und dunkelgrünem Schürzenkittel auf der Schwelle und sagt: »Isch heise Se alle hätzlisch willkomme im Warmbadhus in Torekov!«

Die Sprachfärbung identifiziere ich etwas verwundert als Hessisch. Die Frau stellt sich als Stefanie vor und kündigt an, dass sie mit uns eine kleine Führung durch die Einrichtung machen werde. Pflichtbewusst werden in unserem Grüppchen sofort Aufnahmegeräte aus den Rucksäcken gefischt und Notizblöcke gezückt, die Fotografen fummeln an ihren Kameras herum, und dann folgen wir Stefanie ins Innere des Hauses. Wir erfahren, dass das Haus bereits Ende des 19. Jahrhunderts als sehr frühe Wellnessoase der Gemeinde für Kapitäne und deren Familien eröffnet wurde. Damals wie heute waren Algenbäder die Spezialität, inzwischen wurde der Katalog allerdings um Massagen und Beauty-Behandlungen erweitert. Staunend betrachten wir Badewannen und Zuber. Alles sieht nagelneu und zugleich antik aus.

Nachdem wir an der Rückseite des Hauses nacheinander den Kopf aus dem Fenster gestreckt haben, um die Terrasse mit den Liegestühlen und dem fantastischen Meerblick zu begutachten, hält Annelie plötzlich ihr Aufnahmegerät in Richtung der freundlichen Hessin und fragt mit professioneller Radiostimme: »Wie kommt es denn, dass Sie hier in Schweden gelandet sind?«

Stefanie grinst. »Ja, dess is e lustische Geschicht. Isch bin ja Masseurin, dahahm in Frankfott had isch grad mei Abeit verlore, als mei Mudder uns de Urlaub hier spendiert had. Tja, un dann hadde mir beide 'ne Behandlung hier im Warmbadhus. Un wie dä Zufall es wollde, war hier zufällisch grad die Stelle frei geworde ... Un, schwupps, war isch da.«

Dann fügt sie noch hinzu: »Dess mit dem Auswandern, dess war de beste Entscheidung in meim Läbbe!«

Ich merke, wie sich die feinen Härchen auf meinem Unterarm aufstellen. Irgendwie wird mir das langsam unheimlich. Sofort schaltet sich die Stimme der Vernunft ein: *Du wirst doch jetzt nicht anfangen, an esoterischen Unsinn zu glauben? Alles Zufall! Selektive Wahrnehmung!*

Gleich darauf tönt es nörgelig aus der Solarplexus-Ecke, meinem ganz persönlichen ZENtrum: *Ach? Bist du dir sicher? Vielleicht gibt es ja doch so was wie Fügung, der man folgen sollte?*

Ich hole tief Luft. Eines ist sicher: Wenn es so etwas wie Schicksal gibt, dann hat selbiges in meinem Fall von Understatement noch nie etwas gehört, sondern versucht offenbar, mich mit der Zaunpfahlmethode von Schweden zu überzeugen!

Ein paar Stunden später sitze ich mit Annelie in der Abendsonne am Strand von Båstad, dem Etappenziel des heutigen Tages. Wir haben die Tour recht flott absolviert und im Hotel eingecheckt. Der Rundgang durch Båstad war auch schnell erledigt, und nun haben wir vor dem Abendessen »Zeit zur freien Verfügung«. Mit Annelie war ich erst in der Sauna und im Schwimmbad unseres Hotels, dann haben wir uns entschlossen, noch ein bisschen spazieren zu gehen und das schöne Wetter zu genießen.

Irgendwo aus der Entfernung dringt das typische »Plock«-Geräusch eines Tennismatchs zu uns herüber. Båstad (was man, wie Taina uns eingeschärft hat, *Bohsta* ausspricht) ist, das hat uns Taina ebenfalls erklärt, zu Zeiten der Swedish Open im Juli das Tennismekka des Landes, aber im Moment einfach nur ein verschlafener Ort an der schwedischen Küste. Bei unserem Rundgang vorhin lagen die Tribünen verlassen da. Hier in Båstad hat Mats Wilander mal trainiert, hat Taina erzählt.

Und jetzt, in diesem Moment am Strand, blitzt plötzlich die Erinnerung auf: ich und Mats Wilander. Genauer: ich, wie ich Mats Wilander einen Champagner vor die Nase stelle, und Mats Wilander, wie er mich anlächelt. Anfang der Neunziger habe ich während eines internationalen Tennisturniers in Düsseldorf in der VIP-Lounge im Service gearbeitet. Damals war ich Single, und ich glaube, Mats Wilander ebenfalls. Aus Mats und mir hätte also was werden können. Also jetzt rein theoretisch natürlich. Wenn ich zurückgelächelt hätte, noch ein bisschen Schampus nachgeschenkt, ein Gespräch angezettelt … Wie wäre dann mein Leben verlaufen? Woher weiß man eigentlich, wenn man an einer Weiche im Leben angekommen ist, an der beispielsweise ein Lächeln über die Zukunft entscheiden kann? Eine Weiche, an der man zusagt? Absagt? Bleibt? Geht? Häuser mietet oder eben nicht? Trifft man täglich wichtige Entscheidungen, ohne es überhaupt zu merken? Oder nur manchmal?

»Lakritz?«, fragt Annelie und hält mir eine Tüte vor die Nase.

Blaubeerlakritz. Ich greife hinein. Lutsche auf der Süßigkeit herum und finde sie erst gewöhnungsbedürftig, dann unwiderstehlich. Manche Verbindungen sind nicht offensichtlich, aber gut.

Wir hocken in einer Sandkuhle unter einer Kiefer, die Zehen eingegraben im Sand, und wie fast immer in den letzten Tagen haben wir freien Blick aufs Meer. Daran könnte ich mich tatsächlich gewöhnen.

Als hätte Annelie meine Gedanken erraten, sagt sie: »Also, wäre ich in deiner Situation, ich würde es machen. Was hast du denn zu verlieren?«

Es scheint irgendwie modern zu sein, mich ständig auf diesen traurigen Umstand hinzuweisen. Ich seufze und versuche reflexartig eine Verteidigung: »Ich kenn hier doch niemanden!«

Annelie lacht.

»Du tust gerade so, als solltest du hier eingesperrt werden. Wenn ich nicht meine Wohnung und den Job in Köln hätte – ich würde das Angebot mit Kusshand annehmen.«

»Bis jetzt ist es noch kein Angebot«, korrigiere ich. »Sondern nur eine Idee von Pernilla. Diese Madde hat da ja auch noch ein Wörtchen mitzureden. Außerdem kostet so ein schniekes Ferienhaus bestimmt ein Vermögen.«

»Vielleicht kostet es ein Vermögen. Vielleicht auch nicht. Immerhin geht es um die Zeit nach der Saison. Du wirst sehen«, meint Annelie.

Dann sieht sie plötzlich auf die Uhr: »Du, ich glaube, wir müssen los, sonst verpassen wir unser Dinner. Ich weiß ja nicht, wie es dir geht, aber ich habe einen Bärenhunger!«

Als wir uns dem Hotel nähern, kommt uns Taina entgegengerannt. Sie wedelt mit ihrem Handy und ruft schon von Weitem: »Stella! Stella! Für dich.«

Dann drückt sie mir mit einem konspirativen Zwinkern das Mobiltelefon in die Hand und bedeutet mir mit einer Geste, dass sie und Annelie schon mal ins Restaurant gehen.

Ich räuspere mich und sage zögernd: »Hallo?«

»Hallo Stella! Hier ist Pernilla. Ich wollte nur Bescheid sagen, dass die Sache mit Lucylust klappt. Anfang August kannst du einziehen.«

Sie sagt das so, als sei alles schon beschlossene Sache. Als hätte ich da gar nichts mehr zu melden. Und dann nennt sie einen monatlichen Betrag, der in mein Budget passt wie die Faust aufs Auge. Ich denke daran, dass ich in sechs Wochen aus der Wohnung in St. Pauli ausziehen muss. Ich denke an all die Wohnungen in Hamburg, die ich nicht bekommen habe. An die Makler-Fuzzis und Selbstauskunft-Bögen. Ich denke an Tötensen und Dieter Bohlen.

Dann höre ich mich etwas sagen, wie durch eine Wattewand. Und das, was ich sage, klingt verdächtig nach: »Okay. Ich bin dabei.«

Dabei habe ich die Bude bisher noch nicht mal von innen gesehen. Ich muss verrückt geworden sein.

Joakim | Nach der Tournee habe ich mal wieder dieses melancholische Gefühl, im Kreis meiner Familie und Freunde fehl am Platz zu sein. Wenn ich nur wüsste, was mich fühlen lässt, als sei ich ein Exilant, der sein Dasein außerhalb seines eigenen Lebens fristet. Manchmal denke ich, dass die Einsamkeit eine Nebenwirkung meiner Reisen ist, aber im Inneren weiß ich, dass die Ursachen tiefer liegen. Dass ich de facto immer schon etwas neben der Spur war. Ich stand immer draußen und habe ins Leben hineingesehen wie durch ein Schaufenster. Trotz aller Freunde, aller Liebe und Wärme, die mich umgaben, bekam ich es nie hin, mich als Teil des großen Ganzen zu sehen, geschweige denn mich verstanden oder zu Hause zu fühlen.

Wie immer in solchen Momenten kann ich nicht schlafen. Draußen wird es schon langsam hell. Die Wolfsstunde hat begonnen. Mit einem tiefen Seufzer inspiziere ich das Bücherregal und suche nach etwas, was meine desorientierten Gedanken ablenken kann. Paul Auster, Pär Lagerkvist, Cormac McCarthy, Göran Tunström, Shakespeares gesammelte Werke, Hesse, Thomas Mann. Steinbeck, Borges, Calvino, Hardy, Conrad, Tolstoi, Orwell, Joyce ... Herrje, was für ein deprimierender Anblick! Ich habe einige interessante Biografien und populärwissenschaftliche Sachen auf dem Nachttisch liegen, aber selbst das scheint mir viel zu verwickelt zu diesem Zeitpunkt. Außerdem brauche ich nun wirklich nicht noch mehr komplizierte Dinge in meinem Kopf.

Die Reiseführer blenden mich mit ihren farbenfrohen Buchrücken, und mir wird bewusst, dass ich zwei volle Regale davon habe.

Aber wo ist der Reiseführer für denjenigen, der nach Hause reisen will? Wo ist die Karte für mein Leben?

Ich überlege, ob eine Dosis Humor das Richtige ist, und blättere ein bisschen in einem *Far-Side*-Album. Aber nicht einmal Gary Larsons brillanter Galgenhumor kann mich aufheitern. Also gehe ich ins Arbeitszimmer und mache den Computer an, in erster Linie, weil mir nichts Besseres einfällt. Eine Runde Schach im Netz, in der ich gegen ein zwölfjähriges Wunderkind in sieben bis acht Zügen verliere, werden mich schon einschläfern.

Im Posteingang liegt eine neue E-Mail. Von Stella. Sie ist wieder in Deutschland, aber die schwedische Radtour hat wohl Lust auf mehr gemacht. Sie erzählt, dass sie eingeladen wurde, ein kleines Haus als Schreibstube für ein Buch zu nutzen, das sie offenbar schreiben wird. Praktisch direkt am Strand in Ängelholm! Das liegt einen Steinwurf von Helsingborg entfernt. Ich mag Stella, das war schon so, als wir das erste Mal miteinander gesprochen haben, und ich freue mich drauf, dass sie herkommt. Das wird toll, ihr ein bisschen von der Gegend zu zeigen, in der ich aufgewachsen bin. Merkwürdig, wie kleine Dinge, die eigentlich nichts mit mir zu tun haben, mich plötzlich so froh machen können.

Kapitel 4

HIN UND WEG

Stella | Wieder sitze ich im Auto, wieder sind die Sitze hinter mir heruntergeklappt. Wieder kutschiere ich die spärlichen Habseligkeiten, die mich in meinem aktuellen Nomadendasein begleiten, durch die Weltgeschichte. Der Großteil ist weiterhin im Sauerland eingelagert, auf dem Dachboden meiner Freundin Jana. Oberflächlich betrachtet ist also alles wie vor einem guten halben Jahr. Und doch ganz anders. Es ist nicht stockduster draußen, und von Schneeregen kann auch keine Rede sein. Nein, es handelt sich um einen strahlenden und warmen Sommernachmittag. Auch diesmal rolle ich über die Bundesautobahn Nummer 1, allerdings über den nördlichsten Teil zwischen Hamburg und Lübeck. Mein erstes Etappenziel ist Puttgarden auf Fehmarn, von dort legt die Fähre nach Rødby in Dänemark ab.

Der Hauptunterschied zum vergangenen Februar ist allerdings meine Gefühlslage. Während damals quasi in Dauerschleife die Welt unterging, fühle ich gerade tatsächlich so etwas wie Abenteuerstimmung: *Hey, Pippi Langstrumpf …*

Bei Heiligenhafen hört die Autobahn auf, und links kommt das Meer in Sicht. Okay, von mir aus: die Ostsee. Es gibt ja Leute, die dieses Gewässer eher für eine Pfütze halten, zum Beispiel mein früherer Kollege Pontus, der erst zu surfen anfängt, wenn andere schon vor einer Tsunami wegrennen. »Die Ostsee«, dozierte er, als wir uns in Hamburg einmal zufällig über den Weg liefen, »ist *nur* ein Binnenmeer.« Er klang, als sei das irgendein Makel.

Aber egal. Ich bin ein Kind des Binnenlandes, das sich zeitlebens ans Wasser gesehnt hat, da werde ich jetzt nicht kleinlich sein und mir mit irgendwelchen Klugscheißereien den Satz »Ich wohne am Meer« versauen lassen. So!

Eine halbe Stunde später stehe ich mit meinem Wagen in einer Schlange am Fähranleger in Puttgarden und warte darauf, dass das Schiff seine Füllung aus Lastkraftwagen und Wohnmobilen voller braun gebrannter Urlauber fertig ausgespuckt hat. Und dann sehe ich rechter Hand einen Zug an Bord rollen. Das kommt mir bekannt vor. Damals, bei der Exkursion mit der Uni nach Kopenhagen, haben wir die gleiche Fährverbindung genommen, und ich war schon da völlig fasziniert von dem Zug auf der Fähre, der im Schiffsbauch direkt neben unserem Bus gehalten hat. Die Vogelfluglinie ist nun mal der direkteste Weg, auch für die Bahn. Wenn man nicht tatsächlich fliegt, versteht sich, wie ich es für die Radtour im Juni gemacht habe.

Als ich ein paar Minuten später an der Reling stehe, fällt mir wieder ein, wie Julia und ich an Bord der Fähre kamen, in diesem so lang vergangenen Sommer, der sich auf einmal wieder in meine Erinnerung drängt. Die Abenddämmerung war gewitterdunstig, die Sonne nur schemenhaft zu erahnen. Ein bisschen, als wäre unsere kleine Reise nach Dänemark noch als Geschenk verpackt. Zur Begrüßung der Passagiere gab es eine dänische Durchsage, von der ich auf Anhieb zwei Worte verstand, nämlich »*Velkommen*« – also Willkommen – und »*Tak!*«, danke.

Wie das wohl auf Schwedisch gesagt wird? Die Sprache soll ja angeblich sehr ähnlich sein, auch wenn sie völlig anders klingt. »*Velkommen*«, tönt es nun aus den Lautsprechern. Der Kapitän hört sich an wie der Koch in der Muppet-Show. Ich kaufe mir drinnen eine Cola, dann gehe ich wieder an Deck und sehe zu, wie das Schiff langsam aus dem Hafen ausläuft. Das kommt mir gerade mächtig symbolträchtig vor. Tschüss, Deutschland, ich bin dann mal weg. Die Sonne steht schon ziemlich tief, es wird gegen Mitternacht und dunkel sein, wenn ich in Ängelholm ankomme.

Zum Glück habe ich Marjory. So habe ich mein neues Navigationsgerät getauft – nach Marjory, der allwissenden Müllhalde der Fraggles. Pernillas Schwägerin, die Frau mit dem interessanten Namen Madde, was, wie ich inzwischen herausgefunden habe, die Kurzform von Madeleine ist, hat mir vor ein paar Tagen eine Mail geschickt und mitgeteilt, dass sie um die Zeit im Bett sein werde. Aber sie lasse den Schlüssel stecken, das sei alles gar kein Problem. Dann hat sie mir noch erklärt, wie ich zu Lucylust komme, ohne jedes Mal um Pernillas Haus herumlaufen zu müssen. Nämlich über einen Dünenweg unter der großen Kiefer neben dem Haus mit dem Namen Vebon. Außerdem soll ich neben dem grünen Volvo Kombi vor dem Schuppen parken, das sei von nun an mein Platz.

Sie hat mir auch freundlicherweise einige Fotos meines neuen, möblierten Heims zukommen lassen und damit meine Neugier über die schwedische Inneneinrichtung befriedigt. Erstaunt habe ich festgestellt, dass in Lucylust weder das große Möbelhaus mit vier Buchstaben noch der Designwahn zu regieren scheinen. Das Innere wirkt schlicht, aber hübsch. Nordischer Landhausstil statt Design. Holzdielen, weißgestrichene Wände, zwei Rattansofas, ein Couchtisch mit massiver Steinauflage, eine Küchenzeile mit zwei Kochplatten, davor ein Tisch und zwei Stühle. Ein einfaches, aber großes Bett in einem mit blauem Vorhang abteilbaren Alkoven. Aber das Wichtigste ist natürlich der Zipfel Meer, den man sogar auf den Fotos durch die Fenster sehen kann.

Die Fahrt durch Dänemark kommt mir endlos vor, was vielleicht auch an dem einschläfernden Tempolimit liegt. An vielen Stellen darf man nur 110 Stundenkilometer fahren. Das spart Sprit, aber ist unendlich langweilig, und ich freue mich immer, wenn ich das nächste 130-Schild erreiche. Aber meine Stimmung verändert sich, während es langsam dunkler wird. Die Abenteuerlust macht sich davon und mir wird mulmig. Der Gedanke, dass ich gerade einem einsamen dunklen Häuschen entgegenfahre, in dem mich nichts und niemand erwarten, wirkt auf einmal bedrohlich. Hätte ich nicht doch in Hamburg bleiben sollen?

Ich frage mich, ob Joakim wohl gerade im Lande ist und was er macht. Ob er wohl noch mit der Freundin zusammen ist, von der er mir damals erzählt hatte?

Joakim | Es ist spät, und ich bin mal wieder ins Grübeln geraten. Seit ich Vater geworden bin, plagt mich der Gedanke, was ich werden will, wenn ich einmal groß bin.

Sicher, ich sitze hier in einer stilechten Jahrhundertwendewohnung, die aus einem Einrichtungsmagazin ausgeschnitten sein könnte: eierschalenfarbene Wände, ein vorsichtig renovierter Originalholzboden im Wohnzimmer, alles andere eine Mischung aus Auktionsfunden und Ikea. Der Küchenstuhl, auf dem ich sitze, ist klassisches Eames-Design, es gibt handgemachte Blumentöpfe, und an der Wand hängt ein altes Schulschaubild mit lokalen Fischarten. Vor den Fenstern hängen handgenähte Gardinen aus schwedischem Leinen, und auf dem schwarz-weißen Linoleumboden unter einer dänischen Fünfzigerjahre-Lampe steht ein runder Küchentisch aus Ikeas Spezialsortiment. Es sieht aus wie in den meisten schwedischen Küchen gleichaltriger Landsleute. Es hat also den Anschein, als sei ich bereits erwachsen.

Das Problem ist die Zukunft. Ich sehe mich nicht als 55-Jährigen auf der Bühne. Das wäre höchstens eine Karikatur meiner selbst, was vielleicht einen gewissen Charme hätte, wenn ich Komiker wäre. Das bin ich aber nicht. Musik ist für mich etwas, das ich gewaltig ernst nehme, und ich will meine Brötchen nicht mit Nostalgie verdienen. Aber am meisten von allem fühle ich einen Mangel an Verankerung. Oder ist es vielleicht ein Mangel an Geborgenheit? Wenn ich ehrlich bin, steckt wohl noch etwas ganz anderes dahinter, etwas, das ich nicht genauer anzusehen wage.

Jedenfalls sehne ich mich nach dem Gefühl, morgens zur Arbeit zu gehen, etwas Sinnvolles zu tun, nach Hause zu kommen und in der kleinbürgerlichen Gewissheit, als guter Mitbürger mein Scherflein zum Großen und Ganzen beigetragen zu haben, auf dem Sofa zu entspannen. Zu wissen, dass ich das, was ich am heutigen Tag geleistet habe, zusammen mit meinen Kollegen am nächsten Tag noch einmal tun werde, und am übernächsten, und am überübernächsten. Freitags trinken wir dann ein paar Bier zusammen, bis wir leicht beschwipst sind. Und auf dem Heimweg nach Bullerbü scherzen wir über den Jammer des Lebens. Ich weiß selbst, wie albern dieser Wunsch klingt, wie schrullig und einsam er auf andere wirken muss. Wie der Steppenwolf. Trotzdem habe ich beschlossen, in der Sache etwas zu unternehmen.

Ich habe mein vor langer Zeit auf Eis gelegtes Studium wieder aufgenommen, um Lehrer zu werden. Ich bin müde und unruhig, dennoch muss ich jetzt versuchen, einen Aufsatz über Schwedens Geschichte des 17. Jahrhunderts zu schreiben. Ich weiß absolut nicht, ob ich das richtige Gemüt und die Geduld habe, um zu unterrichten. Aus irgendeinem Grund denken die meisten, dass Geschichte eine triste und vermooste Angelegenheit ist. Für mich fühlt sie sich vollkommen natürlich an.

Ich wünsche mir, dass Menschen ein Gefühl für Kontinuität bekommen. Dass sie sehen, dass wir nicht von nirgendwo kommen, sondern dass die Welt so ist, wie sie ist, weil unsere Vorfahren etwas anderes haben wollten als das, was sie hatten. Dass ihre Neugier, ihre Not, ihre Gier und ihre Leidenschaft eine Welt geschaffen haben, die wir nun verwalten. Dass das Leben hier und jetzt wie ein Knoten im gewaltigen Spinnennetz der Zeit ist.

Unbequeme Gedanken drängen sich auf. Sehne ich mich so nach Kontinuität, dass ich mich lieber in der Vergangenheit vergrabe? Verschließe ich die Augen vor der Gegenwart und stehe damit meiner Zukunft und der anderer Menschen um mich herum im Weg? Verwirrt stehe ich auf.

Ich öffne das Fenster. Im Nordwesten glüht der Himmel noch ganz leicht wie ein langsam ausgehendes Feuer. Er hatte sich zunächst von Orange zu Violett verfärbt und ist nun dabei, zum tiefen Blauschwarz der Nacht abzudunkeln. Die Luft ist erstaunlich klar. Kein bisschen wie das düstere, deprimierende schwedische 17. Jahrhundert, mit dem ich mich gerade beschäftige. Machtversessene Könige, die ihre Untertanen rücksichtslos in den Krieg zwangen, um ein kleines Imperium aufzubauen, das sie aus Nachlässigkeit wieder verspielten – eine zeitgenössische Praxis, die Schweden für über 200 Jahre zu einem Entwicklungsland machte. Wenn ich den Blick nach Nordosten wenden würde, könnte ich die Häuser sehen, die genau an der Stelle stehen, wo die Dänen schließlich von den Schweden besiegt wurden.

Aber ich sehe stattdessen nach Westen. Da liegt das Meer. Der Öresund, das Kattegat und dann die Nordsee, die zum Atlantik führt. In diesem Moment würde ich doch lieber Entdeckungsreisender werden. Unbekanntes Land vermessen; fremde Kulturen und Menschen treffen, deren Gedankenwelt ich mir nicht vorzustellen vermag; über die Horizonte jenseits meiner Fantasie segeln. Das wäre was.

Stella | Es ist sechs Minuten nach Mitternacht, als ich in Ängelholm aus dem Auto steige. Marjory hatte auf den letzten Metern ein paar Probleme mit einer offenbar neu gebauten Straße zum etwas vorgelagerten Ortsteil Vitstrand. So viel zur Allwissenheit.

Es ist windiger als im Juni. Und dunkler. Der Duft von Kiefern und Meer erfüllt die Luft noch intensiver. Vielleicht bin ich auch einfach so müde, dass ich alles deutlicher wahrnehme. Das Haus von Madde und Pernillas Bruder Börje ist in der kleinen

Sackgasse das letzte auf der rechten Seite vor dem Bed & Break-fast. Im Juni habe ich das Gebäude nur am Rande wahrgenommen, schließlich waren wir ja nur eine Nacht hier. Dabei ist das Ding der reinste Bullerbü-Traum. Klein und rot, mit einem verwunschenen Gärtchen davor. So viel sehe ich selbst in der spärlichen Beleuchtung der Laterne am Haus. Eine weitere Lampe funzelt an einem roten Schuppen direkt vor meinem Auto vor sich hin. Links daneben mache ich drei Stufen aus, die ins Nichts zu führen scheinen, und ein paar Meter weiter hinten erkenne ich die Silhouette einer ausladenden Kiefer: Das muss der Dünenweg sein.

Ich nehme angesichts der Uhrzeit nur das Notwendigste aus dem Wagen. Den Rest kann ich auch morgen noch holen. Dass hier irgendwer mein Auto aufbricht, weil er spannende Kartons im Inneren entdeckt, halte ich jedenfalls für extrem unwahrscheinlich. Hier lässt man ja sogar ganze Häuser offen stehen. Würde mich jedenfalls nicht wundern, wenn ich einfach bei Madde reinspazieren könnte. Andererseits hält man hier möglicherweise geladene Schrotgewehre für ungebetene Besucher bereit, das kenne ich ja aus den Mankell-Krimis. Ich beschließe, die Sache lieber nicht zu testen. Eigentlich bin ich ganz froh, dass ich jetzt kein Begrüßungsprozedere hinter mich bringen muss, sondern mein neues Reich in Ruhe allein beschnuppern kann.

Ich erklimme die drei Stufen. Oberhalb davon besteht der Weg nur aus Sand. Langsam stapfe ich die Düne hinauf. Oder besser: das Dünchen. Nach etwa vier Metern bin ich oben angekommen, und bei der Aussicht, die sich vor mir auftut, wird mir tatsächlich warm ums Herz. Da unten, im Dünental, liegt es. Lucylust. *Mein* Häuschen. Na ja, also fast meines. Madde hat nicht nur die Lampe neben dem Eingang angemacht, sondern auch eine kleine Leuchte im Inneren. Ich fühle mich tatsächlich willkommen und stapfe freudig die Düne hinunter.

Auf dem Küchentisch finde ich eine Vase mit Wiesenblumen,

einen Teller mit Keksen und einen Zettel: *Välkommen, Stella! Hab eine schöne erste Nacht in Lucylust, wir sehen uns morgen. Madde.*

Ich schaue mich um. Es wirkt noch gemütlicher als auf den Bildern. Überall Holz, und obwohl das Haus so klein ist, wirkt es geräumig, weil abgesehen von der Veranda und dem Bad alles eins ist. Keine niedrige Decke erdrückt, stattdessen erstreckt sich der Raum bis unters Dach, und die alten Balken sind freigelegt. Über dem Alkoven mit dem Bett entdecke ich eine kleine Empore mit weiteren zwei Betten, die man über eine steile Leiter erreichen kann.

Ein paar maritime Details gibt es auch, die ich auf den Fotos nicht gesehen habe: eine grüne Lampenkugel inmitten eines stilisierten Schiffssteuerrads, ein Bullauge an der Wand, außerdem halten schiffstauartige Schlaufen die Vorhänge zusammen. Die Wände zieren diverse Gemälde, dieselbe Sorte wie in Pernillas Haus: Landschaften am Meer, in verschiedenen Stimmungen und Ausführungen. In Öl, als Aquarell, als Zeichnung. Ich bin überrascht, denn ich habe die Schweden für nüchterner und schnörkelloser gehalten. Aber in einem am Strand gelegenen Ferienhäuschen gelten vermutlich andere Regeln als in einer durchgestylten Stadtwohnung.

Ich hole die eigens für diesen Moment eingepackte Flasche Rotwein aus der Tasche und öffne die Tür zur Terrasse. Die Holzdielen sind tatsächlich noch warm, ich setze mich auf die Stufen zum Garten, die nackten Füße im nachtfeuchten Gras. Pernillas Haus sieht von hier riesig aus, eine dunkle Silhouette. Dahinter kommen die Dünen, dann der Strand. Um das Wasser zu sehen, ist es zu dunkel, und von Nordwesten sind Wolken aufgezogen. Es sind zwar keine Sterne am Himmel, aber ich höre das Meer rauschen.

Das Meer. Ich bin wirklich hier. Ich habe es getan.

Kapitel 5

GESTRANDET IN LUCYLUST

Stella | Ein Geräusch hat mich geweckt. Eine Art Kratzen. Ich schlage die Augen auf und muss blinzeln. Sonne flutet durch das kleine geöffnete Fenster neben dem Bett direkt auf das Kopfkissen. Das bedeutet: direkt auf mich.

Ich brauche ein paar Sekunden, um zu rekonstruieren, wo ich mich befinde. Schweden, richtig. Das frühere Häuschen der Haushälterin Lucy. Ich richte meinen Oberkörper auf und sehe hinter den Glaseinsätzen der Eingangstür eine Bewegung in Bodennähe, die das Kratzgeräusch synchron begleitet. Eine wedelnde und hopsende Bewegung, um genau zu sein, die von etwas Schwarz-Weißem ausgeht, das jetzt auch deutliche »Wuff«-Laute von sich gibt.

Ich schluffe zum Eingang, und als ich die Tür öffne, saust das schwarz-weiße Etwas, das aus der Nähe betrachtet eine ziemliche Ähnlichkeit mit Idefix, dem Hund von Obelix, hat, ins Häuschen und bringt es fertig, an mir hochzuspringen, meine nackten Zehen kitzelnd abzulecken, mein Gepäck zu inspizieren, die Möbel zu beschnüffeln, sich einmal der Länge nach am Rattansofa zu schubbern und wieder rauszurennen – alles gleichzeitig. Draußen ruft jemand »Lila«, und dann sehe ich eine hübsche Frau mit kastanienbraunem Wuschelkopf die Düne herunterlaufen.

Das muss Madde sein.

»Hej Stella«, ruft sie und lächelt so warm, als sei ich eine verlorene Tochter, die endlich nach Hause zurückgekehrt ist. »Willkommen! Hat Lila dich geweckt? Wie war die Fahrt? Hast du gut geschlafen? Hast du schon gefrühstückt? Oje, du siehst ja noch ganz müde aus! Das war sicher alles ganz schön anstrengend.«

Während sich mein schlaftrunkenes Gehirn in dieser Kaskade aus Fragen und Feststellungen verfranzt, drückt Madde mir eine Schale mit duftendem Gebäck in die Hand.

»Hier sind ein paar *kanelbullar*. Selbst gebacken. Wenn du Kaffee willst, ich habe welchen in Vebon. Aber vielleicht lass ich dich erst mal in Ruhe, klopf doch einfach nachher mal!«

Sollen Schweden nicht zurückhaltend und menschenscheu sein? Diese Frau kommt locker an das ran, was ich mir unter einer typisch italienischen Mama vorstelle, die sofort alles und jeden unter ihre fürsorglichen Fittiche nimmt.

Madde schenkt mir ein Lächeln. Ich will etwas Nettes sagen, bringe aber nicht mehr als ein Nicken zustande. Ob Madde es noch sieht, ist fraglich, denn Frauchen samt Hund flitzen bereits über die Düne zurück. In ihrem früheren Leben waren die zwei vermutlich Dynamos.

Eine gute Viertelstunde später habe ich meinen Espressokocher aus dem Auto gekramt und sitze ein weiteres Mal auf den Terrassenstufen, das lebenserhaltende, dampfende Gebräu in der Hand. Ich knabbere an einer köstlichen Zimtschnecke, und während mein Gehirn ganz langsam warmläuft, sehe ich aufs Meer. Das heißt, auf den Zipfel, den man von hier aus sieht. Von Pernillas Terrasse ist der Blick natürlich direkter – das Haus liegt nun mal dem Strand am nächsten. Aber auch das, was ich hier hinter den Hagebuttenbüschen, zu denen die Wildrosenhecken inzwischen metamorphosiert sind, ausmachen kann, versetzt mich in Euphorie.

Gerade habe ich einen weiteren Bissen genommen, da bimmelt mein Telefon. Ich kaue und schlucke so schnell wie möglich, während ich ins Innere sprinte, wo mein Handy vibrierend auf dem Küchentisch tanzt.

»Hallo?«, keuche ich außer Atem.

»Bonjour, meine Liebe!«, flötet es aus dem Hörer.

Die Diva, deren Autobiografie von mir verfasst werden will. Ausgerechnet jetzt! Es ist Samstagmorgen, aber für manche Menschen hat das Wochenende eben keine Bedeutung. Zumindest nicht das der anderen.

»*Mon dieu*, Sie sind aber außer Atem. Ich hoffe, ich habe nicht gestört!«

Der letzte Satz ist eine Feststellung, keine Frage. Madame mag es nicht so gern, wenn sie stört, also möge sie auch bitte nicht gestört haben. Ich würde sowieso nicht dazu kommen, auf eine Frage zu antworten, denn es geht sofort weiter.

»Es ist nur so, mir ist gerade etwas wirklich Wichtiges eingefallen. *Extrem* wichtig. Die Sache am Montmartre, Sie erinnern sich, also, da habe ich etwas durcheinandergebracht, und wir müssen das im Buch unbedingt ändern …«

Nun folgt, wie gewöhnlich, ein längerer Monolog. Hastig mache ich mir Notizen auf der Serviette, die unter den Zimtschnecken lag, etwas anderes kann ich gerade nicht finden. Währenddessen kommt mir ein Gedanke: Wenn ich im Ausland auf meinem deutschen Handy angerufen werde, kostet das doch ein Vermögen, oder nicht? Bis ich eine schwedische SIM-Karte habe, sollte ich vorsichtshalber lieber übers Internet telefonieren.

»Entschuldigung, ich möchte nur ungern unterbrechen, aber ich bin gerade in Schweden und …«

Madame gerät völlig aus dem Häuschen: »Oh, wie wundervoll, Schweden! Bergman! Stockholm! Dort habe ich '77 – oder war es '78? – also in den Siebzigern, gedreht. Mit … Moment, ich komme gleich drauf … Vielleicht sollten wir das auch ins Buch aufnehmen, ich werde da mal drüber nachdenken. Gefällt es Ihnen denn in Schweden?«

»Doch, schon, kann man sagen. Aber, worauf ich eigentlich hinauswollte: Könnten wir übers Internet telefonieren? Ich habe hier mit meinem Mobiltelefon wirklich ganz schlechten Empfang …«

Um diese Behauptung zu unterstreichen, gehe ich auf die Terrasse und halte den Hörer in den Wind.

»Aber, ja, meine Liebe, natürlich, natürlich«, ruft die Diva, und ich gehe wieder ins Innere des Häuschens. »Soll ich noch mal anrufen?«

»Nein, ich melde mich.«

»Wunderbar, meine Liebe, wunderbar. Morgen Vormittag würde es mir ausgezeichnet passen!«

Ganz klar: In unserer Geschäftsbeziehung bin nicht ich diejenige, die bestimmt, wann irgendetwas passt oder nicht. Der einzige »Einfluss«, den ich theoretisch habe, besteht darin, nicht ans Telefon zu gehen.

Nachdem ich das Gespräch beendet habe, gieße ich mir noch einen Kaffee ein und überlege. Madde hat in einer E-Mail etwas von einem WLAN-Netzwerk erwähnt, das ich mitbenutzen könne. Ich hole mein Laptop heraus und fahre es hoch. Der Computer entdeckt sofort ein unverschlüsseltes Netzwerk namens »Vebon«. Das ist schon mal gut. Weniger gut: Leider hat das Netzwerk nur einen einzigen von vier möglichen Balken. Ich nehme den Rechner und gehe etwas auf den Eingang zu, das heißt, in Richtung Maddes Haus. Der Empfangsanzeiger hat jetzt zwei Balken. Dann springt er wieder zurück auf einen. Dann ist die Verbindung ganz weg.

Ich öffne die Tür und gehe hinaus. Keine Veränderung. Ich steige langsam auf die Düne, nichts passiert. Erst als ich ganz oben angelangt bin, habe ich mit einem Mal satte vier Balken. Na, super. Dann kann ich mir ja hier oben ein Zelt aufbauen. Ich setze mich etwas ratlos im Schneidersitz in den sonnenwarmen Sand. Was jetzt?

»Hey Stella!«

Madde steht mit einem großen Korb Wäsche lächelnd vor ihrem Haus und blinzelt gegen die Sonne zu mir herauf.

»Was machst du denn da oben? Willst du nicht runterkommen?«

»Hallo Madde!«

Inzwischen ist der Dynamo-Hund bereits zu mir auf die Düne geflitzt und beschnüffelt meinen Computer. Bevor er noch auf die Idee kommt, das Gerät zu markieren, klemme ich mir das Ding unter den Arm und spaziere hinunter zu Madde.

»Vielen Dank für die leckeren *kanelbullar*, ganz fantastisch!«

Die Wörter *kanelbullar* und *kanelbulle* – das erste ist der Plural, das zweite der Singular – habe ich mir schon im Juni auf der Fahrradtour gemerkt. Das weiche Hefegebäck mit den süßen Zimtschichten zwischen den Schneckenspiralen gibt es meiner Beobachtung nach an jeder Ecke. In jedem Kiosk, in jedem Café und offenbar auch in jedem Privathaushalt. Die Schweden scheinen sie ununterbrochen zu essen. So gute wie die von Madeleine habe ich bislang aber noch nicht gekostet.

»Das Netzwerk ist leider zu schwach. Ich kann mich nur da oben einwählen.« Ich zeige auf die Düne.

»Hm«, sagt Madde und stellt den Korb ab. »Ich werde mir etwas einfallen lassen.« Dann zieht sie einen winzigen Schlüssel aus der Tasche: »Der ist für dein Fahrrad.«

»Mein Fahrrad? Aber ich hab doch gar keins!«

»Jetzt schon. Komm mal mit. Ist doch viel schöner, bei so einem Wetter mit dem Rad zu fahren als mit dem Auto. Und besser für die Umwelt!«

Sie lächelt breit und läuft vor mir her zu dem roten Schuppen, vor dem ich geparkt habe. Aus dem Bretterverschlag zieht sie ein schwarzes, robust wirkendes Damenrad hervor, an dessen Lenker ein etwas eingedellter Korb hängt.

»Das ist von meiner Tochter.«

»Und braucht sie das nicht selbst?«

»Liv studiert in Adelaide. Du kannst es haben, solange sie nicht hier ist.«

Kurz legt sich ein Schatten über Maddes Gesicht. Als hätte jemand den Strahler ausgeknipst, mit dem sie bis jetzt von innen heraus mit gut tausend Watt geleuchtet hat. Das dauert allerdings nur den Bruchteil einer Sekunde, dann wirkt sie sofort wieder fröhlich wie der Idefix-Hund, der sich gerade intensiv mit einem ramponierten Tennisball beschäftigt.

Bevor ich mich bei Madde für das erneut sehr gastfreundliche Angebot bedanken kann, biegt ein grüner Volvo in die Kies-Einfahrt und ein grauhaariger, bärtiger Mann um die 60 steigt aus. Messerscharf kombiniere ich: Das ist Börje, Maddes Mann und damit Pernillas Bruder. Seine Ankunft veranlasst Idefix zu einem aufgeregten Gehopse und Gewedel, als sei sein Herrchen gerade von einer mehrjährigen Weltumseglung zurück. Und das Bild passt. Als Weltumsegler kann ich mir Börje auf Anhieb hervorragend vorstellen. Oder als gutmütigen Leiter einer Seehundaufzuchtstation. Oder als Shanty-Chor-Mitglied. Oder als Werbefigur für höllisch scharfe Halspastillen. Oder alles zusammen. Er streckt mir seine beachtliche Seebären-Pranke entgegen, quetscht damit meine Finger und brummt in tiefem Bass: »Ich bin Börje. Willkommen!«

Jetzt sagt Madde irgendetwas auf Schwedisch zu ihm, das den Begriff »Stella« enthält, und gestikuliert in Richtung der Düne. Ich nehme an, sie umreißt mein Netzwerk-Problem.

Börje brummt etwas zurück, und ich denke, dass ich dringend diese seltsame Sprache lernen muss. Zwar sprechen hier bisher alle ein großartiges Englisch – oder sogar Deutsch –, aber es ist schon ein komisches Gefühl, so mir nichts, dir nichts von der Konversation ausgeschlossen werden zu können.

»Solange das mit dem Internet nicht funktioniert, kannst du gern bei uns ins Netz gehen und in der Veranda sitzen und arbeiten. Gar kein Problem. Macht unser Sohn Nils auch oft, wenn er nicht in seiner Studentenbude in Lund lernen will«, sagt Madde, nun wieder auf Englisch.

»Da werde ich später möglicherweise drauf zurückkommen müssen. Aber erst mal muss ich einkaufen, bevor der Supermarkt schließt. Die machen hier doch sicher samstags gegen Mittag zu?«

So kenne ich das aus den ländlichen Regionen in Deutschland, doch Madde und Börje sehen mich so amüsiert an, als hätte ich gefragt, ob es hier schon fließend Wasser und Strom gibt.

»Der schließt nicht. Jedenfalls nicht vor acht Uhr heute Abend. Der große Supermarkt am Ortsrand hat sogar bis zehn auf«, grinst Börje.

»Auch am Wochenende?«

»Immer. Na ja, außer am ersten Januar, an Heiligabend und an Mittsommer. Da sind die Öffnungszeiten etwas kürzer.«

»Und sonntags?«

»Geöffnet.«

»Den ganzen Tag?«

»Den ganzen Tag.«

»Immer?«

»Immer.«

Ich komme mir vor wie Lieschen Müller aus Hintertupfingen, die zum ersten Mal in die große Stadt kommt und doofe Fragen stellt.

20 Minuten später stehe ich schwitzend inmitten von meinen Kisten und Koffern. Ich beginne damit, alles vor dem Bett zu stapeln, das Einräumen verschiebe ich auf später. Als ich gerade den letzten Karton (es ist einer mit Fotos aus dem Sauerland und Köln, den ich lieber auf absehbare Zeit ungeöffnet lasse) auf den Stapel setze, klingelt mein Telefon schon wieder. Das wird eine Rechnung! Aber was soll's, ich werde schließlich mit der Diva einen Bestseller landen und spätestens dann die Kohle wieder reinholen. Positiv denken!

»Hallo?«

»Hey, hier ist Joakim. Ich wollte nur kurz fragen, ob du im Ängelholmer Außenposten der Zivilisation gut angekommen bist. Heute ist dein erster Tag in Schweden – stimmt doch, oder?«

Ich bin beeindruckt. Die Schweden haben es wirklich drauf, mir zu vermitteln, dass ich in ihrem Land willkommen bin. Ein weiteres Mal frage ich mich, wer nur das Gerücht von den kühlen Nordlichtern in die Welt gesetzt hat. Andererseits sind wir hier ja im vergleichsweise warmen Süden des Landes, möglicherweise ist 1500 Kilometer weiter nördlich nicht nur das Klima kühler.

»Ja, alles ganz wunderbar, ich kann es noch nicht ganz fassen. Aber sag mal, bevor wir uns verplaudern, können wir vielleicht später ausführlicher telefonieren, wenn ich mir eine schwedische Nummer besorgt habe? Ist dann billiger.«

»Klar, ruf einfach an. Ich wollte auch wirklich nicht stören …«

»Nein, nein«, beeile ich mich, »Du störst *überhaupt nicht*, so war das nicht gemeint, ich freue mich *sehr* über deinen Anruf! Und wo ich dich gerade an der Strippe habe: Wo bekommt man in Schweden am besten Prepaid-Karten fürs Handy? Und hast du zufällig ein altes Handy, das du nicht mehr brauchst und mir leihen könntest, damit ich nicht ständig die SIM-Karten wechseln muss?«

Keine Reaktion.

»Hallo?«

Oje, hoffentlich hat er nicht aufgelegt …

»Äh … hallo?«

Es ist still am anderen Ende. Doch dann vernehme ich das kaum hörbare Geräusch eines Zuges an einer Zigarette, das mit diesem weichen »Flopp« abschließt, und ein verschwommenes Bild von Joakim taucht vor mir auf, wie er in Leipzig auf der Mauer in der Sonne sitzt und raucht und dabei aussieht wie …

Bevor ich draufkomme, redet er weiter: »Prepaid-Karten bekommst du eigentlich in jedem Supermarkt. Die meisten haben einen Postschalter, da gibt es auch die Karten. Ein altes Handy muss ich suchen. Ich will nichts versprechen, aber ich glaube, ich habe auf dem Dachboden noch eines. Das ist allerdings ein ganz alter Knochen, könntest du geschenkt haben.«

»Super! Ganz lieben Dank! Ich rufe heute Nachmittag an, versprochen!«

»Wie es dir passt. Kein Stress. Und viel Glück beim Einkaufen.«

Viel Glück beim Einkaufen?

Kapitel 6

ENTDECKE DIE SCHRULLIGKEITEN

Stella | Glück beim Einkaufen scheint man hier zu brauchen. Ich trage offenbar diesen magischen Harry-Potter-Mantel, der unsichtbar macht. Wie sonst ist es zu erklären, dass ich seit einer gefühlten Viertelstunde an diesem verdammten Postschalter stehe und mittlerweile so verzweifelt versuche, mit einer der beiden Servicekräfte Blickkontakt aufzunehmen, als wollte ich an einem Hypnose-Contest bei »The Next Uri Geller« teilnehmen.

Dabei ist es nicht etwa so, als seien die beiden diensthabenden Damen untätig und säßen Däumchen drehend beim Kaffeeklatsch. Absolut nicht. Ständig kommen neue Leute, die neben mir Päckchen und Briefe über den Counter reichen, abwiegen und frankieren lassen, Rubbellose erwerben, die sie anschließend ganz in Ruhe an einem Tischchen nebendran freirubbeln, beschriften und dann in eine Trommel werfen, Pakete abholen … Nur durch mich wird freundlich, aber bestimmt hindurchgelächelt.

Na toll, jetzt werde ich auch noch angerempelt. Nein, Moment, stimmt nicht, jemand tippt mir auf die Schulter. Immerhin, von hinten scheine ich noch sichtbar zu sein!

Ich drehe mich um und sehe in zwei sehr blaue und von vielen Fältchen umkränzte Augen, die zu einer älteren Dame mit sorgfältig onduliertem weißem Haar gehören. Sie stützt sich mit einer Hand auf ihren Rollator, mit der anderen zeigt sie in Richtung Eingang. Mein Blick folgt ihrem zitternden, aber perfekt manikürten Finger. Ich versuche zu entschlüsseln, was sie mir mitteilen will. Meint sie die Würstchenbude mit der Aufschrift *korv & bröd*, die sich direkt hinter der Schiebetür befindet und an der Teenager für Hotdogs Schlange stehen? Oder die Bäckereitheke, über die vermutlich täglich Hunderte *kanelbullar* geschoben werden? Oder möchte sie ganz einfach, dass ich gehe und redlichen schwedischen Bürgern wie ihr nicht weiter im Weg stehe?

Ich schaue wohl etwas verständnislos, denn die Dame schüttelt nun stumm den Kopf und holt tief und seufzend Luft, als wollte sie sagen: »Mein Gott, wie kann man so schwer von Begriff sein!« Dann rollt sie mit ihrer Gehhilfe zwei Meter nach links und klopft auf einen roten Kasten, der mir bisher nicht aufgefallen ist und wie ein Entwertungsautomat in öffentlichen Verkehrsmitteln aussieht. Allerdings steckt man nichts in den Automaten hinein, sondern zieht etwas heraus. Die Dame rollt wieder auf mich zu und drückt mir energisch einen hellgelben Papierschnipsel in die Hand. Darauf steht die Nummer 27. Nun zeigt meine Helferin in Richtung Decke. Bereits bevor ich den Kopf in den Nacken lege, ahne ich, was es dort zu sehen gibt: eine Digitalanzeige.

Im Augenblick zeigt sie die Nummer 24. Wie sich herausstellt, ist die Nummer 24 ein Kaugummi kauendes Mädchen in Röhrenjeans und Tunika, das eine Klatschzeitung kauft, auf der die schwedische Prinzessin Victoria samt ihrem Liebsten Daniel zu sehen ist. Die beiden gucken auf dem Paparazzo-Foto in etwa so dämlich aus der Wäsche, wie ich mich gerade fühle. Andererseits, wie sollte ich das mit den Nummern ahnen? Ich kenne das Nümmerchen-System nur von Einwohnermelde- und Straßenverkehrsämtern, Führerscheinausgabestellen oder anderen Höllen der Bürokratie eines 80-Millionen-Einwohner-Staats, durch die unüberschaubare Massen in möglichst kurzer Zeit geschleust werden müssen. Wie soll man darauf kommen, dass das System an so einem pupsigen Postschalter einer schwedischen Kleinstadt mit ein paar Tausend Einwohnern zum Einsatz kommt?

Ich muss allerdings zugeben: Nachdem ich meine magische Zahl gezogen habe, geht alles reibungslos, stressfrei und ratzfatz. Keine würdelosen Diskussionen à la »Entschuldigung, ich will ja nichts sagen, aber ich war zuerst hier«, und schon gar kein Geschubse. Na ja, so viel war ja auch nicht los. Genau wie anschließend im Supermarkt.

Nachdem ich mich ohne größere Probleme mit den Lebensmitteln eingedeckt und eine beachtliche Zeit in einer Knäckebrot-Abteilung ungeheuren Ausmaßes verbracht habe (ich bin überzeugt, dass der Schwede ungefähr so viele Sorten Knäckebrot kennt, wie der Inuit Wörter für Schnee), irre ich auf der Suche nach Bier durch die Gänge des Supermarkts. Bei so sommerlichen Temperaturen wie heute bekomme ich einfach immer Lust auf »Alsterwasser«, den leckeren Mix aus Limo und Bier. Doch alles, was ich finde, ist alkoholfreier Sekt und Wein, Cidre mit zwei Prozent Alkohol sowie alkoholfreies und alkoholreduziertes Bier mir völlig unbekannter Sorten. Stinknormales Bier scheint Mangelware zu sein. Sämtliches Verkaufspersonal hat sich außerdem wie auf Kommando zurückgezogen. Wo zur heiligen Zimtschnecke finde ich die alkoholischen Erfrischungen?

Kurz entschlossen hole ich mein Handy heraus und wähle Joakims Nummer: »Hallo, Stella hier. Ich stehe im Supermarkt und bin total überfordert! Es klingt vielleicht etwas seltsam, aber kannst du mir einen Tipp geben, in welcher Abteilung ich am besten nach normalem Bier suchen soll? Ich finde hier nur so seltsame alkoholreduzierte Sorten.«

»Nach richtigem Bier kannst du im Supermarkt lange suchen. Da gibt es nur *folköl* und *lättöl*.«

»Öl? Wieso Öl? Ich will Bier.«

Joakim bricht in schallendes Gelächter aus.

»*Öl* heißt Bier auf Schwedisch, ich dachte, das wüsstest du. *Folköl* ist das ›Bier des Volkes‹ mit geringerem Alkoholgehalt, und *lättöl* ist Leichtbier mit ganz wenig Alkohol. Das schwedische

Leichtbier ist übrigens richtig gut. Und billig. Was man von anderem Bier nicht gerade sagen kann.«

»Und wenn ich nun aber normales Bier kaufen will?«, sage ich trotzig.

»Dafür musst du in den *Systembolaget**. Für Wein auch.«

Systembolaget? Wovon redet der Mann?

Doch irgendwo in meinem Hinterkopf rattert es. Den Begriff habe ich schon einmal gehört. Nein, gelesen. Dann komme ich drauf: *Systembolaget* ist der Laden, in dem Henning Mankells Kommissar Wallander klammheimlich seinen Whisky kauft, wenn er mal wieder unter schlimmen Depressionen leidet. Das Alkoholgeschäft. Der Sündenpfuhl. Auch die Protagonisten in Håkan Nessers Büchern versorgen sich hier mit hartem Stoff, wenn das Leben ihnen allzu arg mitspielt, und trinken das Hochprozentige dann auf der Zugtoilette. Ein äußerst zwielichtiges Etablissement also, in dem sich verkappte Alkoholiker oder depressive Kommissare mit hochgeschlagenem Trenchcoatkragen durch die Gänge schleichen, in der Hoffnung, dass sie niemand entdeckt.

»Ich dachte, da gibt es nur Hochprozentiges?«

»Da gibt es alles, was einen Alkoholgehalt hat, der höher ist als 3,5 Prozent. Der *Systembolaget* hat aber nur bis um zwei Uhr geöffnet.«

Ich schaue auf die Zeitanzeige des Handys. Viertel nach zwei. Zu spät.

»Hat dieser dubiose Alkoholladen dann wenigstens morgen geöffnet?«, frage ich.

Joakim lacht schon wieder.

»Nein, natürlich nicht. Sonntags ist der *Systembolaget* zu.«

»Natürlich nicht? Was ist daran *natürlich*, wenn doch alle Supermärkte mehr oder weniger immer geöffnet sind?«

»Da hast du auch wieder recht. Mal was ganz anderes: Ich habe das alte Handy gefunden, das kannst du gern haben.«

»Das ist ja prima! Sag mal, hast du Lust, morgen zum Kaffee vorbeizukommen? Ich habe auch *kanelbullar!*«

Ein Zeichen, dass ich mich den örtlichen Gepflogenheiten anzupassen bereit bin.

»Morgen geht leider nicht, aber was hältst du von Montag? Zum Beispiel um 15 Uhr?«

»Alles klar. Montag, drei Uhr ist notiert. Ich freu mich.«

»*Kanelbullar* musst du für mich übrigens nicht extra besorgen, die mag ich nicht besonders.«

»Ah, okay«, sage ich staunend. Joakim scheint der einzige schwedische Mensch zu sein, der nicht verrückt nach den Dingern ist. Andererseits ist ja auch nicht jeder Deutsche auf Sauerkraut und Knödel erpicht. Wann habe ich das eigentlich zuletzt gegessen?

Nach dem Gespräch mit Joakim packe ich zur Probe zwei Flaschen von dem angepriesenen Leichtbier (es steht tatsächlich *lättöl* drauf, was mir bisher entgangen ist) ins Einkaufskörbchen und begebe mich in Richtung Kasse. Es scheint nur eine geöffnet zu sein, jedenfalls entdecke ich nur eine einzige lange Schlange. Trotzdem scanne ich nach alter Gewohnheit die insgesamt fünf Kassennischen, ob es nicht doch noch eine kürzere Schlange gibt. Ich stamme nun mal nicht nur aus einem dicht besiedelten Staat, sondern obendrein noch aus dem bevölkerungsreichsten Bundesland Nordrhein-Westfalen. Da eignet man sich zwangsläufig gewisse Überlebensstrategien an, wenn man nicht immer überall zu spät und zu kurz kommen will.

Zu meiner Überraschung stelle ich fest, dass zwei weitere Kassen geöffnet sind, an denen allerdings gähnende Leere herrscht. Die Kassiererin zur Linken zwirbelt gedankenverloren ihre blondierten Locken, ihr etwa sechzehnjähriger Kollege zur Rechten starrt Löcher in die Luft. Oder schläft er mit offenen Augen?

Doch als ich meine Sachen aufs Band lege, erwacht der Jüngling zum Leben. Er lächelt beflissen und setzt das Band in Gang. Sofort geht eine Kettenreaktion vonstatten: Wie auf Kommando stellen sich andere Einkäufer hinter mir an. Offenbar geht man hier davon aus, dass es dort, wo andere stehen, schon richtig sein wird. Eine Strategie, die ihre (vage) Berechtigung hat, was unbekannte Restaurants betrifft. Einem schlecht besuchten Lokal würde ich auch nicht unbedingt trauen, aber an Supermarktkassen habe ich keine Berührungsängste.

Vielleicht ist das Verhältnis zu Menschenmengen in einem Land mit neuneinhalb Millionen Einwohnern auf einer Fläche, die ein Viertel größer ist als die der Bundesrepublik, einfach anders. Vielleicht war es früher, als in Schweden noch viel weniger Menschen lebten, überlebensnotwendiger als anderswo, sich anderen anzuschließen. Sagen wir, um sich gemeinsam vor Wölfen, Bären und das, was es in Skandinavien sonst noch so an potenziell gefährlichem Wildgetier gibt, schützen zu können. Oder natürlich, um sich zu paaren. Nun glaube ich zwar nicht, dass sich irgendwer an der Supermarktkasse paaren will (obwohl, kann man nicht wissen …) oder dort die Gefahr eines Raubtierangriffs besteht. Aber vielleicht sind solche Verhaltensweisen aus Jäger- und Sammlerzeiten irgendwie in Fleisch und Blut und Gene übergegangen.

Solcherart sind meine Gedanken, als ich auf dem Fahrrad zurück zu meinem Strandhaus radele und vor mir im Korb die Tasche mit meinem allerersten Einkauf in Schweden sachte auf und ab wippt. Mit einem vagen Gefühl von Glück im Bauch holpere ich durch die Kopfstein gepflasterte Fußgängerzone, dann an einem putzigen kleinen Bahnhof vorbei und schließlich gut zwei Kilometer durch luftigen Birken- und Kiefernwald, bis ich die bunten Holzhäuser des Ortsteils Vitstrand erreiche.

Doch als ich meine Düne erklimme, trifft mich fast der Schlag: Die Haustür steht sperrangelweit offen, und ich sehe einen Mann, der sich an meinem Computer zu schaffen macht!

Kapitel 7

EIN SCHWEDENKRIMI

Stella | Ja, ich weiß. Man soll bei einem Einbruch nicht den Helden spielen. Man soll Hilfe holen und sein Leben über seine Habseligkeiten stellen.

Aber mein Computer ist nun mal *auch* mein Leben, und umzugsbedingt bin ich seit Tagen nicht zu irgendwelchen Back-ups gekommen! Wenn ich nun erst die Polizei rufe oder Börje und Madde um Hilfe bitte, kann der Täter bereits über alle Berge sein. Darum stehe ich auf der Düne unter der Kiefer und frage mich: Was würde zum Beispiel die Journalistin Annika Bengtzon tun, die Heldin in Liza Marklunds Krimis?

Ganz klar: Annika würde *nicht* fliehen! Sie würde erst einmal ermitteln! Einen Blick auf die Sache werfen und sich zu diesem Zweck vermutlich von der Terrassenseite aus anpirschen! Man weiß schließlich, dass die meisten Täter, die in flagranti erwischt werden, unverrichteter Dinge fliehen, sofern der Fluchtweg nicht verstellt ist! Ich setze die Lebensmitteltasche im Dünengras ab und schleiche mich vorsichtig im Schutz der Hagebuttenbüsche ans Häuschen heran. Die Tür scheint aus der Entfernung unversehrt, wurde also vermutlich nicht aufgebrochen. Habe ich vergessen, abzuschließen?

Geduckt laufe ich um das Haus herum und schleiche mich vorsichtig auf die Terrasse. Als ich die Hauswand erreicht habe, hebe ich den Kopf und spähe vorsichtig über die Geranien im Blumenkasten ins Fenster. Dabei stelle ich diverse Dinge fest:

1. Es handelt sich nicht um *meinen* Computer, mit dem sich der Täter beschäftigt, sondern lediglich um ein ähnliches Modell derselben Firma. Mein Computer befindet sich auf dem Küchentisch.
2. Der Täter scheint es nicht eilig zu haben, sondern sitzt gemütlich auf dem Sofa und scheint an meinem Eigentum vollkommen uninteressiert.
3. Der Täter sieht aus wie eine exakte Mischung aus Börje und Madeleine, allerdings gut und gerne 30 Jahre jünger als die beiden.
4. Jetzt hält der Täter sein Laptop hoch in die Luft, so ähnlich, wie ich es am Morgen getan habe, um zu testen, ob irgendwo der Empfang besser ist.

Kombiniere, erstens: Ich habe zu viele Schweden-Krimis gelesen und möglicherweise auch zu oft *Tatort* gesehen.

Kombiniere, zweitens: Der Täter ist wahrscheinlich gar keiner. Madde hat doch heute früh ihren Sohn Nils erwähnt. Ich schließe messerscharf: Es könnte sich um diesen Mann handeln. Jetzt fällt mir auch wieder ein, dass sie mir, nachdem sie mir den Weg zum Supermarkt erklärt und ich mich bereits aufs Rad geschwungen hatte, noch etwas hinterhergerufen hat. Etwas, in dem es um einen Schlüssel und das Internet ging, mehr habe ich aber nicht verstanden. Trotzdem habe ich »Alles klar« gerufen, weil ich keine Lust hatte, noch mal umzudrehen. Nun schwant mir, dass sie vermutlich gefragt hat, ob ich was dagegen habe, wenn Nils mit ihrem Zweitschlüssel ins Ferienhaus geht und sich die Sache mit dem Internet mal anschaut.

Ich gehe auf Tauchstation unter den Geranien. Ich muss hier schleunigst weg, wenn es nicht peinlich werden soll. Mal überlegen: Der Weg mit dem geringsten Entdeckungsrisiko führt durch den Garten und um Pernillas Haus herum. Auf diese Weise gelange ich wieder vorn auf den Hauptweg und kann so tun, als sei ich gerade erst gekommen. Ich lasse mich also auf alle viere sinken und robbe über die lavendelblauen Holzpaneele der Terrasse in Richtung Rasen.

Ich bin gerade gut anderthalb Meter gekommen, da höre ich die Terrassentür hinter mir mit leisem Quietschen aufschwingen und erstarre. Totstellen ist in dieser Situation natürlich in etwa so effektiv, als wolle sich ein Elefant hinter einem Gänseblümchen verstecken, aber was anderes fällt mir gerade nicht ein.

»Bist du zufällig Stella?«, fragt eine freundliche Stimme auf Englisch.

Ich schweige.

Die Stimme sagt: »Darf ich fragen, was du da unten machst?«

Tja, was antwortet man da? Ich habe gerade meine Würde verloren, irgendwo hier muss sie rumliegen, hilf mir doch mal suchen? Nein, falsch, ganz falsch! Die beste Strategie in peinlichen Situationen ist immer noch der Angriff. Kurz entschlossen rappele ich mich auf. Es handelt sich schließlich um *mein* Haus und um *meine* Terrasse, und nicht ich bin hier der Eindringling!

»Das war Yoga«, erkläre ich und klopfe energisch den Sand von meiner Jeans. »Der Sonnengruß. Wirkt ausgleichend und beruhigend. Mache ich immer, wenn ich Einbrecher auf meinem Sofa sitzen sehe.«

Er reißt erstaunt die Augen auf.

»Einbrecher? Hier?«

»Wir sind hier doch in Schonen oder etwa nicht?«, frage ich gespielt beleidigt.

Mein Gegenüber nickt. »Das stimmt. Und das bedeutet?«

»In Schonen jagt Kommissar Wallander am laufenden Band Serienmörder. Überhaupt ist ganz Schweden ein ziemlich kriminelles Pflaster. Die Bücherläden sind voll mit Schwedenkrimis. Henning Mankell, Håkan Nesser, Stieg Larsson, Åke Edwardson und wie sie alle heißen. Irgendwie müssen die ja schließlich darauf kommen, was sie da schreiben. Selbstverständlich dachte ich da, dass du ein Einbrecher bist.«

Er bricht in schallendes Gelächter aus.

»Aha, *dachtest* du! Und was denkst du jetzt?«

»Meine … äh … bisherigen Ermittlungen … äh … deuten darauf hin, dass du mutmaßlich Nils bist, der, äh, der Sohn von Madde und Börje.«

»Gratuliere, Miss Marple, richtig kombiniert«, sagt Nils und wischt sich eine Lachträne aus dem Augenwinkel. »Und ich habe rausgefunden, warum du in Lucylust kein Netz hast.«

»Und?«, frage ich gespannt.

»Die Düne«, sagt Nils mit einer Kopfbewegung in Richtung des Hügels.

»Ach? Was du nicht sagst!« Den ironischen Kommentar kann ich mir nicht verkneifen, aber schäme mich direkt: Nils wollte ja nur helfen.

Zum Glück taucht Madde in diesem Moment auf der Düne auf. Lila, der Idefix-Hund, galoppiert auf Nils zu und springt wedelnd an ihm hoch.

Madde winkt: »Huhu, der Kaffee ist fertig. Ich habe *kladdkaka* gebacken. Ist noch warm! Huch, wieso steht hier denn eine Tüte mit Lebensmitteln?«

»Die ist von mir!«, rufe ich und laufe ihr entgegen. Dabei denke ich: *Kladdkaka? So richtig appetitlich klingt das jetzt aber nicht …*

Ein paar Minuten später sitze ich mit Nils, Madde, Börje und Pernilla in der Veranda. *Kladdkaka*, hat Madde erklärt, ist die Abkürzung für *kladdig chokladkaka*, klebrigen Schokoladenkuchen. Und der ist ganz und gar nicht unappetitlich. Eigentlich hatte ich nach den ganzen Zimtschnecken eher Lust auf etwas Herzhaftes, aber kaum hat der erste Bissen meinen Gaumen berührt, bin ich abhängig. Dieser Kuchen hat einen eigenen Aggregatzustand. So klebrig er im ersten Moment ist, so zart schmilzt er auf der Zunge. Tut mir leid, liebe Bauchspeicheldrüse, aber da musst du jetzt durch – ich gelobe hiermit, ab morgen Diät zu halten.

»So, du hast also unseren Sohn für einen Schurken gehalten, weil du so viele Krimis liest?«, fragt Börje grinsend.

»Ja, aber nicht irgendwelche«, sage ich. »Ich lese vor allem Krimis aus Schweden. Ich hab langsam den Verdacht, dass jeder Schwede ein Krimimanuskript in der Schublade hat ...«

»Nicht jeder«, feixt Nils. »Nur die Hälfte, ungefähr. Die einen müssen ja die Verbrechen begehen, über die die anderen dann schreiben können. Ich schreibe zum Beispiel nicht, ich breche ein!«

Alle am Tisch fangen an zu lachen und kriegen sich erst wieder ein, als Madde ruft: »Jetzt setzt Stella doch nicht so einen Unsinn in den Kopf!«

Dabei schenkt sie mir die vermutlich hundertste Tasse Kaffee des Tages ein – so gern ich Kaffee trinke, aber mit den Einheimischen mitzuhalten wird langsam schwierig.

»Meine Theorie ist«, erklärt Madde, »dass wir so viele Krimiautoren haben, weil hier eben nicht so viel passiert. Wir haben zu viel Natur und zu wenig Menschen, und im Winter ist es einfach unheimlich lange dunkel. Hier im Süden geht es ja noch, aber weiter im Norden geht im Dezember die Sonne kaum auf! Ich denke, den Schriftstellern ist langweilig, darum erfinden sie spannende Fälle. Unsere Liv hat im Winter auch mal angefangen, zu schreiben – das war aber eine Liebesgeschichte, glaube ich. Aber seit sie in Australien studiert ...« Sie hält inne. Wieder legt sich diese Traurigkeit auf ihr Gesicht.

»Das mit der Langeweile könnte stimmen«, nimmt Börje den Gesprächsfaden wieder auf, und es wirkt, als wolle er seiner Frau einen Rettungsring zuwerfen. »Ich habe gelesen, dass Håkan Nesser früher Lehrer war und angefangen hat zu schreiben, während seine Schüler mit Klassenarbeiten beschäftigt waren.«

»Jedenfalls ist Schweden eines der sichersten Länder der Welt. Und hier in Vitstrand passiert sowieso nichts«, konstatiert Madde mit Bestimmtheit und scheint sich wieder gefangen zu haben.

»Ich wäre da nicht so sicher«, wirft Pernilla ein, »bei Filipssons ist mal eingebrochen worden!«

»Aber Nilla, das ist doch ewig her«, stöhnt Madde. »Und die Diebe haben nur die Schnäpse aus der Hausbar mitgehen lassen.«

»Nein, nein, Stella, lass dich nicht täuschen«, mischt sich jetzt Nils wieder ein und wedelt mit einem auf der Kuchengabel aufgespießten Stück *kladdkaka*, das von Lila, die neben ihm auf der Holzbank sitzt, nicht aus den Augen gelassen wird. »Tante Nilla hat schon recht. Hier in Ängelholm – und ganz besonders in Havsbaden – tobt das internationale Verbrechen. Du hast es ja gesehen, ich selbst bin ganz vorn mit dabei! Und denk nur an deine geklauten Rosen, Mama!«

»Das war doch nur Fredrik, der seine Oma zum Geburtstag überraschen wollte«, sagt Madde und erklärt dann zu mir gewandt: »Fredrik ist acht, und seine Oma wohnt in der weißen Holzvilla direkt neben Lucylust.«

»Damals hast du dich aber ganz schön aufgeregt«, mischt sich Börje nun ein.

»Ja, da wusste ich ja nicht, wer das war und welche edlen Motive der Dieb hatte«, verteidigt sich Madde. »Fredrik hat sich sogar entschuldigt. Mit einem Strauß Margeriten!«

»… die er bei Thoréns an der Ecke stibitzt hat!«, trumpft Nils auf. »Heute die Blumen, morgen die Bank.«

»Ach, du!« Madde knufft ihren Sohn liebevoll in die Seite. Er grinst. Diesen Augenblick der Unaufmerksamkeit nutzt Lila, um sich das verbliebene Stückchen *kladdkaka* von Nils' Teller zu schnappen und mit der Beute eilig das Weite zu suchen.

Es dauert eine Sekunde, dann sagt Nils: »Quod erat demonstrandum. Die Schweden sind alle Verbrecher – sogar ihre Hunde!«

Kapitel 8

KEINE NUMMER UNTER DIESEM ANSCHLUSS

Stella | Ich hänge seit etwa einer halben Stunde in der Warteschleife und bete, dass mein Guthaben auf der Prepaid-Karte ausreicht, bis ich endlich dran bin *und* mein Anliegen vorgetragen habe. Leider wird die Ansage nur auf Schwedisch abgespult, aber ich habe so eine Ahnung, dass die freundliche Dame vom Band mir mitteilt, an welcher Position der Warteschlange ich mich befinde. Leider verstehe ich bislang kein Wort Schwedisch, von einigen kulinarischen Begriffen und den üblichen Begrüßungsfloskeln mal abgesehen. Und deshalb muss ich wohl den Hörer am Ohr kleben lassen, bis sich ein lebendiges und zur Interaktion fähiges Wesen meldet.

Madde ist heute früh eingefallen, dass ihre Tochter Liv ein eigenes Festnetz-Telefon und einen Internetanschluss in Lucylust hatte, bevor sie nach Down Under abgehauen ist.

»*Eigentlich* musst du das nur freischalten lassen«, hat sie gesagt und mir die Nummer der Telefongesellschaft gegeben.

Ich habe freundlich gelächelt und innerlich geseufzt. *Eigentlich* habe ich nicht vor, mich hier für länger zu installieren, mit Telefonanschluss und allem Pipapo. Aber was bleibt mir anderes übrig? Das Gespräch mit der Diva habe ich zwar gestern früh im sonnigen Garten sitzend übers Internet absolviert, was durchaus in die Kategorie »angenehmes Arbeiten« fiel, aber der Sommer ist ja bald passé.

Endlich! In der Leitung knackt es, dann vernehme ich eine sehr freundliche Mädchenstimme, die irgendetwas zu mir sagt. Auf Schwedisch, klar.

»Entschuldigung, sprechen Sie zufällig Englisch?«

Stille. Dann folgt in einem lustigen Lispel-Englisch: »Ssorry, nein, leider nicht sso gut. Einen Moment, bitte …«

Und, schwupps, hänge ich schon wieder in der Warteschleife. Jetzt wird aber immerhin auf Englisch gezählt. Und so gelange ich in den Besitz der deprimierenden Information, dass ich mich auf Position 36 befinde. Nach einer weiteren Viertelstunde, in der mir langsam das Ohr anschwillt, weil in meinem Mobiltelefon offenbar die Seele eines Lockeneisens gefangen ist, bin ich schließlich dran.

»Was kann ich für Sie tun?«, fragt jemand in glasklarem Englisch.

»Ich möchte gern einen Telefon- und Internetanschluss beantragen.«

»Kein Problem, geben Sie mir bitte Ihre Personennummer.«

»Meine was?«

»Ihre Personennummer«, wiederholt der Mann am anderen Ende sehr freundlich. Was nichts daran ändert, dass ich keinen Schimmer habe, wovon er spricht.

»Meinen Sie die Nummer aus meinem Ausweis? Die Personalausweisnummer?«, frage ich.

»Die Personennummer steht auch auf dem Ausweis, ja.«

Ich fische meinen Personalausweis aus dem Portemonnaie und beginne, die Nummer vorzulesen. Etwa bei der siebten Ziffer werde ich unterbrochen: »Das ist falsch. Ich brauche Ihre Personennummer.«

»Äh, ich dachte, die lese ich Ihnen gerade vor! Eine andere Nummer habe ich nicht. Oder meinen Sie vielleicht die vom Reisepass? Da könnte ich mal …«

»Sie sind keine schwedische Bürgerin?«

»Äh, nein. Ich bin deutsche Staatsbürgerin, lebe in einem schwedischen Ferienhaus und bräuchte vorübergehend Telefon und Internet.« Vorsichtshalber setze ich noch nach: »Ich zahle auch!«

»Ohne Personennummer kann ich da nichts machen.«

»Wo kriege ich denn so eine Nummer?«

»Im Rathaus. Bei der Einwanderungsbehörde.«

»Aber ich will gar nicht einwandern. Ich will nach meinem Aufenthalt wieder nach Hause zurück.«

Nach Hause – wenn ich nur wüsste, wo das ist! Und wie finde ich eigentlich ein neues Zuhause in Hamburg, Köln oder wo auch immer, wenn ich mich in Schweden aufhalte? Leider habe ich keine Zeit, diesen interessanten Gedanken weiter zu verfolgen.

»Ich brauche eine Personennummer, um einen Anschluss zu legen, das tut mir leid. Bitte rufen Sie wieder an, wenn Sie eine haben. Auf Wiedersehen.«

»Ich … aber …«

Aufgelegt.

Ich starre fassungslos das Handy an.

Personennummer – wo habe ich *das* nun wieder gehört? Natürlich! Liza Marklunds journalistische Krimi-Heldin Annika Bengtzon hat einmal mithilfe der Personennummer eine Adresse und Namensänderung einer verdächtigen Person recherchiert. Es ist schon länger her, dass ich mir den betreffenden Roman zu Gemüte geführt habe, aber nun erinnere ich mich genau, wie ich die Stelle im Buch damals leicht verwirrt mehrfach gelesen und irgendwie nicht richtig verstanden habe. Ich nehme mir vor, Joakim später danach zu fragen.

Joakim!

Ich schaue hektisch auf die Zeitanzeige auf meinem Handy: zwei Uhr, noch eine Stunde Zeit. Ich klemme mir mein Laptop unter den Arm und begebe mich nach draußen, an meinen »Arbeitsplatz« unter freiem Himmel. Es ist immer noch sehr warm und sonnig, aber von Westen her nähern sich dichte Wolken übers Meer. Früher oder später wird er wohl kommen, der Regen, und dann irgendwann auch der Herbst und der Winter.

»Im Winter ist es hier vollkommen anders«, hat Pernilla gestern bedeutungsschwanger prophezeit. »Fast so, als wären es zwei verschiedene Orte. Das sollte dir klar sein.«

Einerseits hat sich das wie eine Drohung angehört, andererseits auch spannend. Wenn ich bleibe, werde ich demnach etwas Besonderes erleben. Etwas, das den »normalen« Touristen, die im Sommer wie Zugvögel vom Süden her ins Land schwärmen, verwehrt bleibt.

Sollte sich dieses Etwas als völlig unerträglich entpuppen, fahre ich eben vorzeitig wieder ab. Kein Mietvertrag bindet mich, ich bin frei zu tun, was ich will. Wenn ich nur wüsste, was ich will. Aber das werde ich schon noch herausfinden. Also mal abgesehen davon, dass ich einem ursprünglichen Plan zufolge eigentlich schon fleißig mit meinen Interview-Aufnahmen von der Diva zugange sein wollte. Trotzdem muss ich mich jetzt erst mal um ein paar andere Dinge kümmern.

Einige Klicks und Suchmaschinenanfragen später habe ich einen Sprachkurs gefunden: Schwedisch als Fremdsprache. Zwar nicht in Ängelholm, aber in der Universitätsstadt Lund, die mit Auto oder Bahn in gut einer Stunde erreichbar ist. Der täglich stattfindende Intensivkurs beginnt schon in ein paar Tagen. Ich buche ohne zu zögern – was erstaunlich ist.

In letzter Zeit stelle ich an mir eine Spontaneität fest, von der ich nicht wusste, dass ich sie besitze. Eigentlich kenne ich mich selbst als jemanden, der sogar bei einfachsten Entscheidungen Pros und Kontras abwägt und ewig hin und her überlegt. Es ist vorgekommen, dass ich die Leute in meiner Umgebung in den Wahnsinn getrieben habe, weil ich mich zum Beispiel beim Asia-Imbiss nicht zwischen der Nummer 237 (gelbes Tofu-Curry), der Nummer 123 (scharfer Mangosalat) und der Nummer 238 (grünes Tofu-Curry) entschließen konnte und nach etwa 20 Minuten dann doch die Nummer 236 (rotes Tofu-Curry) bestellt habe – wie immer eben. Spontaneität konnte ich bisher zwar spontan orthografisch korrekt in meine Tastatur hacken, damit erschöpfte sie sich dann aber auch schon. Und jetzt das.

Es scheint, als hätte ich mit meinem Hals-über-Kopf-Aufbruch in ein Land, das ich – nennen wir die Dinge ruhig beim Namen – nur aus Kriminalromanen und Kinderbüchern kenne, den Ballast des Zweifelns abgeworfen. Vielleicht weil ich so auf mich allein gestellt bin, dass mich für meine Bauchentscheidungen niemand schief angucken kann. Ist ja keiner da. Kein Chef, kein Freund, kein Sachzwang. Also kann ich einfach mal das machen, was mir in den Sinn kommt. Zeit im Ausland verbringen. Am Meer sein. Ein Buch schreiben.

Hach! Mal wieder versinke ich verzückt in der Aussicht aufs Meer. Dann lege ich meinen Kopf in die verschränkten Arme, schließe die Augen und lausche dem Rauschen der Blätter …

Alles ist warm und weich. Vor mir liegt das unendliche Meer, silbern glitzernd. Sanft plätschern die Wellen. Und plätschern. Und plätschern. Ein Gefühl völliger Entspannung durchströmt mich. Doch dann verdichtet sich etwas in der Mitte des Horizonts. Eine Welle? Ein Schiff? Nein, ein Boot, ein Ruderboot, das mit rasender Geschwindigkeit auf den Strand zuhält. Das Ruderboot verwandelt sich vor meinen Augen in ein quietschrotes Gummiboot, und am Bug sitzt Lila, der Idefix-Hund. Das Boot gleitet an den Strand, Lila gräbt ihre Zähne in die Gummihaut, das Boot dreht sich wie ein Ballon, aus dem man die Luft abgelassen hat, wirbelnd in Richtung Himmel, bis es nur noch ein winziger Punkt ist und schließlich ganz verschwindet. Die Hundedame dreht sich um, hüpft auf mich zu, im Maul hat sie einen Ball, nein, es ist eine Zimtschnecke, die sie vor mir auf den Boden fallen lässt.

Dann sagt sie mit erstaunlich tiefer Stimme: »Stella, wach auf … Stella!«

Irgendetwas stimmt hier nicht.

Joakim | Es hat eine Weile gedauert, bis ich zwischen den kleinen Straßen und Durchgängen zum *Havssaltsvägen* gefunden habe, einer winzigen Straße, die auf einer Sanddüne mit einer sagenhaften Aussicht über die Skälderviken-Bucht endet. Ich halte Ausschau nach einem kleinen braunen Haus mit lavendelblauen Fensterläden – oder war es anders herum: ein lavendelblaues Haus mit braunen Läden? Aber da plötzlich, genau vor meiner Nase, hängt ein Schild: *Bed & Breakfast.*

Okay, das muss es sein. Auf einmal fühle ich mich nervös und schüchtern. So durch und durch schwedisch. So habe ich mich noch nie erlebt: voller Sorge, etwas Falsches zu sagen, nicht zu wissen, wo ich hinschauen soll, schweißnasse Hände zu bekommen … Außerdem bin ich, verdammt noch mal, zu früh.

Ich überlege, ob ich Stella anrufen soll, um sie vorzuwarnen, dass ich etwas früher komme. Um ihr – und damit mir selbst – ein paar Extraminuten zu geben. *Aber wozu soll das gut sein?*, ermahne ich mich streng und keuche die kleine Düne hinauf. Der Weg ist steil, maximal einen halben Meter breit und bedeckt mit braunen Kiefernzapfen. Es riecht nach Kiefernnadeln, langsam trocknendem *faluröd**, einem Hauch frisch gemähten Grases und warmem Sand, das alles vermischt mit dem Duft des Meeres. Wenn eine Ansichtskarte der schwedischen Westküste einen Duft hätte, dann würde sie genauso riechen.

Ein paar Schritte weiter erreiche ich den höchsten Punkt der Düne, und da liegt es, Stellas Haus. Braun mit lavendelblauen Fensterläden. Es sieht aus, als ob sich ein architekturinteressierter Nachkomme dieser auf Schrumpfköpfe spezialisierten Amazonasindianer einer schwedischen Zwanzigerjahre-Villa angenommen und sie auf ein Viertel der ursprünglichen Größe verkleinert hat.

Ich gehe den kleinen Abhang hinunter und an der Veranda vorbei. Im Garten an der zum Meer gerichteten Seite des Hauses liegt Stella mit dem Oberkörper auf dem Tisch und scheint zu schlafen.

Ihr Kopf ruht auf ihren leicht gebräunten Armen, und ihr blondes Haar verteilt sich auf dem Tisch wie verschütteter Holundersaft. Das dünne Sommerkleid kräuselt sich im Wind um ihre Beine, und ihre nackten Füße haben sich in einem Paar Flip-Flops in verblichenem Türkis verheddert.

Der Anblick ist so friedlich, dass ich nicht stören will. Ich kann mich nicht daran erinnern, dass sie so schön war. Groß, schlank und blond sieht sie aus wie eine schwedische Naturnymphe, an die ich mich aus einer Shampoo-Reklame meiner Kindheit erinnere. Oder wie eine Prinzessin in einer nationalromantischen Saga mit Illustrationen von John Bauer*. Es fühlt sich beinahe so an, als ob mich ein alter Bergtroll aus den Schatten heraus betrachtet. Aber die Sonne steht steil am Himmel, und es gibt keine Schatten, die groß genug sind, um sich darin zu verstecken. Ich streichele Stella vorsichtig über ihre sonnenwarme Schulter.

»Stella, wach auf … Stella!«

Stella | Etwas berührt meine Schulter.

Ich blinzele und brauche einen Moment, um mich zu orientieren. Das Licht ist gleißend. Ich sitze an dem taubenblau gestrichenen Holztisch im Garten, mein Computer hat den Bildschirmschoner angeworfen, bunte psychedelische Formen wabern auf schwarzem Grund vor sich hin.

Direkt neben mir steht Joakim. Lächelnd. In knielanger dunkelgrauer Sommerhose, weißem Hemd mit aufgekrempelten Ärmeln und schwarzen Turnschuhen. Genauso, wie ich ihn von dem Mäuerchen in Leipzig in Erinnerung habe. Nur der Bart ist neu. Durch ihn sieht er ein bisschen aus wie die Hollywood-Version eines orientalischen Prinzen. Jedenfalls definitiv nicht schwedisch.

Während mir das alles durch den Kopf schießt, scheine ich ein bisschen doof zu gucken, denn jetzt schwenkt Joakim eine kleine ausgebeulte Papiertüte vor meinem Gesicht hin und her.

»Hallo? Erkennst du mich? Ich bin's, Joakim! Hab einen Zug eher erwischt als geplant.«

Ich räuspere mich: »Sorry, ich war nur gerade in ... Gedanken ... Ich meine, wow! Super, dass du da bist!«

Ich versuche, mich aus dem Spalt zwischen Bank und Tisch, die wie diese typischen Rastplatzmöbel zu einer Einheit verbunden sind, herauszuwinden und mich ganz zu Joakim umzudrehen. Dabei wird mir schwarz vor Augen – seit meiner Kindheit plagt mich viel zu niedriger Blutdruck. Ich verliere das Gleichgewicht, rudere mit den Armen, doch es nützt nichts: Ich falle Joakim mehr oder weniger entgegen.

Meine Ohren werden heiß vor Verlegenheit, dann erinnere ich mich: *Dazu gibt es keinen Grund!* Erstens wollte ich ihn ja sowieso umarmen, und zweitens stellt eine Umarmung in Schweden keine besondere Vertraulichkeit dar. Das macht man hier so, so viel habe ich in der kurzen Zeit meines Aufenthalts schon herausgefunden. Wenn man einander vorgestellt wird, gibt man sich zwar noch brav die Hand, doch sobald man nur eine halbe Stunde zusammen am Kaffeetisch gesessen hat, reicht das bereits als Legitimation für einen *kram**, eine Umarmung.

Ich um*krame* also Joakim einfach nur eine Spur stürmischer als geplant. Er *kramt* angenehm fest zurück, und ich wundere mich einen Augenblick, wie vertraut und gut sich das anfühlt.

»Ich habe *vaniljhjärtan* mitgebracht, damit du mal was anderes als *kanelbullar* isst«, sagt er.

»Vanille-was?«

»Vanilleherzen. Mit Vanillecreme.«

»Ach so. Herzen«, bemerke ich zerstreut und füge eilig hinzu: »Ich mach mal Kaffee!«

Die Möglichkeit, Kaffee zu kochen kann ja durchaus eine Gnade sein. Etwa, wenn man sich fühlt wie ein Schauspieler, der nicht nur seinen Text, sondern obendrein noch alle Regieanweisungen und den Titel des Stücks, in dem er mitspielt, vergessen hat. So wie ich gerade. Auch wenn ich langsam mal Vorsicht walten lassen sollte, denn bei meinem durch die schwedischen *fika**-Gepflogenheiten noch zusätzlich in die Höhe getriebenen Kaffeekonsum steht meine Metamorphose zur Kaffeebohne vermutlich unmittelbar bevor.

Apropos Metamorphose, wie sehe ich eigentlich aus? Nachdem ich den Kaffeekocher befüllt habe, husche ich schnell ins Bad. Zu meiner Überraschung bin ich zwar vom Wind zerzaust, aber sonst wirke ich wie nach einem Saunabesuch. Leichte Bräune, rote Wangen und irgendwie … gut. Ganz ohne Make-up.

Ich husche zurück ins Zimmer und lege die übrig gebliebenen *kanelbullar* von Madeleine neben die Vanilleherzen.

»Sind leider etwas trocken geworden. Aber du magst die Dinger ja sowieso nicht. Ich meine, darum hast du ja die Herzen …«

Herrgott, was fasele ich da? Joakim schaut mich an, als sei ich irgendeine Irre, die vergessen hat, ihre Tabletten zu nehmen. Besser schnell das Thema wechseln.

»Sag mal, könntest du mir helfen und mal bei diesem Telefonunternehmen für mich anrufen?«, frage ich. »Die sagen, ich brauche so eine komische Personennummer, und weil ich die nicht habe, wimmeln sie mich ab!«

Er lächelt: »Klar doch. Hast du die Telefonnummer?«

Ich gebe ihm den Zettel und mein Handy. Dann flüchte ich in Richtung des zischenden Kaffeekochers. *Meine Güte, warum bin ich nur so nervös?*

Ich mache die Augen zu, atme tief durch und beschließe, dass ich überhaupt keinen Grund zur Aufregung habe.

Überhaupt. Keinen. Grund.

Joakim | Stella wirkt noch ein wenig schlaftrunken. Kann man Jetlag haben, mehrere Tage nach einer Reise von Hamburg nach Südschweden? Zweifelhaft.

Aber ich verstehe sie gut, ich würde wohl genauso reagieren, wenn ich von einem Halbfremdling geweckt würde, der etwas von *vanilj-hjärtan* plappert und nicht richtig den Blick von mir lösen kann. Wie auch immer, Stella fängt an, Kaffee zu kochen und verschwindet dann im Bad. Vermutlich, um sich ein bisschen frisch zu machen. Ich würde gerne sagen, dass das nicht nötig ist und dass ich Mädchen mag, die mitten in einem Tagtraum einschlafen und sich danach nicht benehmen, als würden sie dem Drehbuch eines kitschigen Hollywoodfilms folgen. Aber das mache ich lieber nicht.

Stattdessen rufe ich die Nummer auf dem Zettel an. Nach mehreren Tastenwahlen werde ich in der hoffentlich richtigen Telefonwarteschlange platziert, worüber man sich in diesem Land nie so sicher sein kann. Schwedische Unternehmen haben ein mysteriöses Talent dafür, bei der Tastenwahl alle überhaupt denkbaren Alternativen zur Auswahl zu stellen. »Für den Kundendienst drücken Sie die 1, für technischen Support die 2, für Fragen zu Ihrem Vertrag die 3. Für allgemeine Fragen die 4. … Für Hilfe die 9.«

Ich versuche mein Glück mit der 3, werfe gedanklich eine Prise Salz über die Schulter und klopfe drei Mal auf die Platte des kleinen Sofatischs. »Sie sind auf Platz 12 in der Schlange, wir tun alles, was wir können, um Ihre Fragen so schnell wie möglich zu beantworten. Vielen Dank für Ihre Geduld, die berechnete Wartezeit beträgt 14 Jahre …«

Stella | Während ich den Tisch decke, beginnen sich die Büsche draußen im zunehmenden Wind zu biegen. Wolken haben sich vor die Sonne geschoben, und ein leichter Regen tupft hier und da gegen die Scheiben. Regen? Moment mal … O Gott, das Laptop! Ich lasse den Stapel Servietten auf den Tisch zwischen den beiden Rattansofas fallen und sprinte in den Garten. Es gelingt mir, mein kostbares Arbeitsgerät gerade noch rechtzeitig zu retten, bevor es wirklich zu gießen anfängt.

»Gab es hier früher mal einen Anschluss, und wenn ja, auf

wen?«, fragt mich Joakim, als ich wieder hereinkomme. Offenbar wurde er schon zu einem Mitarbeiter durchgestellt. Ein Wunder!

»Ja, auf Liv Johansson.«

Er wiederholt den Namen am Hörer. Ein paar Sekunden später fragt er noch nach meinem Geburtsdatum und will wissen, ob ich an einem Auslandstarif interessiert sei, mit dem man besonders günstig nach Deutschland telefonieren kann. Danach wechselt er noch einige Worte mit der Person am anderen Ende, kritzelt etwas auf den Zettel und legt auf. Alles in allem hat die Sache vielleicht vier Minuten gedauert. Maximal. So lange, wie der Kaffee zum Fertigwerden gebraucht hat.

»So, alles klar! Sie schicken dir ein Modem. Das kann ein paar Tage dauern, aber das Telefon wird sofort freigeschaltet. Darf ich vorstellen: Hier ist deine neue Festnetznummer.«

Er hält triumphierend den Zettel in die Luft. Ich bin total baff.

»Wieso hat das denn nicht geklappt, als ich da angerufen habe?«

»Weil du keine Personennummer hattest.«

»Aber die habe ich doch immer noch nicht!«

»Jetzt schon. Der Mitarbeiter, mit dem ich gesprochen habe, hat dir eine fiktive Nummer zugeteilt. Das ist die, die unter der Telefonnummer steht.« Joakim tippt auf den Zettel. »Aber ich fürchte, die wirst du für nichts anderes gebrauchen können als für den Telefonanschluss.«

»Wofür sollte ich die denn sonst noch gebrauchen können? Was hat es denn eigentlich mit dieser seltsamen Nummer auf sich?«, frage ich, fülle den Kaffee in die Tassen und setze mich aufs Sofa, Joakim gegenüber.

Der Regen prasselt jetzt gegen die Scheiben und auf das schräge Dachfenster, weit oben über den Balken. In Kombination mit dem Duft des Kaffees und dem feinen Vanillearoma, das in der Luft liegt, ist die Atmosphäre wirklich unwiderstehlich gemütlich. Gilt Vanille nicht als Aphrodisiakum? Oder war es Zimt? Und wieso, um alles in der Welt, fällt mir das gerade jetzt ein?

»Ganz einfach«, erklärt Joakim. »Die ersten zwei Ziffern geben das Geburtsjahr an, die nächsten zwei den Monat und die danach den Tag. Dann kommt ein Code, aus dem sich ablesen lässt, ob es sich um eine Frau oder einen Mann handelt und wo der- oder diejenige geboren wurde.«

»Und warum? Das steht doch alles auch auf einem normalen Pass.«

»Damit werden bürokratische Prozesse vereinfacht. Unter der Personennummer ist das Einkommen gespeichert, die Adresse, Namensänderungen … Ach, eigentlich alles.«

Joakim findet das augenscheinlich völlig unproblematisch.

»Und wer kann das abrufen?«, frage ich.

»In erster Linie natürlich Ämter. Aber im Grunde kann jeder die Informationen abfragen. Wenn du jetzt eine richtige Personennummer hättest, könnte die Telefongesellschaft kontrollieren, ob du immer brav deine Rechnungen bezahlt hast.«

Joakim | »Von Datenschutz haltet ihr hier wohl nicht so viel?«, fragt Stella in empörtem Tonfall.

»Datenschutz?«

»Ja, Datenschutz. Für mich klingt das nach *Big Brother is watching you*. 1984. George Orwell. Überwachungsstaat und so. Das ist doch schlimm, wenn persönliche Daten nicht geschützt sind. Ein Paradies für Stalker und Verbrecher!«

Es ist nicht das erste Mal, dass jemand mich anguckt, als käme ich vom Bürokratenplaneten aus Douglas Adams' *Per Anhalter durch die Galaxis*, wenn dieses Thema zur Sprache kommt. Wir Schweden nehmen das System als gegeben hin, wir bekommen schließlich unsere Personennummer noch vor unseren Namen. Nur ein paar Minuten, nachdem wir aus dem Mutterleib in die harte Realität geworfen werden, werden wir mit einem kleinen Plastikarmband mit zwölf Ziffern darauf versehen.

Bei diesem Gedanken habe ich augenblicklich das Bild meiner Tochter vor mir, wie sie nach ihrer Geburt in ihrem Bettchen lag. Mit diesem Bild überkommt mich ein Gefühl überwältigender Liebe, aber ebenso große Angst vor der Zukunft.

»Mir ist nicht ganz klar, was daran toll sein soll, dass Hinz und Kunz Einsicht in meine Finanzen und meinen Wohnort haben können.«

»Wer sind Hinz und Kunz?«, frage ich.

Stella grinst.

»Hinz und Kunz sind so ähnlich wie Kreti und Pleti.«

»Ah, verstehe. *Kreti och pleti* sagen wir auch in Schweden.«

»Wenn also Kreti und Pleti mein Bankkonto ausspionieren können, finde ich das nicht so super!«, ereifert sich Stella.

»Also ganz so ist das auch nicht. Wenn man will, kann man ohne Probleme eine geheime Adresse und Telefonnummer bekommen, und ins Bankkonto hat auch niemand Einsicht. Von deinen Finanzen ist nur das versteuerte Einkommen öffentlich. Und wenn dein Nachbar über dich Erkundigungen einzieht, wirst du darüber unterrichtet. Darum überlegt der sich das vorher auch zwei Mal.«

Stella kratzt sich am Kinn und sieht weiter skeptisch aus.

»Ich kapiere immer noch nicht, wozu das gut sein soll …«

»Alle Staaten haben doch einen bürokratischen Apparat«, hole ich aus und frage mich gleichzeitig, ob ich wirklich ein guter Lehrer wäre. »Das Gesundheitssystem hat seine Journale, die Sozialversicherung muss wissen, wie viel Geld jemand hat und das Finanzamt, wie viel Geld es eintreiben kann. Millionen von Vorgängen in allen öffentlichen Organen müssen jeden Tag registriert, verbucht und verwaltet werden. Die Personennummer ist dafür da, all diese Prozesse zu vereinheitlichen.«

»Und das klappt?«, fragt Stella skeptisch.

»Das klappt ganz hervorragend!«, sage ich. »Schweden hat die am besten funktionierende Bürokratie der Welt. Soviel ich weiß, kann man in keinem anderen Land ins Internet gehen, seine Personennummer eingeben und alles erledigen, ohne mit jemandem zu sprechen – von der Einkommensteuererklärung bis hin zur Wahl.«

Stella runzelt die Stirn. »Lass mich raten. Die Kehrseite der brillanten Erfindung ist: Wenn man keine Personennummer besitzt, ist man praktisch Luft in Schweden.«

»In jedem Fall ist man dann nicht schwedisch. Und bekommt keine Bibliothekskarte, kann keine DVDs ausleihen, kein Mobiltelefon anschaffen – zumindest keines mit Vertrag. Aber mit der Personennummer hängt noch etwas anderes Wichtiges zusammen. Schweden hat etwas, was sich Öffentlichkeitsprinzip nennt. Abgesehen vom Verbrechensregister, medizinischen Unterlagen und einigen anderen Ausnahmen sind alle Daten frei zugänglich. Schulden können nicht verheimlicht werden, und Verhandlungsprotokolle der Gerichte sind auch für jeden nachlesbar.«

Stella sieht jetzt nicht mehr nur skeptisch aus, sondern fast ärgerlich.

»So, lass mich mal rekapitulieren: Jeder kann Kopien von allem anfordern. Mit dieser Nummer ist das ein Kinderspiel. Habt ihr nicht Angst, dass das Verbrechern Tür und Tor öffnet und der Staat diese ›Offenheit‹ irgendwann gegen die Bürger verwendet?«

Diese Reaktion kenne ich. Nicht-Schweden wie Stella sind oft total geschockt, wenn sie zum ersten Mal von diesem System hören.

»Überleg doch mal«, sage ich. »Die Daten sind doch sowieso da. Sie sind nur durch die Personennummer vernetzt! Und das Öffentlichkeitsprinzip gilt ja genauso für denjenigen, der Nachforschungen anstellt. So jemand wie Berlusconi, Bush oder Putin als Staatsoberhaupt wäre in Schweden nicht möglich. Und weil die da oben genau wissen, dass sie beobachtet werden, sind sie gezwungen, sich zu benehmen.«

»Hmm, das klingt schon nicht ganz unlogisch«, brummt Stella.

Sie sieht jetzt sehr nachdenklich aus. Nimmt das letzte Vanilleherz, legt es wieder weg, nimmt es dann doch und beißt hinein.

Trinkt einen Schluck Kaffee. Blickt aus dem Fenster. Schaut mich an, als sei ich ein Politiker, über den sie etwas herausfinden will. Nach einer Weile fragt sie: »Wie bekommt man noch mal so eine Nummer?«

»Indem man sich entschließt, Schweden zu seinem Hauptwohnsitz zu machen und einwandert.«

»Na, wenn's weiter nichts ist«, sagt sie.

Mir ist nicht ganz klar, wie sie das meint. Aber der Gedanke, dass Stella ihren Schreiburlaub in Schweden in einen permanenten Aufenthalt verwandelt, fühlt sich überraschend gut an.

Kapitel 9

SCHWEDISCH FÜR ANFÄNGER

Stella | Sagen wir mal so: Als Kontaktbörse für weibliche Singles taugt die Veranstaltung hier in etwa so viel wie ein Schwangerschaftsgymnastik-Kurs. Ich sitze in Lund in einem Klassenzimmer der *Folkuniversitet*, der schwedischen Version der Volkshochschule, an einer in U-Form aufgestellten Tischformation.

Gerade nimmt die unvermeidliche Vorstellungsrunde ihren Lauf. Auf Englisch, das ist die Unterrichtssprache. Denn noch beherrscht keiner von uns dieses seltsam singende Kauderwelsch, das sich in meinen Ohren anhört wie Schweizerdeutsch rückwärts.

Der einzige männliche Teilnehmer von *Svenska för nybörjare* – Schwedisch für Anfänger – heißt Florian und ist Soziologiestudent aus Heidelberg. Er hat sich für den Intensivkurs angemeldet, weil er sich vor einigen Wochen auf dem Roskilde-Musikfestival in Dänemark in eine Soziologiestudentin aus Lund verliebt hat, die ihm bei *Firestarter* von The Prodigy auf den Fuß gesprungen ist. Der betreffende Fuß ist jetzt eingegipst, und die Übeltäterin hat sich auf dem Gips mit einem großen roten Herz verewigt. Als Florian stolz den Fuß in die Luft hebt, kann man das Filzstift-Graffiti bis ganz hinten im »U« sehen, wo ich sitze. Zum Dank für seinen neuen Invaliden-Status will er sein Schwedenmädchen jetzt heiraten und mit ihr eine Handvoll Kinder zeugen. Okay, das mit dem Heiraten und den Kindern sagt er in dieser Ausführlichkeit nicht *so* direkt, aber etwas in der Richtung schwingt in seinem glücklichen Lächeln mit.

Coira kommt aus Limerick. Mit ihrem schwarzem Haar, den Sommersprossen und dem verschmitzten Grinsen sieht sie aus wie eine Kreuzung aus Schneewittchen und Astrid Lindgrens Heldin Madita. Auch sie ist der Liebe wegen in Schweden, wie Florian umgibt sie eine Aura der Glückseligkeit. Die Architektin möchte ihren schwedischen Supermann, den sie in einem Pub in Dublin kennengelernt hat, im Frühling des nächsten Jahres ehelichen. Und damit sie auf der Hochzeit auch das ein oder andere versteht, sitzt sie nun hier bei uns.

Sandra aus dem kanadischen Winnipeg ist bereits mit ihrem Schweden verheiratet und schon länger im Land, möchte aber durch vertiefte Sprachkenntnisse ihre Jobchancen verbessern. Der für Immigranten kostenlose *Svenska-för-invandrare*-Kurs – Schwedisch für Einwanderer – sei nämlich nicht so der Knaller gewesen, weil man sich da auf den kleinsten gemeinsamen Nenner habe einigen müssen. Sandras Gesichtsausdruck nach zu urteilen, gab es da einige Kandidaten, die in etwa so sprachbegabt waren wie ein Kübel Blumenerde. Abwarten, wie das in unserem Kurs aussieht.

Rika aus Kyoto hat offenbar ähnliche Probleme. Allerdings hat sie im Gegensatz zu Sandra schon einen Job in der Designabteilung eines großen schwedischen Mobiltelefonherstellers, versteht aber kein Wort, wenn ihre Kollegen smalltalken. Insgesamt sind wir zwölf, plus Kursleiterin Britt-Marie – eigentlich könnten wir direkt da Vincis Abendmahl nachstellen, vielleicht mit Zimtschnecken und Kaffee statt Brot und Wein.

So biblisch unsere Anzahl, so dominierend ist auch der sehr christliche Beweggrund »Liebe«, wenn es um den Wunsch geht, die schwedische Sprache zu erlernen, gefolgt von »Job« und »Persönliche Verbindung zum Land«. So bizarre Motive wie »Ich musste aus meiner WG raus, dann ist mir zufällig ein schwedisches Ferienhaus zugelaufen, und jetzt schreibe ich da ein Buch« habe nur ich. Bei meinem Bericht gucken dann auch einige so ungläubig, als wäre mir jemand nicht auf den Fuß, sondern direkt auf den Kopf gehüpft.

Dabei scheine ich zumindest nicht nur unsympathisch gewirkt zu haben. Als wir nach einer Dreiviertelstunde die erste Pause einlegen, kommt Coira im Foyer breit lächelnd auf mich zu: »Was für eine wundervolle Sache mit deinem Ferienhaus! Und wo genau befindet sich dieses Lucylust?«

Während ich die Lage meines wildromantischen Domizils zu beschreiben beginne, rüttele ich am Kaffeeautomaten. Das Mistding funktioniert nicht richtig. Ich habe aufschriftsgemäß ein Zehn-Kronen-Stück eingeworfen und auf »Cappuccino« gedrückt. Aber alles, was unten rauskam, war ein bemerkenswert hässlicher fleischwurstfarbener Plastikbecher, in den sich eine erbärmliche mittelbraune Instantbrühe ergoss. Von Milchschaum keine Spur.

»Lass mich mal«, sagt Coira und schiebt mich mit sanftem Druck zur Seite. Dann donnert sie mit einer Art Roundhouse-Kick gegen das Gerät, das daraufhin einige interessante blecherne Geräusche produziert. Ich bin beeindruckt, solche Bruce-Lee-Qualitäten hätte ich dieser sommersprossigen Person nicht zugetraut.

»So«, sagt sie zufrieden und reibt sich die Hände. Dann wirft sie ein Zehn-Kronen-Stück in den Schlitz und drückt auf »Latte macchiato«. Nach einigem Gerumpel wird ein Becher ausgespuckt. Sekunden später schießt die gleiche braune Instantbrühe hinterher, die ich bereits im Becher habe.

Einundzwanzig. Zweiundzwanzig. Dreiundzwanzig.

Keine aufgeschäumte »latte«, nicht ein Flöckchen.

»Also, bei mir hat er funktioniert«, mischt sich jetzt Nadja ein. Nadja kommt ausgerechnet aus meinem geliebten Hamburg und ist die einzige Kursteilnehmerin, die mir mit ihrer Takelage und dem Monsterausschnitt nicht direkt sympathisch gewesen ist.

»Welche Kaffeesorte hattest du denn?«, will Coira wissen.

»Schwarz«, antwortet sie, ohne eine Miene zu verziehen.

»Oh, I see, well …«

Coira dreht sich hastig zu mir um. Sie wird unter ihren Sommersprossen ganz rosa, weil sie vor unterdrücktem Lachen die Luft anhält. Auch ich konzentriere mich mit aller Kraft auf einen neutralen Gesichtsausdruck.

Bis zum Treppenabsatz halten wir durch, dann ist Schluss mit der Beherrschung, und wir brechen in atemloses Gepruste aus. Das ist selbstverständlich kein angemessenes Benehmen für zwei Frauen Mitte 30. Wahrscheinlich lachen wir auch völlig zu Unrecht, und Nadja hatte den Kern unseres Problems – die fehlende Milch – einfach nicht mitbekommen. Aber es geht einfach nicht anders. Ich habe die Vermutung, dass man automatisch in längst vergessene Verhaltensmuster zurückfällt, wenn man sich als Erwachsene wieder in einem Gebäude aufhält, in dem dieser typische, aber ganz subtile Geruch nach Kreide, Bohnerwachs und neuen Schulbüchern in der Luft liegt. Eine Art pawlowsche Reaktion, über die keine willentliche Kontrolle möglich ist.

»Der Platz links neben dir war noch frei, oder?«, frage ich.

Es ist eine rhetorische Frage, die Coira mit einem Lächeln beantwortet.

Als ich an diesem Abend mit einem *lättöl* auf dem Rattansofa sitze und einen heiter bis wolkigen Sonnenuntergang durch die Fenster beobachte, bin ich in der Lage, auf Schwedisch zu sagen, wie ich heiße, wo ich herkomme und dass ich momentan in einem Ferienhaus – einer *stuga** – wohne. Ich kann formulieren, seit wann ich in Schweden bin und dass ich mit der Verkehrsmittelkombination Fahrrad und Zug zum Kurs gekommen bin. Ebenfalls habe ich eine erste Ahnung, wie man zählt, die Uhr liest und wie die Wochentage heißen. Aber vor allem habe ich eine neue Freundin gewonnen.

Coira und ich haben nach dem Kurs direkt ein gemeinsames Mittagessen in einem kleinen und sehr gut besuchten Restaurant am kopfsteingepflasterten Marktplatz angeschlossen. Für 70 Kronen gab es dort eines von drei zur Auswahl stehenden Tagesgerichten. In meinem Fall Fisch mit Kartoffelpüree, Salatbeilage und Rahmsoße, was übrigens viel aufregender schmeckt, als es klingt – die Schweden schaffen es, aus in deutschen Ohren langweilig klingender Hausmannskost Gaumenschmeichler erster Güte zu machen. Im Preis inbegriffen war Leitungswasser bis zum Abwinken, aromatisiert von fein gehobelten Gurken- oder Zitronenscheiben oder Minzblättern. Aber vor allem gab es – ebenfalls im Preis enthalten – eine *kanelbulle* zum Nachtisch und Kaffee, so viel man wollte. Was Coira und ich zum Anlass nahmen, noch etwas länger sitzen zu bleiben.

Coira zuzuhören ist ein Vergnügen, gleichzeitig aber auch eine Herausforderung. Sie bringt nämlich in einer Sprechminute etwa doppelt so viele Wörter unter wie der durchschnittliche Sprecher. Zum Glück hatte mein Gehirn zu diesem Zeitpunkt das zum störungsfreien Betrieb angemessene Koffeinlevel erreicht, dass es mir ermöglichte, mein Verständnis- ihrem Sprechtempo anzupassen.

Jedenfalls erfuhr ich in Kürze die ganze Geschichte von Coira und ihrem Verlobten Esbjörn aus Malmö. Wie Coira nach einem stressigen Tag im Dubliner Architekturbüro, ein klein wenig von Gin und Tonic angeschickert, in einem Pub in Dublin den Inhalt ihrer Handtasche auf dem Boden verteilte. Wie der auf einer Dienstreise befindliche Esbjörn ihr beim Aufsammeln half. Woraufhin man sich sogleich gut verstanden und nach einem fabulösen Abend unter Einfluss gewisser Mengen Guinness direkt ein zweites Date für den nächsten Tag ausgemacht habe. Man musste sich schließlich mit dem Kennenlernen beeilen, die Dienstreise war zeitlich begrenzt. Mit allem anderen hatte man sich dann auch beeilt. Erst führten die beiden eine Weile eine Fernbeziehung, aber das war in jeder Hinsicht unbefriedigend. Und nach einigen Monaten war klar gewesen, dass Coira den Schritt wagen und nach Malmö ziehen würde.

Nun ist sie seit vier Wochen hier und hat es keine Sekunde bereut. Wie auch, wo sie doch mit Esbjörn den Mann ihres Lebens getroffen hat. Die Iren, führte Coira aus, sähen zwar unverschämt sexy aus, wie Colin Farrell, Pierce Brosnan und so weiter, jedoch sei die Pracht bedauerlicherweise rein äußerlich. Die Iren männlichen Geschlechts seien, nein, da dürfe man sich nichts vormachen, unverbesserliche Chauvis auf der Jagd nach jedem Rockzipfel und zugleich eifersüchtige, cholerische Kontrollfreaks mit ungesunder Tendenz zum Stalking. Sie wisse leider, wovon sie spreche.

Aber dagegen die schwedischen Männer – ein Traum! Nicht nur gut aussehend, sondern außerdem treu, verlässlich, und dann hätten sie noch diese ganz besonderen weiterführenden Qualitäten … An der Stelle machte Coira eine vielsagende Pause und nippte an ihrem Kaffee.

Als ich schließlich dazu kam, meine Geschichte zu erzählen, hatte ich zunächst kurz die Befürchtung, dass jemand so Redefreudiges wie Coira Probleme mit dem Zuhören haben könnte. Doch da lag ich falsch. Coira wurde ganz still und aufmerksam. Ab und zu warf sie ein ungläubiges »Wirklich?« oder »O my god!« ein, oder sie nickte ganz einfach mitfühlend.

»Tja, das war's«, schloss ich nach einer gefühlten Ewigkeit. »Und jetzt bin ich erst mal hier.«

Coira beugte sich zu mir herüber und legte mir konspirativ ihre Hand auf den Arm.

»Stella«, sagte sie dann mit einer solch feierlichen Bestimmtheit, dass einige Gäste an den anderen Tischen die Köpfe zu uns umdrehten. »Eine Frau wie du verdient einen Mann, der ihrer würdig ist!«

Ich nickte stumm und andächtig.

»Aber keine Sorge, das regeln wir schon«, fügte Coira mit einem Lächeln hinzu.

»Und wie?«, wagte ich zu fragen.

»Du wirst schon sehen«, orakelte sie, und dann winkte sie nach der Rechnung.

Ich würde schon sehen. Tja, was sollte ich dagegen einwenden?

»*En stor sojalatte och en fralla med ost, tack!*«, sage ich zu dem jungen Kerl, der hinter der Theke in einem der zwei Cafés in der *Skomakaregatan* Dienst tut und mit seinen blonden Locken wie eine sehr junge Ausgabe von Thomas Gottschalk aussieht. Der Satz bedeutet: »Ein großer Sojamilch-Latte und ein Brötchen mit Käse, bitte!«

Der Mann, der laut Namensschild Ben heißt, lächelt und sagt: »*Ta med?*«

In den ersten Tagen habe ich ihn nur mit großen Augen angeguckt. Aber jetzt, in der dritten Kurswoche, weiß ich, dass er fragt, ob ich die Sachen mitnehmen will. Ich nicke und kann mich eines stolzen Gefühls nicht erwehren: Die Verständigung klappt! Und so nach und nach erschließt sich mir auch die Ähnlichkeit zwischen dem Deutschen und dem Schwedischen.

Joakim hat mich bei unserem Treffen in Lucylust gefragt, ob ich nicht sowieso schon die Hälfte dessen verstehe, was um mich herum gesprochen wird. Das habe ich mit einem klaren »Nein« beantworten müssen. Gerade am Anfang meines Aufenthalts hätten die Schweden auch Chinesisch sprechen können, das hätte ich genauso wenig entschlüsselt. Viele schwedische Wörter sind zwar auf dem Papier dem Deutschen ähnlich oder sogar gleich, doch die Aussprache und die Sprachmelodie, die mit ihrem ständigen Auf und Ab so klingt, als sagten alle Schweden ständig Gedichte auf, sind etwas, an das man sich gewöhnen muss.

Coira steht neben mir, und während Ben in aller Seelenruhe das Brötchen belegt, sagt sie: »Stella, hast du am Wochenende schon was vor?« Wie üblich redet sie in halsbrecherischem Tempo weiter, ohne meine Antwort abzuwarten: »Selbst wenn du schon was anderes vorhast: Sag es ab! Du *musst* zu uns nach Malmö kommen! Ich bestehe darauf! Esbjörn macht nämlich am Samstag eine kräftfff-- … also eine kräftfff-- … *Jesus fucking Christ*, das werde ich nie aussprechen können!«

»*Kräftskiva*!*«, hilft Ben grinsend. Dabei spricht er das »sk« wie

109

eine seltsame Mischung aus »f« und einem halb gepfiffenen Puste-laut aus, eine für Anfänger wie uns nahezu unüberwindbare Hürde der schwedischen Aussprache.

»Exakt, das meine ich!«, bestätigt Coira dankbar.

»Wenn ihr mir erklärt, was dieses Kräftdings ist«, sage ich, »dann entscheide ich, ob ich es riskieren kann, da mitzumachen.«

»Eine Krebsparty«, schaltet sich Ben jetzt wieder ins Gespräch ein, während er sich ans Sojamilch-Aufschäumen macht. »Mit *kräftor*, also schwedischen Krebsen. Jetzt ist dafür Saison. Das soll-test du dir nicht entgehen lassen, wenn ich dir den Tipp geben darf. Das ist ein großer Spaß!«

Dann reicht er mir das Brötchen und den Kaffee über die Theke, sagt: »*Varsågod! Det blir 49 kronor!*« (Bitteschön! Das macht 49 Kronen!), und fügt auf Englisch hinzu: »Nimm die Einladung von deiner Freundin an. Wenn ich am Samstag nicht schon was vorhätte, würde ich auch kommen!«

Er zwinkert in Coiras Richtung.

Ich lächele ihn an: »Okay, dann sage ich zu, aber auf deine Ver-antwortung!« Und an Coira gewandt füge ich hinzu: »Du hast es gehört, ich bin dabei.«

Das Telefon klingelt ziemlich lange, ich will gerade schon wieder auflegen, da sagt jemand: »Hej?«

Im Hintergrund höre ich Lachen und Stimmengewirr.

»Hej Joakim, hier ist Stella. Wo bist du?«

Was für eine idiotische Frage! Gerade stimmt in Joakims Nähe jemand ein Lied auf Schwedisch an.

»Auf einer *kräftskiva* – Moment, ich geh mal raus!«

Ich höre ein Rascheln, dann ein paar Schritte, schließlich wird es still am anderen Ende der Leitung. Joakim ist wieder dran.

»So, da bin ich. Wie gesagt, ich bin auf einer Krebsparty – mo-mentan ist Hochsaison.«

»Genau deshalb ruf ich an. Ich bin nämlich auch auf so einer

Party eingeladen und wollte fragen, was man da mitbringen muss. Coira sagt zwar, dass ich einfach kommen soll, aber die kennt sich da ja auch nicht so aus.«

»Wer ist Coira?«

»Meine Freundin aus dem Schwedischkurs. Sie kommt aus Irland und ist erst seit vier Wochen in Schweden. Ihr Verlobter veranstaltet dieses Kräft-- … also dieses Kräftdings.«

»*Kräftskiva!*«

»Das kann doch kein Mensch aussprechen.«

»Ach, so schwer ist das nicht.«

»Du hast gut reden! Sag mal: Im dichten Fichtendickicht nicken dichte Fichten tüchtig.«

Er lacht.

»Okay, eins zu null für dich. Also, bei der *kräftskiva* ist es ganz einfach. Du bringst irgendwas als Gastgeschenk und Beitrag zum Buffet mit, ein Brot oder eine Flasche Schnaps oder einen Salat …«

Ich atme auf. Das kriege ich hin.

»… und natürlich die Krebse, die du essen willst.«

»Wie? Die Krebse, die ich essen will? Wo krieg ich die denn her? Was sind das denn für Krebse?«

»Wenn du keinen See in der Nähe und das Recht hast, darin Krebse zu fangen, und außerdem über keine Krebsfangausrüstung und kein Boot verfügst, ist es das Einfachste, du kaufst sie im Supermarkt. Die meisten Schweden kaufen *kräftor* tiefgefroren, man muss nur rechtzeitig daran denken, sie aufzutauen, damit man sie zubereiten kann.«

Das wird ja langsam zum zeitraubenden Großprojekt! Warum konnte ich nicht einfach zu einer Spaghettiparty eingeladen werden? Oder einer Kartoffelfeier?

»Zubereiten? Wie soll ich die denn um Himmels willen zubereiten?«

»So wie du sie am liebsten magst.«

»Woher soll ich das wissen, ich habe ja noch nie diese Kräftedinger gegessen!«

»Also, ich mache zum Beispiel immer einen Sud mit Wasser, Zucker, einem Schluck Bier – so dunkel wie möglich –, und ganz wichtig sind natürlich Dillkronen …«

»O Gott.«

»Magst du keine Dillkronen?«

»Doch, ich glaube schon, aber das klingt so unglaublich kompliziert.«

»Jooooo-cke!«, brüllt jetzt jemand im Hintergrund und noch etwas anderes, das ich nicht verstehe. Joakim schreit etwas zurück, davon verstehe ich immerhin den letzten Satz: »*Kommer strax*« – komme gleich.

»Sorry«, sagt Joakim, »meine Familie.« Und dann: »Weißt du was? Ich habe eine Idee!«

Genau, ruft mein Bauchgefühl, das irgendwo auf der Lauer gelegen haben muss, *komm einfach mit zu Coira und Esbjörn, und wir machen vorher die komplizierten Viecher zusammen bei mir.*

Doch die Stimme der Vernunft schreitet sofort ein: *Hast du nicht gehört, was er gesagt hat? ›Meine Familie!‹ Der Mann hat seit Ewigkeiten eine Freundin, das weißt du doch noch aus Leipzig!*

Das Bauchgefühl verteidigt sich: *Rein freundschaftlich natürlich!*

Joakim fährt fort. »Ich bin am Samstag auch auf einer *kräftskiva* und …«

Och, schade!, sagt mein Bauchgefühl.

Umso besser!, meint die Stimme der Vernunft.

»Sagtest du nicht, du bist gerade bereits auf einer?«, wundere ich mich.

»Äh, ja, stimmt. Aber das ist mit den *kräftskivor* im August wie mit Weihnachtsfeiern im Dezember, eine jagt die nächste, weißt du? Jedenfalls bin ich am Samstag auch wieder auf einer, und dann mache ich einfach ein paar Krebse mehr. Die kannst du dann mitnehmen.«

»Das würdest du für mich tun?«

Frag ihn, ob er nicht statt zu der dämlichen anderen Party mit zu deiner Feier kommen will!, befiehlt das Bauchgefühl.

Doch die Stimme der Vernunft, die alte Spielverderberin, kreischt: *Ausgeschlossen!*

»Aber sicher! Ich mache ja auch eine Portion für mich selbst, das ist überhaupt kein Umstand.«

Joakim | »Das würdest du für mich tun?«, hat Stella gesagt, als ich ihr angeboten habe, die Krebse für sie zuzubereiten. Das fühlt sich an, als würde ich eine Art Heldentat vollbringen. Ein schönes Gefühl.

Während ich meine Zigarette zu Ende rauche, denke ich: *Du hättest Stella zu deiner Geburtstagsfeier einladen sollen. Immerhin ist sie so etwas wie eine Freundin, und du verbringst gerne Zeit mit ihr. Außerdem kann sie den Anschluss bestimmt gut gebrauchen.*

Aber mir ist klar, dass das meine bereits komplizierte Situation wohl kaum verbessert hätte. Es wären seltsame Fragen gekommen, und auch, wenn ich nichts zu verbergen habe, wäre ich dessen verdächtigt worden. Und die Götter wissen, dass ich nicht mit noch mehr klarkomme als mit dem, was schon ist.

Schade, Stella. Ich hätte meinen Geburtstag gerne mit dir verbracht.

Ich drücke meine Zigarette aus, knipse ein Lächeln an und gehe wieder hinein. Die Stimmung ist auf dem Höhepunkt, so wie das eben ist, wenn ein paar Schnäpse und viele Leute zusammenkommen. Aber im Moment sehe ich nur zwei von ihnen. Meine Tochter hat eine Krebsschere in der Hand und ein zahnloses Riesenlächeln in ihrem Gesichtchen. Meine Freundin betrachtet mich mit einem Blick, den ich nicht interpretieren kann. Ich weiß ganz einfach nicht, was er bedeuten soll. Darin könnte sich eine Frage verbergen, aber darin glimmt auch etwas wie Gleichgültigkeit, Angst oder Wut. Und irgendwo liegt darin auch das letzte Schimmern einer sterbenden Hoffnung. Wahrscheinlich habe ich genau den gleichen Ausdruck im Gesicht. *Seltsam*, denke ich. *Genau dann, wenn ich eigentlich froh und unbekümmert sein sollte, werde ich immer melancholisch und abwesend.*

Und ich weiß auf einmal mit einer unabänderlichen Sicherheit, dass das hier das letzte Mal ist, dass wir zusammen Krebse essen.

AM ENDE ALLER
KRÄFTOR

Stella | »Oh, Entschuldigung, ich muss mich wohl geirrt haben«, sage ich. Ich halte es jedenfalls für ausgeschlossen, dass ich zu einer Veranstaltung eingeladen bin, auf der erwachsene Menschen blaue, spitz zulaufende Papphütchen mit dem Motiv tanzender Garnelen tragen, die mit einem Gummiband unter dem Kinn befestigt sind.

Genauso ein Hütchen trägt nämlich mein Gegenüber, das die Tür geöffnet hat. Ein grinsender rotblonder Wikingertyp mit Bart. Passend zum Kopfschmuck hängt um seinen Hals ein Papierlätzchen, auf dem ein lachender Riesenkrebs einen Feuerwerkskörper abfeuert. Da fällt die über der Schulter hängende Luftschlange eigentlich kaum noch ins Gewicht. Was auch immer das hier ist – ein Swinger-Klub für Menschen mit Neigungen, die ich mir lieber nicht näher vorstellen möchte oder ein schwerwiegendes skandinavisches Missverständnis des Karnevalsgedankens –, es ist ganz bestimmt nicht die Party von Esbjörn und Coira, zu der ich eingeladen bin.

Gerade will ich mich zum Gehen wenden, um die richtige Wohnung zu finden, als der Wikinger, ohne den Blick von mir zu wenden, brüllt: »Cooooooiiiiiiiiiiiiiiiraaaaaaaaaaa!«

Dann streckt er mir auch schon seine Pranke hin und sagt auf Englisch: »Ich bin Esbjörn! Komm rein, der irische Vulkan hat schon erzählt, dass du kommst: das deutsche Fräulein!«

Das Letzte sagt er auf Deutsch, und bei »Fräulein« rollt er das »R« wie in einem Heinz-Rühmann-Film.

»Deine Schuhe kannst du hier aufs Regal stellen«, sagt er freundlich und zeigt auf ein Gestell rechts vom Eingang.

Erst jetzt sehe ich, dass er auf Norwegersocken (oder heißen die hier Schwedensocken?) unterwegs ist. Ich fange an zu schwitzen und starre auf meine Stiefel. Was Esbjörn nicht weiß: Darunter befindet sich eine Katastrophe in Form der einzigen Strumpfhose, die ich überhaupt gefunden habe, heute, an diesem ersten etwas kühleren Tag des Spätsommers. In der Nacht haben sich mehrere Gewitter entladen, und die Temperatur ist um mehr als zehn Grad in die Tiefe gestürzt. Leider muss mein Strumpfhosen-Karton beim Hamburg-Ängelholm-Umzug irgendwo verschüttgegangen sein, und der textile Notnagel, den ich nach einigem Wühlen in meiner Reisetasche gefunden habe, besitzt ein amtliches Loch am großen linken Zeh sowie diverse mit Nagellacken in verschiedenen Farben geflickte Laufmaschen unterschiedlicher Länge. Nichts, was ich einer Partygesellschaft präsentieren möchte. Nicht mal einer Partygesellschaft mit albernen Hütchen.

»Ich müsste mal … äh, wo ist denn die Toilette?«, frage ich hektisch, warte die Antwort nicht ab und reiße die Tür zu meiner Rechten auf. Sofort werde ich von zwei Paketen Toilettenpapier bombardiert, die aus einem Regal über einem Staubsauger fallen, in das sie offenbar in Eile gequetscht worden sind.

»Nicht direkt«, sagt Esbjörn, während ich die Dinger wieder zurückstopfe. »Das ist der Abstellraum.«

»Danke«, sage ich. »Ich dachte schon, das sei das Gästezimmer.«

Esbjörn grinst von einem Ohr bis zum anderen.

Ich warte.

Er grinst.

Ich beherrsche mich, ihm nicht das Hütchen vom Kopf auf die Nase zu setzen.

Endlich sagt er: »Die Toilette ist hier.«

Esbjörn zeigt auf eine Tür auf der anderen Seite des Flures, die halb von der Garderobe verdeckt ist. Ich zwinge mich zu einem Lächeln. Dann stürze ich an ihm vorbei, schließe ab und atme tief durch. Während ich aus den Stiefeln schlüpfe, sehe ich mich nach geeignetem Werkzeug um. Auf einem Regal entdecke ich ein Etui, das aussieht wie ein Necessaire für die Maniküre. Das muss gehen.

Als ich einige Minuten und zwei abgeschnittene Fußteile später mit den Stiefeln in der Hand wieder rauskomme, steht Coira vor mir.

Mit Hut und Lätzchen.

Sie breitet die Arme aus und drückt mich an sich: »Stella! Ich bin so froh, dass du da bist!«

Ich selbst bin mir da nicht mehr so sicher …

»Ich hoffe, du hast dich nicht erschrocken, Esbjörn hat schon ein bisschen vom Holunder-Schnaps probiert …« Sie wirft dem Wikinger einen mahnenden Seitenblick zu. »Er hat alle genötigt, die Hüte und das alberne Ding hier«, sie wedelt mit dem Lätzchen, »schon vor dem Essen anzuziehen.«

»Na ja, also, äh, das war schon etwas unerwartet«, stammele ich und stelle meine Stiefel auf den letzten freien Platz im unteren Schuhregal.

Der Wikinger fragt: »Stella: Bier?«

Ich nicke dankbar. Alkohol kann manchmal eine Lösung sein. Außerdem macht er vielleicht meine Füße ein bisschen wärmer.

Nachdem Coiras Verlobter um die Ecke verschwunden ist, flüstert sie mir zu: »Ist es nicht unglaublich? Als Esbjörn mit diesem Kindergeburtstags-Zeug ankam, habe ich gedacht, er macht Witze. Aber die meinen das ernst! Das gehört dazu!« Dann fügt sie leicht theatralisch hinzu: »Aber wie mein Daddy immer sagt: *Darling, have no fear, we have enough beer!* Und jetzt komm, die anderen sind schon da.«

Ich biege hinter Coira in eine gigantische Wohnküche ein, und aus der Ahnung wird Gewissheit: Sämtliche Anwesenden sind mit

Hütchen und Lätzchen angetan. Und als wäre das nicht schon schlimm genug, baumeln von der Decke hummerfarbene Krebs-Girlanden neben gelben Mond-Lampions. Stühle und Tisch sind mit Luftschlangen dekoriert. Wie Silvester bei Familie Hoppenstedt.

»Ladys und Gentlemen«, ruft Coira in die Runde, und ich rechne damit, dass jeden Moment ein Tusch ertönt, »das ist Stella! Wir kennen uns aus dem Schwedischkurs. Stella spricht in etwa so viel oder besser gesagt wenig Schwedisch wie ich. Das bedeutet, wenn ihr Wert darauf legt, dass wir euch verstehen, sprecht Englisch. Wenn ihr Schwedisch redet, wissen wir, dass ihr uns was verheimlichen wollt – aber wiegt euch nicht in Sicherheit, in Wahrheit simulieren wir nämlich nur und haben neben Schwedisch auch Russisch, Serbokroatisch und Mandarin auf dem Kasten.«

Nach dieser kleinen Ansprache werde ich auf die Anwesenden losgelassen. Esbjörn wartet an der geöffneten Balkontür bereits mit dem versprochenen Bier. Vor Übergabe der Flasche zwingt mich der offenbar sadistisch veranlagte Mann allerdings mit breitem Grinsen, Hut und Latz anzulegen. Bescheuerter habe ich mich nicht mehr gefühlt, seit ich mit 20 auf einer Veranstaltung des Verkehrsministeriums als »Straße« verkleidet Häppchen reichen musste. Ich beginne zu ahnen, warum Coira mich unbedingt dabeihaben wollte und natürlich auch, warum Joakim kein Sterbenswörtchen über das übliche Krebsparty-Outfit verloren hat.

Joakim. Es wäre schön gewesen, wenn er selbst hätte mitkommen können, und nicht nur seine Krebse.

Gerade als ich diesen Gedanken zu Ende gedacht habe, klingelt es, und Coira eilt in die Diele. Für den Bruchteil einer Sekunde bilde ich mir ein, dass meine Gedankenkraft Joakim vor Coiras Tür gebeamt haben könnte und dass er gleich zu mir sagen wird: »Hey, ich hab's mir anders überlegt, ich wollte doch lieber mit dir feiern.«

Joakim | Mein vor langer Zeit der Liebe wegen nach Spanien ausgewanderter Bruder, der zu einem seiner seltenen Besuche in Schweden ist, ruft: »*Feliz cumpleaños, hermano!* Ich habe ganz allein ein spanisches Schnapslied komponiert!«

Und dann fängt er auch schon an, etwas vollkommen Unverständliches zu jaulen, das mit *Olé!* und *Skål!* abschließt. Er kann wirklich nicht singen, das konnte er noch nie. Gutes Benehmen und Etikette verhalten sich zu meinem Bruder wie Kokosfett zu Teflon – es bleibt einfach nichts davon haften. Für ihn ist Tradition ein Grund, es genau entgegengesetzt zu machen. Ich selbst habe ein ambivalentes Verhältnis zu Traditionen. Mehr schwarzweiß. Entweder macht man etwas richtig oder lässt es ganz bleiben. Das gilt doch für alles im Leben.

Aber mache ich eigentlich noch etwas richtig?

Alles ist in der Schwebe, ich bin aus dem Gleichgewicht geraten. Ich wünschte, für mein Leben gäbe es einen Leitfaden wie für die ultimative *kräftskiva*. Wenn ich ein schwedisches Fest für den Rest meines Lebens auswählen müsste, dann wäre es die *kräftskiva*. Ich weiß nicht, ob das daran liegt, dass mein Geburtstag eine Woche nach dem traditionellen Beginn der Krebszeit liegt, oder daran, dass richtig zubereitete *kräftor* zum Besten gehören, was die schwedische Küche zu bieten hat. Hätte ich unbegrenzt viel Zeit und Geld, würde ich einen nächtlichen Fischerei-Ausflug auf einen See organisieren und die Krebse selbst fangen, wie es die Tradition vorsieht.

Aber die meisten machen sich die Sache leichter. Und andere kommen mit neumodischen Einfällen.

»Ich schwöre, im Fass gereifter Sherry passt fantastisch zu Krebsen«, behauptet mein Bruder.

»Vielleicht in Spanien, zu imaginären *kräftor* und vorgestelltem *brännvinsost*«, sage ich sarkastisch.

Der *brännvinsost* ist ein weiteres Muss bei einer *kräftskiva*, ein gelagerter starker Käse, bei dem der in der Herstellung verwendete Branntwein natürlich lange verflogen ist.

»Dieser Sherry kommt mir nicht auf den Tisch!«

»Du bist ein reaktionärer Reaktionär!«, mault mein Bruder und sieht richtig sauer aus.

Ich verzeihe ihm, denn seit er Andalusier geworden ist, isst er nur ungefähr alle drei Jahre schwedische *kräftor*. Vielleicht kann ich da, was die Details angeht, doch mal eine Ausnahme machen.

Stella fällt mir ein und ihre *kräftskiva*. Wie ihr meine Krebse wohl schmecken?

Wir haben uns für die Übergabe der *kräftor* in Helsingborg bei »Ebbas Fik« getroffen. Stella ist wegen des Namens des Cafés in Gelächter ausgebrochen und hat nicht aufhören können damit. Sie lachte, bis ich auch anfangen musste und uns beiden die Tränen über die Wangen liefen. Ich weiß nicht, wann mein Zwerchfell zuletzt so strapaziert wurde, es war einfach wunderbar. Sie fand, dass der Name des Cafés auf Deutsch zweideutig klingt. Aber natürlich kommt »Fik« von *fika**, dem schwedischen Wort für die Kaffeepause.

Ich erzählte ihr dann, dass der Brauch, Krebse zu essen, ursprünglich aus Deutschland stammt und sich erst in Schweden verbreitete, nachdem König Gustav Vasa im 16. Jahrhundert deutsche Köche an seinen Hof geholt hatte.

»Das denkst du dir doch alles nur aus«, behauptete Stella, knuffte mich in die Seite und fing schon wieder zu kichern an. Eigentlich haben wir die ganze Zeit über nur gelacht. Es hat sich angefühlt wie eine Befreiung.

Stella | Coira erscheint in der Küchentür, neben ihr leider kein Joakim. Natürlich nicht. Dafür hat sie einen anderen Mann mitgebracht. Ein durchaus interessant aussehendes Exemplar, um genau zu sein. Ich überlege, an wen er mich erinnert, mit seiner viereckigen Brille und den seitlich gescheitelten blonden Haaren. Dann komme ich drauf: Er sieht aus wie eine mittelblonde Version von

Supermans Alter Ego, Clark Kent (den ich sowieso immer spannender fand als Superman).

Wie ich wird auch er von Coira der gesamten Runde vorgestellt: »Das hier ist der zweitwichtigste Mann in meinem Leben: Simon. Er hat Esbjörn in den Pub in Dublin gezwungen, in dem wir uns kennengelernt haben. Ich denke, ich darf zu Recht behaupten, dass ich ohne ihn nicht hier wäre.«

Simon nickt in die Runde, dann wird er von den meisten anderen Gästen mit einem *kram* begrüßt. Am Ende landet er in den Klauen von seinem Kumpel Esbjörn, der neben mir steht und schon die Ausstattung für sein neues Opfer bereithält. Während ihm Esbjörn die Insignien der Demütigung anlegt und zur Belohnung ein Bier reicht, lächelt mich Simon an und sagt: *»Hej! Jag heter Simon och vem är du?«*

Okay, das habe ich verstanden: Hallo – mein Name ist Simon, und wer bist du?

»Jag heter Stella och jag kommer från Tyskland«, sage ich. Das war es dann allerdings auch schon mit dem lockeren Parlieren. Darum füge ich hinzu: »Können wir vielleicht Englisch reden? Mein Schwedisch ist noch etwas … rudimentär.«

Simon lächelt: »Na klar.«

Doch bevor wir überhaupt anfangen können, uns zu unterhalten, kommt Bewegung in die illustre Runde. Esbjörn und Coira haben große Schalen mit Krebsen auf den langen Tisch gestellt, und alle Gäste, die selbst welche mitgebracht haben, kippen ihre Tierchen dazu. Wie blöd, ich wollte doch Joakims Spezial-Krebse probieren, und nicht die von jemand anderem!

Ich lasse Simon kurzerhand stehen und schiebe mich durch die Menge bis zu Coira. »Du, sag mal, kann ich einen Teil meiner Krebse auf einen Extrateller legen?«

»Das Futter sichern? Du hattest mehrere Geschwister, oder?«

»Zwei Brüder, aber das ist nicht der Grund, weshalb …«

»Bei uns war jedes Abendessen ein gnadenloser Krieg um

die Ressourcen, das kannst du mir glauben! Zwei Mädels, drei Jungs … Aber keine Angst, wir haben genug für alle.«

»Danke, das glaube ich dir. Es ist nur so … ein Freund hat die Krebse für mich zubereitet, nach einem besonderen Rezept, und ich hab versprochen, ihm zu sagen, wie ich sie finde. Darum will ich sie nicht mit den anderen vermischen.«

Augenblicklich setzt Coira ihren Röntgenblick auf.

»Ein *Freund?* Von dem du mir bis jetzt noch nichts erzählt hast?«

»Baby! Wo ist der Salat?«, brüllt Esbjörn, während er in den geöffneten Kühlschrank starrt, und mich vor einer Antwort bewahrt.

»Vor deiner Nase, du kurzsichtiger Elch«, antwortet Coira. Dann sagt sie zu mir: »Teller stehen da drüben auf dem Sideboard.« Und leiser, direkt an meinem Ohr: »Was hältst du von Simon? Kannst du dir vorstellen, dass dieser Goldjunge Single ist?«

»Ich, äh …«, sage ich, doch Coira ist schon wieder weg und zieht eiskalt beschlagene Schnapsflaschen aus dem Gefrierfach. Die meinen es ernst mit dem Alkohol, so viel ist sicher.

In diesem Moment kommt ein dunkelhaariger Hüne vorbei und flüstert mir ins Ohr: »Barbarisch! Schnaps ins Gefrierfach zu legen, das tötet jeden Geschmack!«

Ich schaue ihm erstaunt nach, wie er nach dieser offenbar wichtigen Information in Richtung Diele entschwindet. Während ich Joakims Krebse in einen tiefen Teller fülle, erklärt Esbjörn die Sitzordnung. An jedem Teller steht eine Nummer. Jeder Gast zieht ein Los, um zu ermitteln, an welchem Platz er sitzt. Nach jeweils einer halben Stunde wird neu gezogen und der Platz gewechselt. Die Schweden haben, so viel kann ich wohl mit Fug und Recht behaupten, wirklich ein Faible fürs Nummernziehen.

Die Stimmung ist ein bisschen wie an Heiligabend vor dem Geschenke-Auspacken. Nur dass einen Weihnachtsgeschenke normalerweise nicht so anstarren, und so viele Fühler und Beine haben sie auch selten. Wenn man leicht blinzelt und auf die Schüsseln schaut, könnte man die Krebse auch für viele große rote Spinnen halten. Oder Skorpione.

»Wusstest du, dass Krebse eng mit Spinnen verwandt sind?«, fragt Esbjörn passenderweise, während er sich genüsslich einen kleinen Berg aus Panzern, Scheren, Augen, Fühlern und ausgesprochen vielen Beinen auf den Teller lädt. Ich ahne, dass das sein Standard-Satz ist, mit dem er *kräftskiva*-Neulinge gerne schockt. Vermutlich besonders gern ausländische weibliche Neulinge.

»Hör nicht auf ihn, das stimmt überhaupt nicht, das mit den Spinnen ist ein Mythos!«, ruft eine brünette Frau von der anderen Seite des Tisches.

Esbjörn steht auf, grinst und hebt sein Glas. Mit einem Mal ebbt das Stimmengewirr ab. Alle schauen zu Esbjörn. Er räuspert sich etwas verlegen und wirft einen Seitenblick auf Coira, die ihren zukünftigen Gatten so verliebt anguckt, als wäre jener schicksalhafte Abend, an dem sie den Inhalt ihrer Handtasche auf dem Boden des Pubs verteilte, erst gestern gewesen.

»Okay, wenn ihr jetzt erwartet, dass ich eine langweilige Rede halte, muss ich euch leider enttäuschen«, sagt Esbjörn. »Nur so viel: Ich freue mich, dass ihr alle gekommen seid.« Und dann fügt er auf Schwedisch hinzu: *»Och nu sjunger och snapsar vi!«*

»Was hat er am Schluss gesagt?«, erkundige ich mich bei meiner Platznachbarin.

»Jetzt singen wir und trinken Schnaps«, sagt sie.

»Singen?«, frage ich, aber die Frage geht bereits in einem ohrenbetäubenden Lärm unter. Das Lied besteht aus relativ wenig Text und ziemlich viel Hopsfallera oder so ähnlich. Gerade als ich das Prinzip verstanden habe und mitsingen will (als ehemalige Kölner Zugereiste weiß ich, was man in solchen Situationen zu tun hat), ist es schon wieder vorbei und alle kippen den Inhalt ihres Schnapsglases.

»Das war *Helan går**«, erläutert meine Nachbarin. »Das ist eines der bekanntesten schwedischen Trinklieder. Wenn nicht das bekannteste.«

Dann erklärt sie, dass *helan går* »Der Ganze geht (runter)« bedeutet. Soll ausdrücken, dass der erste Schnaps für gewöhnlich ganz getrunken wird. In der nächsten Runde müsse man dann eigentlich *halvan går* singen – der Halbe geht – und das Glas nur halb leer trinken. In jeder Schnaps-Runde solle dann eigentlich die Menge reduziert worden. Im Prinzip gebe es sogar 17 Abstufungen. Aber das könne sich sowieso kein Mensch merken, schon gar nicht im alkoholisierten Zustand, und darum würde man eigentlich immer das ganze Glas trinken. Oder das halbe. Ober eben so viel man will.

Dieser Logik kann ich nach dem ersten Schnaps bereits gut folgen. Und angesichts des nun einsetzenden Massakers bin ich auch ganz froh, dass ich nicht mehr allzu nüchtern bin. Dass die Krebse schon tot sind, das ist wirklich ein Glück. Für alle Beteiligten.

Die Angelegenheit ist eine äußerst brachiale Geschichte, mithilfe derer Medizinstudenten das Sezieren ohne Skalpell erlernen könnten. Sie besteht, grob gesagt, aus Panzeraufbrechen mit bloßen Händen, aus Aussaugen, Herausschälen, Ausschaben und Reinbeißen.

Esbjörn und meine Platznachbarin unterstützen mich nach Kräften – manchmal geht die Auskunftsfreude für meinen Geschmack aber eindeutig zu weit. Zum Beispiel als Esbjörn erklärt: »So, nun isst man die fette Krebsbutter, die *kräftsmör* … Viele glauben, die Krebsbutter sei das Gehirn des Krebses. Aber das ist natürlich falsch, so schlau sind Krebse auch wieder nicht. Die Krebsbutter ist eine Drüse, eine Kombination aus Bauchspeicheldrüse und Leber. Schmeckt wirklich fantastisch!«

»Too much information!«, murmele ich und mache mich an die Arbeit.

Die Prozedur ist ziemlich zeitraubend, außerdem spritzt und

tropft es ganz ordentlich. Auf einmal ergibt auch das Lätzchen einen Sinn. Als ich mir den ersten Krebs einverleibt habe – meine Platznachbarin hat in der gleichen Zeit bestimmt fünf gegessen –, bin ich fix und fertig. Dabei ist es bereits Zeit für das nächste Schnapslied und ein Bäumchen-wechsel-Dich. Diesmal sitze ich zwischen Coira und einem kleinen Dicken namens Karl-Johan. Bei der dritten Runde finde ich mich zwischen meiner Platznachbarin vom ersten Mal und einer Frau wieder, die Ewa heißt.

In jeder Runde schaffe ich nur einen oder allerhöchstens anderthalb Krebse. Das ist in Sachen Essensgrundlage im Verhältnis zur Alkoholmenge nicht gerade viel. Neben dem Schnaps darf man das Bier natürlich nicht vergessen, die Krebse sind enorm salzig und machen Durst. Nicht, dass ich mich direkt betrunken fühle. Ich sehe weder doppelt noch habe ich Artikulationsschwierigkeiten. Allerdings kann ich mich wirklich nicht mehr erinnern, wieso ich die Hütchen und Lätzchen und Girlanden und Lampions und Luftschlangen und Krebsspinnenskorpionbeine anfangs so absurd fand. Hey, die sind doch lustig! Dass mir auf einmal kölsches Karnevalsliedgut im Kopf herumschwirrt, kommt mir auch kein bisschen komisch vor. *Dä Sultan hät Doosch, skål!*

Einige Zeit später, ich beiße gerade in einen Krebsschwanz und summe leise *Trink doch ene met* von den Bläck Fööss vor mich hin, tippt mir jemand auf die Schulter. Gleichzeitig wird mir unter dem Tisch ein Zettel in die Hand gedrückt.

»Deine Nummer für den nächsten Platzwechsel«, höre ich Coira in mein Ohr flüstern, und als ich mich zu ihr umdrehe und sie fragend angucke, zieht sie nur verschwörerisch die Augenbrauen hoch.

»Na, das ist ja eine Überraschung!«

Simon formuliert buchstabengenau meinen Gedanken, als er mir gentlemanlike den Stuhl an Platz Nummer sechs zurechtrückt. Er hat die Nummer sieben, und er lächelt schuldbewusst.

Was hat Coira da ausgeheckt? Wieso hat sie mich ausgerechnet neben Simon platziert? Und was soll dieses entschuldigende Grinsen? Hat Simon Coira mit dem Arrangement beauftragt?

Ich beschließe, die Spekulationen zu beenden und mich zu freuen. Denn mir fällt wieder eine E-Mail von Wanda ein, die sie mir vor ein paar Tagen schrieb. Darin enthüllte sie, dass sie mal wieder Single sei und mich bald besuchen wolle. Außerdem gab sie mir eine Aufgabe: *Zieh mal bis dahin schön die Typen an Land – am besten gleich für mich mit!*

»Ich bin eigentlich schon ziemlich satt. Lust auf eine Zigarettenpause auf dem Balkon?«, fragt Simon noch vor dem obligatorischen Schnapslied – und ich nicke.

Die Luft draußen ist klar, riecht nach Meer und tut gut. Simon hat die Tür hinter uns geschlossen, damit der Zigarettenrauch nicht nach drinnen zieht. Die plötzliche Ruhe und das Dämmerlicht machen mich verlegen. Über den Dächern ist es noch relativ hell, aber der Innenhof liegt im Schatten. Ich setze mich in einen der beiden Sonnenstühle, Simon nimmt den anderen mir gegenüber. Auf einem niedrigen Tischchen zwischen uns flackert ein Windlicht, die Kerzenflammen werfen tanzende Muster auf die Balkonumrandung und den Boden.

Drinnen wird jetzt gesungen, aber die doppelt verglasten Fenster lassen alles wie aus weiter Ferne klingen. Ich bin froh, dass ich eine Zigarette zum Festhalten habe, von einer Sekunde auf die andere fühle ich mich nicht mehr das geringste bisschen beschwipst. Stattdessen liegt eine seltsame und unbestimmte Erwartung in der Luft. Zu wissen, dass Simon Single ist und zu wissen, dass er auch ziemlich sicher weiß, dass ich Single bin (zumindest, wenn ich Coira richtig einschätze), verleiht der Situation natürlich ganz andere Möglichkeiten.

Ganz andere Möglichkeiten? Was denke ich da? Andere Möglichkeiten als was?

Ich nehme einen weiteren Zug an der leise knisternden Zigarette. In irgendeinem der Nachbarhäuser wird laut gelacht und eine Tür geknallt.

Ganz andere Möglichkeiten, als es so ein Kaffeetrinken mit Joakim hat. So ein völlig bedeutungsloses Kaffeetrinken mit völlig bedeutungslosen Vanilleherzen. Zum Beispiel.

»Was ist los? Du siehst auf einmal so traurig aus«, sagt Simon in meine Gedanken hinein.

»Ich? Was? Nein, nein, ich bin nicht traurig. Ich musste nur gerade daran denken, dass …«

Ja, woran denn bloß?

Ich schaue mich hektisch um, um etwas zu finden, an das ich gedacht haben könnte, und mein Blick fällt auf meine nackten Füße, die im Halbschatten leuchten wie zwei fluoreszierende Quallen.

»… dass ich doch ein bisschen kalte Füße habe.«

Simon beugt sich vor und starrt auf den Balkonfußboden.

»O mein Gott!«, sagt er dann. »Du hast ja keine Socken an! Hat dir niemand gesagt, dass Südschweden nicht Südafrika ist? Gib mal her!«

»Hergeben? Was?«

Bevor ich reagieren kann, beugt er sich nach unten und zieht meine beiden Füße zu sich auf den Schoß. Meinen linken Fuß stopft er unter seinen weißen Retro-Tennis-Pulli. Genauso einen trägt auch mein Vater auf dem letzten Foto von ihm und mir, einem der wenigen, die es überhaupt von uns gibt. Entstanden im Sommerurlaub an der Nordsee, zwei Monate nach meinem sechsten Geburtstag und vier Monate vor seinem Tod. Was würde er davon halten, dass ich jetzt in Schweden bin? Mitte 30, keine Kinder, Single, Buchautorin für andere Leute. Hat er sich so die Zukunft seiner einzigen Tochter vorgestellt?

Als meine eiskalte Fußsohle Simons warmen Bauch berührt, zuckt er leicht zusammen, sagt aber nichts. Stattdessen beginnt er, meinen rechten Fuß zu massieren. Ich schließe die Augen. Die Massage fühlt sich himmlisch an.

Vielleicht könnte aus Simon und mir ja was werden. Wieso eigentlich nicht? Er sieht gut aus, ist Single, charmant und kann Füße massieren. Das ist doch schon mal was!

Allerdings umreißt das auch so ziemlich alles, was ich über Simon weiß. Wenn man mal von der mir in Teilen bekannten Dubliner Episode mit Esbjörn und Coiras Handtasche absieht. Kombiniere: Irgendwie stimmt hier etwas mit der Reihenfolge nicht. Müsste man nicht erst ganz viel reden und *dann* Füße massieren?

»Willst du gar nicht wissen, wieso ich in Schweden bin und was ich hier mache?«, frage ich folgerichtig.

»Nicht nötig.«

Ich bin perplex.

»Mal nachdenken«, fährt Simon mit einem Lächeln fort. »Du wohnst im Augenblick in einem Strandhaus in Ängelholm und schreibst ein Buch über eine Schauspielerin. Anfang des Jahres hast du dich getrennt. Eigentlich bist du Journalistin, aber …«

»Coira hat geplaudert!«

»Wie kommst du denn darauf? Ich bin einfach telepathisch begabt!«

»Ich leider nicht, ich muss noch fragen. Also: Was machst du so tagein, tagaus? Außer ganz grandios Füße zu massieren, meine ich.«

Und während Simon meinen rechten Fuß unter den Pulli stopft und anfängt, den linken zu bearbeiten, erzählt er. Er ist Innenarchitekt in einer teuren schwedischen Klamottenfirma, für die er die nationalen und internationalen Filialen gestaltet. Der Firma, in der Esbjörn die Kommunikationsabteilung leitet. Weshalb die beiden auch zusammen in Dublin waren.

»Wie war das eigentlich wirklich, da in Dublin?«

Simon erzählt, dass Esbjörn an dem schicksalhaften Abend um ein Haar wirklich nicht mit in den Pub gekommen wäre, weil er lieber noch an einer Präsentation auf dem Hotelzimmer arbeiten wollte. Hätte er seinen Willen bekommen, hätte das dann wohl dazu geführt, dass Coira Esbjörn nicht kennengelernt hätte.

»Und wie hast du ihn überzeugt?«

»Ich habe zu Esbjörn gesagt: Stell dir vor, da drüben in dem Pub sitzt die Frau deines Lebens und wartet nur darauf, dass du ihr eine Fußmassage verabreichst!«

Ich fühle, wie mir das Blut in die Ohren schießt. Zum Glück sieht man das hier im Dunkeln nicht.

»Was hältst du davon, wenn wir uns noch mal treffen?«, fragt er unvermittelt. »Alleine, meine ich, ohne die wild gewordene Meute.«

Er deutet nach drinnen, wo die Hütchenparade gerade dabei ist, den Tisch zur Seite zu räumen. Einige Gäste haben angefangen zu tanzen. Aus versteckten Lautsprechern kommt plötzlich Musik. *Kitchen at Parties* – wie passend.

»Ich muss leider übermorgen für eine Weile nach London«, fährt Simon fort, ohne meine Antwort abzuwarten, »aber spätestens im November bin ich zurück. Dann bist du doch noch in Schweden, oder?«

Ich nicke.

»Wir können uns zum Kaffee treffen, zum Kino, zum Krebsessen oder was du willst. Von mir aus auch alles zusammen.«

Er hört auf zu massieren, behält aber meinen Fuß in seinen Händen. Ich fühle seinen Blick auf mir ruhen, auch wenn ich seine Augen nicht erkennen kann, dafür ist es zu dunkel. Beim Stichwort »Krebsessen« sind mir plötzlich die Krebse wieder eingefallen, die noch auf einem Extrateller in Coiras Kühlschrank stehen. Joakims Krebse.

Wie konnte ich die vergessen?

»Und?«, sagt Simon.

Ich bin für einen kurzen Augenblick verwirrt, bis mir wieder einfällt, dass er mich gerade um ein Date gebeten hat. *Zieh mal schön die Typen an Land – und am besten gleich für mich mit.*

Und dann sage ich Ja.

Kapitel 11

DER REISSVERSCHLUSS KLEMMT

Stella | Ich liege im Bett und versuche den Lektionstext zum Thema »*Drömmar och verklighet*« – Träume und Wirklichkeit – zu verinnerlichen. Wir haben das Unterrichtsbuch inzwischen fast durchgearbeitet. Im Text geht es um eine junge Frau namens Sofia und einen jungen Mann namens Tobias, die sich Hals über Kopf verlieben und heiraten. Sie bekommen ein Kind, das sie aus mir nicht ganz begreiflichen Gründen ausgerechnet Harald nennen. Als Tobias mit seinem Jahr der Elternzeit dran ist, überschlägt sich die Handlung: Sofia geht mit ihrem Chor auf Tournee! Und sie bekommt Fan-Postkarten. Nach Hause! Tobias liest sie, und es kommt, wie es kommen muss: Tobias wird eifersüchtig auf Sofias Verehrer, macht Szenen, Sofia ist genervt. Man lässt sich scheiden, und schließlich sitzt Sofia allein mit Klein Harald in der Zweizimmerwohnung und fragt sich und den Schwedisch lernenden Leser, ob sie sich richtig entschieden hat.

Vad tycker du? Was denkst du?, steht unter der dramatischen Geschichte. Für ein Lehrbuch ist so eine Story vermutlich der Gipfel der möglichen Action. Nur die Ankunft einer SMS bewahrt mich davor, eine Antwort auf die Frage zu finden – oder sie gar auf Schwedisch formulieren zu müssen.

```
Hej Stella, sag mal, fährst du eigentlich mit
dem Auto nach Lund? Ich muss da nämlich morgen
Vormittag etwas erledigen und mir kam gerade
```

```
der Gedanke, dass du ja an Helsingborg vorbei-
fährst und mich eventuell mitnehmen könntest.
Kram, Joakim
```

Sofort bin ich hellwach. Einige Sekunden wirbeln Gedanken durch meinen Kopf. Gedanken an meine bereits bezahlte Fahrkarte für den Zug, an meinen CO2-Fußabdruck, an die schöne Fahrradfahrt am Morgen. Gedanken an die vermutlich nervenaufreibende Parkplatzsuche in denkmalgeschützten Kopfsteinpflaster-Stadtkernen schwedischer Universitätsstädte. Gedanken daran, dass ich vermutlich tanken muss. Daran, dass das doch ganz schön umständlich ist, über Helsingborg zu fahren, weil man dann vom *motorvägen* runter- und nach einer großen Schleife durch die Stadt wieder raufmuss. Daran, dass andere Leute plötzlich alle Kinder haben. Kinder, die Harald heißen oder auch anders, insbesondere, wenn sie Mädchen sind. An Sofia und Tobias. An Fan-Postkarten und an Coira. An Simon. An Fußmassagen. Und dann tippe ich:

```
Klar kann ich dich mitnehmen! Ich komme so
gegen Viertel vor Acht an Helsingborg vorbei.
Kannst du an einer gut zugänglichen Stelle ste-
hen, damit du direkt ins Auto springen kannst?
Davon brauch ich dann die genaue Adresse. Kram,
Stella
```

Einmal, denke ich, *einmal kann ich doch mit dem Auto fahren, oder etwa nicht?*

Du hast sie doch nicht mehr alle, sagt die Stimme der Vernunft.

Halt doch einfach mal die Klappe, du olle Spaßbremse, schimpft das Solarplexus-Bauchgefühl, *von manchen Sachen verstehst du einfach nichts!*

Die Stimme der Vernunft zischt ein eingeschnapptes *Pöh!*,

und dann schlafen wir alle drei ein, die Stimme der Vernunft, das Bauchgefühl und ich.

Es ist ziemlich genau zwölf Minuten vor acht, als ich an der Ampel in Helsingborgs Süden anhalte, um Joakim in den Wagen zu lassen. Ich fühle mich in etwa so munter wie ein südsibirischer Schlaflurch. Keine Ahnung, ob es südsibirische Schlaflurche gibt. Aber gäbe es sie, dann fühlten sie sich genauso wie ich gerade. Ich nehme nämlich an, dass südsibirische Schlaflurche morgens auch keinen Kaffee bekommen. Dass ich keinen Kaffee bekommen habe, lag daran, dass ich mitten in der Nacht noch einmal aufgewacht bin. Da habe ich dann Navi-Dame Marjory bereitgelegt und vorsichtshalber noch einmal im Internet geprüft, wie lange man für die Fahrt von Ängelholm bis zur Skomakaregatan in Lund im Schnitt benötigt. Kein Wunder, dass ich verschlafen habe. Genauer gesagt bin ich seit etwa 25 Minuten wach. Oder nennen wir es besser: auf den Beinen.

Die Zeit reichte gerade so für eine einminütige Dusche, einminütiges Zähneputzen und einen blinden Griff in den Kleiderschrank. Das Resultat ist, dass ich jetzt meine im Schritt, an den Knien und diversen anderen Stellen gefährlich verschlissene Jeans trage, die eigentlich nur noch zum Rumgammeln auf dem Sofa geeignet ist, weil sie quasi eine tickende Zeitbombe für peinliche Situationen darstellt.

»Hej Stella«, sagt Joakim und deutet eine Umarmung an, so gut das zwischen Beifahrer- und Fahrersitz eben geht. »Na, alles gut?«

Ich hatte ja schon mal angedeutet, dass ich ohne morgendliches Koffein nur im Reptilienmodus laufe. Provokationen kommen da in etwa so gut wie Schnauzestreicheln bei einem Alligator. Also ungefähr.

»Aber sicher doch«, murmele ich grantig auf Deutsch und ärgere mich sofort, dass ich mich so wenig im Griff habe. Es war eine Schnapsidee, mit dem Auto zu fahren! Ich habe Kissenknautschabdrücke im Gesicht, pochende Kopfschmerzen, Augenringe, als hätte mir jemand zwei Veilchen verpasst, eine Frisur wie ein Wischmopp und gefährlich wenig Benzin im Tank. Das ist, verdammt noch mal, suboptimal.

»Wie bitte?«, fragt Joakim.

Es klingt ängstlich.

Ich atme tief durch und befehle mir, mich zusammenzureißen. Es ist schon schlimm genug, dass Joakim mich in diesem desolaten Zustand sieht. Da muss ich nicht noch alles noch schlimmer machen.

»Äh, ich meinte, Sicherheit geht vor. Bist du angeschnallt?«

Er zieht die Augenbraue hoch. Ich klinge vermutlich so glaubwürdig wie Bill Clinton, der behauptet, keinen Sex mit Monica Lewinsky gehabt zu haben. Als Joakim die Hand auf den Türgriff legt, besinne ich mich und sage entschuldigend: »Sorry, ich hab nicht so viel geschlafen, dann bin ich immer etwas … nun … leichter gestresst.«

Und dann drücke ich einfach aufs Gas und verhindere so, dass Joakim das Weite suchen kann.

Nach ein paar Hundert Metern erreichen wir einen großen Kreisverkehr, von dem der Autobahnzubringer abgeht. Schweden scheinen Kreisverkehre innig zu lieben. Die Landschaft ist vollgepflastert damit. Trotzdem wissen die die Kreisverkehre benutzenden Schweden nicht so genau, wann man den Blinker setzt, um den Mitautofahrern ein verlässliches Signal zu geben. Sie blinken, wenn sie in den Kreisverkehr *hinein*fahren! Einige sogar links! Beim Ausfahren blinken sie mal, mal blinken sie nicht, das scheint von der Tageslaune abzuhängen.

Nun ist es zwar schon einige Zeit her, dass ich meinen Führerschein gemacht habe, aber ich kann mich noch genau daran erinnern, was mein Fahrlehrer, Herr Schmack, gesagt hat, als ich am seinerzeit vermutlich einzigen Kreisverkehr der niederrheinischen Tiefebene versehentlich – ich betone: *versehentlich!* – bei der Einfahrt den Blinkerhebel nach links angetippt habe: »Määdsche, wat willste domit andäute? Dat de disch op Jeisterfahrt bejähwe wills? Donn misch dä Jäfalle: Blink beim Ussfohre! Niemols beim Eenfahre!«

Das habe ich mir gemerkt. Und jetzt das!

Joakim | Stella schlüpft in eine vollkommen andere Persönlichkeit, wenn sie hinter dem Steuer sitzt.

»Aber, was zum Teufel … Die fahren, als hätten sie ihren Führerschein in der Cornflakes-Packung gefunden!« Dann schickt sie auf Deutsch hinterher: »Penner!«

»Was ist ein ›Penner‹?«, frage ich unvorsichtigerweise.

Der Blick, mit dem sie daraufhin auf mich zielt, lässt mich vermuten, dass sie mich gerade auch für einen hält. Den Versuch, die Situation aufzulockern, bereue ich jedenfalls sofort. Autofahren ist blutiger Ernst für die Deutschen, so viel habe ich verstanden. Und etwas sagt mir, dass Stella nicht nur zu wenig geschlafen hat, sondern heute wohl auch mit dem falschen Fuß aufgestanden ist.

»Warum machen die das?«, ruft Stella jetzt entrüstet.

»Wer?«

»Deine Landsleute! Die blinken, bevor sie in den Kreisverkehr fahren. Kapieren die nicht, wozu ein Blinker da ist? Glauben die, das ist eine Art Discolampe, mit der man ein bisschen im Takt zum Autoradio wippt? *Blinkichhier, Blinkichda, life goes o-hon …*«

»Soll man nicht blinken? Ich habe keine Ahnung. Mich kannst du nicht verantwortlich machen. Ich weiß, dass ich Schwede bin und darum lieber die Finger von einem Lenkrad lassen sollte. Darum trage ich zur internationalen Verkehrssicherheit bei, indem ich mich weigere, einen Führerschein zu machen.«

Dann fällt mir etwas ein. »Ich hab in der Zeitung gelesen, dass man kürzlich neue Regeln für die kleinen Kreisverkehre eingeführt hat. Du weißt schon, diese winzigen Rondelle, die sie jetzt wirklich überall bauen. Da blinkt man nämlich genau wie zuvor an einer Ampelkreuzung: Wenn man rechts abbiegt, rechts, wenn man links abbiegt, links, und wenn man geradeaus will, gar nicht. Auf der Autobahn und auf Schnellstraßen gelten die gleichen Regeln wie in Deutschland. Aber das Straßenverkehrsamt hat falsche Informationsblätter rausgegeben, darum kam es zu totaler Verwirrung, und keiner weiß mehr, wie man es richtig macht.«

»Na, *das* hab ich gemerkt«, sagt Stella mit zusammengebissenen Zähnen.

Sie sieht schön aus, wenn sie sauer ist. Eine Brunhilde der Autobahn.

Ich muss lachen, als ich sehe, wie ihre Gesichtsfarbe von gesund gebräunt zu einem rötlichen Ton wechselt, ein Indiz, dass ihr Blutdruck steigt. Ich wünschte, ich hätte eine Wagner-CD in meiner Tasche. Ich summe leise den *Ritt der Walküren*: »Damm, dadadaa-da, damm, dadad*aa*-da …«

Plötzlich fällt mir ein, dass ich zwar keine CD, dafür aber etwas viel Besseres in der Tasche habe.

Stella | Plötzlich geschieht ein Wunder. Joakim öffnet seine Umhängetasche. Daraus zieht er einen wunderbaren Gegenstand. Den wunderbarsten Gegenstand, den ich mir gerade vorstellen kann. Eine Thermoskanne.

Bitte, Herr, lass es keinen Kräutertee sein!

Ich bin zwar schon vor Ewigkeiten aus der Kirche ausgetreten. Aber in Notfällen kann ein kleines Stoßgebet nicht schaden.

»Ich hab's nicht mehr geschafft, zu Hause Kaffee zu trinken, da dachte ich, ich nehm ihn einfach mit. Magst du auch?«

Danke, o Herr, vielleicht trete ich ja doch wieder ein, in deinen Verein. Obwohl, du erhörst mich ja auch so.

»Ob ich *mag*? Ich *brauche*! Her mit dem Elixier! Und bist du nicht willig, so brauch ich Gewalt!«

Das Letzte habe ich wieder auf Deutsch gesagt.

»Was?«, fragt Joakim perplex.

»Erlkönig. Goethe. Germanistik Nebenfach. Nicht wichtig. Rüber mit dem Stoff!«

Joakim schraubt die Kanne auf, und sofort strömt ein überwältigender Duft in das Wageninnere. Für Kaffeeabhängige wie mich gibt es keinen Moment, in dem Kaffee besser riecht als morgens. Mit jedem Schluck wird meine Laune etwas besser. Meine Kopfschmerzen lassen nach. Ach, und die Sonne scheint ja auch! Nach ein paar Minuten fühle ich mich wieder wie ein Mensch, also greife ich das Thema »Besonderheiten des schwedischen Straßenverkehrs« noch einmal auf. Es ist ja als aktiver Verkehrsteilnehmer wichtig, hier eine gewisse Klarheit zu haben.

»Entweder sind die Verkehrsregeln in Schweden anders, oder die Schweden nehmen es damit nicht so genau.«

»Unwahrscheinlich. Wir haben viel weniger Unfälle als ihr Geschwindigkeitsrowdys«, behauptet Joakim.

»Geschwindigkeitsrowdys? Nur, weil man bei uns *theoretisch* an *vereinzelten* Stellen schnell fahren darf, heißt das nicht, dass man es auch kann!«

»Genau, du sagst es: Bei euch ist immer Stau. Wie oft wir schon mit dem Tourbus in irgendeinem gestanden haben, kann ich gar nicht zählen. Immer ist irgendwo ein Unfall, weil wieder irgendwer viel zu schnell gefahren ist!«

Inzwischen sind wir am Abbieger zum *motorvägen* angekommen.

»Quatsch, die meisten Staus sind in Ballungsräumen und an Baustellen«, behaupte ich und lenke den Wagen auf die Einfahrt Richtung Lund und Malmö. »Ich hab im Ruhrgebiet und in Köln gelebt, ich weiß, wovon ich rede. Aber mal abgesehen davon, kann man Schweden und Deutschland auch überhaupt nicht vergleichen. Wir haben nun mal viel mehr Autos als ihr. Ihr habt unglaublich viel Platz und nur so ein paar einzelne Männlein auf der ganzen Fläche verteilt.«

»Das stimmt nicht«, sagt Joakim. »Die meisten Leute fahren Auto in Städten und drum herum, genau wie in Deutschland. Das sind ganz ähnliche Bedingungen.«

»Was ihr schon Städte nennt! Ich habe nachgeschaut: Malmö hat 300 000 Einwohner, und das ist eure drittgrößte Stadt. Da hat ja Wuppertal noch mehr.«

»Wo liegt Wuppertal?«

»Siehst du! Wuppertal kennst du nicht mal! Liegt zwischen Düsseldorf und Hagen. Im Bergischen Land.«

Joakim räuspert sich. Ich verbuche das als Punkt für mich.

»Apropos Malmö: Wie war es auf der *kräftskiva?* Und wie fandest du meine Krebse?«

Aus irgendeinem vollkommen uneinsichtigen Grund fühle ich mich ertappt, als ich an Joakims Krebse denke. Nach der Balkon-Fußmassage habe ich den Teller mit den in Sicherheit gebrachten Joakim-Krebsen aus dem Kühlschrank geholt und, während die Partystimmung in der Küche stieg, neben dem Spülstein pflichtbewusst die Krebse probiert. Die unglaublich gut schmeckten. Ganz zart, mit einem feinen Aroma von Kräutern und Fisch. Ja, Joakims Krebse schmeckten viel besser als die anderen. Dabei waren die auch schon ziemlich gut gewesen.

»Hallo? Bist du eingeschlafen?«, fragt Joakim.

»Fantastisch, deine Krebse!«, sage ich schnell.

Im Augenwinkel sehe ich, wie Joakims Gesicht zu einem einzigen breiten Grinsen wird.

»Wirklich?«

»Ja, wirklich! Und ich konnte an dem Abend ja einige probieren. Deswegen kann ich mit Fug und Recht behaupten, dass deine die Besten waren!«

Das Grinsen wird noch breiter, und bevor ich weiß, wie mir geschieht, gibt mir Joakim ein Küsschen auf die Wange.

»Danke«, sagt er leise. »Das bedeutet mir viel.«

Mir wird ganz schummrig von der plötzlichen Annäherung,

doch bevor ich mich weiter mit dieser Schummrigkeit befassen kann, taucht am rechten Fahrbahnrand ein Schild auf, das eine Baustelle in zwei Kilometern Entfernung anzeigt. Nun, bei dem geringen Verkehrsaufkommen sollte das eigentlich kein Problem darstellen.

Nach schätzungsweise hundert Metern staut es sich auf dem rechten Fahrstreifen, doch links ist noch alles frei. Gewohnheitsmäßig setze ich also den Blinker, ziehe auf die linke Spur und rolle zügig an der Schlange vorbei.

»Was machst du?«, fragt Joakim.

»Ich fahre Auto.«

»Das sehe ich. Aber da kommt eine Baustelle.«

»Genau, und zwar in anderthalb Kilometern. Solange kann man ja wohl alle Fahrstreifen nutzen.«

Ich fahre unbeirrt weiter und freue mich, dass ich so flott vorankomme. Doch dann beginnt es rechts zu hupen. Nicht nur einmal, ein ganzes Hupkonzert ertönt! Ich werfe einen Blick über die Schulter und sehe, dass uns jeder einzelne Fahrer in jedem einzelnen Auto entgeistert anstarrt. Im Grunde, das muss ich zugeben, ist es auch ein bisschen seltsam, dass außer mir kein anderes Fahrzeug auf dem linken Fahrstreifen fährt.

»Was haben die denn?«, frage ich verwundert. »Meinst du, irgendwas ist mit meinen Reifen?«

»Nee, die finden das nicht gut, dass du dich vordrängelst. Das verstößt gegen das *Jantelagen**, also das Jante-Gesetz. Danach ist es verpönt, sich für was Besseres zu halten als die anderen …«

»Für was Besseres halten? Was ist das denn für ein komisches Gesetz? Auf der Straße gilt immer noch die Straßenverkehrsordnung! Außerdem drängele ich mich überhaupt nicht vor! Kein bisschen! Hier ist doch alles frei. Die anderen könnten genau wie ich den zweiten Fahrstreifen nutzen. Worauf warten die? Dass sie ein Nümmerchen ziehen können? Ich habe in der Fahrschule gelernt, dass man die Fahrbahnen bis kurz vor dem Hindernis ausnutzt und sich dann einfädelt. Das nennt man Reißverschlusssystem! Und das gilt internationaaaaaaaaaaaa--...!«

Falls sich noch in irgendeiner meiner Körperzellen Reste von Müdigkeit befunden haben, sind die schlagartig verflogen. Ich steige mit voller Kraft in die Eisen. Direkt vor mir ist ein weißer Transporter auf die linke Spur ausgeschert. Ohne Blinker oder sonstige Vorwarnung. Nun fährt er im Schneckentempo vor mir her. Ein perfekter Moment! Zumindest, wenn es um die Anwendung einer repräsentativen Auswahl bewährter deutscher Schimpfwörter geht, von A wie Automatikfahrer bis Z wie Zerebralamöbe. Außerdem verselbstständigt sich der Mittelfinger meiner rechten Hand. Reine Reflexe, gegen die ich nicht das Geringste tun kann. Und will.

Joakim zieht mit einem Laut der Bewunderung Luft durch die Zähne: »Wow, du kannst wirklich fluchen!«

»Du wollest wohl sagen: Ich kann spontan angemessene Bezeichnungen für jemanden finden, der leichtfertig das Leben seiner Mitmenschen riskiert! Unseres zum Beispiel«, verteidige ich mich.

»Na ja, *du* bist ja diejenige, die hier vorbeigerast ist.«

Das ist ja wohl nicht zu fassen, jetzt nimmt Joakim dieses Individuum auch noch in Schutz!

»Gerast? Ich bin maximal 80 gefahren, hier darf man 110! Und im Gegensatz zu dieser sinnentleerten Ausbremsaktion ist es durchaus erlaubt, an einer Schlange vorbeizufahren, wenn der Fahrstreifen frei ist.« Ich trommele mit den Fingern aufs Lenkrad. »Nein, ich korrigiere mich: Es ist nicht nur erlaubt: Es ist *geboten!*«

Während ich vom selbst ernannten Pseudo-Pädagogen im Transporter zu 35 Stundenkilometern gezwungen werde, bin ich innerlich auf 180. Mindestens. Doch dann weicht mein Vordermann ganz leicht nach rechts in Richtung Mittellinie ab. So viel, dass ich so gerade vorbeikommen kann. Ich ergreife meine Chance, beschleunige und ziehe geschmeidig links vorbei.

»Aaaaaaaaaah!«, kreischt Joakim und hält sich am Griff über der Tür fest, wie meine alte Tante Ilse – Gott hab sie selig – das immer im Auto meiner Eltern gemacht hat. Worauf meine Mutter jedes Mal tödlich beleidigt war. Ich kann nicht verleugnen, dass ich eine gewisse Pikiertheit gegenüber diesem Verhalten geerbt habe. Aber das verdutzte Gesicht des Transporter-Vandalen lässt mich das sofort vergessen.

»Ha!«, sage ich und winke fröhlich nach hinten. »Tschüss, du Vollpfosten!«

Am Horizont kommt nun die Baustelle in Sicht. Im gleichen Moment merke ich, wie die Fahrzeuge auf dem rechten Fahrstreifen enger zusammenrücken. Stoßstange an Stoßstange. Die Absicht ist klar: Sie wollen mich nicht in ihre Spur lassen. Ich frage mich langsam ernsthaft, ob es Fahrschulen in Schweden gibt. Also echte.

Oder kann es vielleicht doch sein, dass hier völlig andere Verkehrsregeln gelten? Nein, beschließe ich, das ist unmöglich. Immerhin sind wir in Europa. Möglicherweise handelt es sich einfach um Fremdenfeindlichkeit: Die haben mein deutsches Nummernschild gesehen, halten mich wie Joakim für einen Geschwindigkeitsrowdy und wollen es mir mal so richtig zeigen.

Die Baustelle ist nun nur noch gut 150 Meter entfernt. Ich setze den Blinker nach rechts, die Schlange rückt noch dichter zusammen. Jetzt heißt es, Nerven bewahren!

Joakim | O Herrgott im Himmel, an den ich nicht glaube, aber den es vielleicht trotzdem gibt, handelt es sich bei Stellas Art zu fahren um eine Art »Autobahnreflex«? Ein Walküren-Gen, das im Eifer des Gefechts aktiviert wird? Ihr Blick wirkt hart wie Solinger Stahl, die Fingerknöchel treten alabasterweiß hervor. Halb verschreckt, halb beeindruckt, aber absolut fasziniert, will ich irgendetwas Entwaffnendes sagen. Aber ich wage nicht zu äußern, was ich denke: *Stella, wir sind auf dem Weg nach Lund, nicht ins Kolosseum.*

Dann schließe ich die Augen, fast erwarte ich einen Haufen kleiner Teufelchen, die mich mit ihren Dreizacken ins Höllenfeuer schicken.

Ach, welch jämmerliche Art zu sterben!

Stella | Neben mir befindet sich ein Saab, so ein liebevoll gepflegtes Schmuckstück aus den Siebzigern. Sofort ist klar: er oder ich. Wieder habe ich deutlich die Worte von Fahrlehrer Schmack im Ohr: »Net esuh zimperlich, minne Dame, mer fahre ersemal janz piano bis zum Ende des Fahrstreifens und fädele uns een. Kinne Ongs, dä Tünnes do drüwwe hät singe Bleschbüx auche lieb.«

Ich hoffe jetzt einfach mal, dass auch der schwedische Tünnes sein Fahrzeug liebt. Nicht ganz 20 Jahre nachdem ich Schmacks weisen Ratschlag erhalten habe, setze ich auf dem *motorvägen* zwischen Helsingborg und Lund beherzt zu einem Einfädelvorgang nach rechts an. Lehrbuchgerecht direkt vor dem Hindernis.

Ich halte den Atem an, rechne jeden Moment mit der Kollision, doch Schmack behält auch diesmal recht: Im letzten Moment bremst mein Kontrahent, und ich kann einfahren. Das war der Beweis, auch dem Schweden ist sein Auto heilig. Okay, zumindest *diesem* Schweden. Im Rückspiegel sehe ich ihn gestikulieren und schimpfen.

»Na, bitte, geht doch!«, sage ich zufrieden.

Ich fahre besänftigt vor mich hin, wundere mich nach einigen Kilometern aber über die Stille im Wagen. Ich schaue nach rechts. Joakim hat die Augen geschlossen, den Griff umklammert und ist ganz bleich um die Nase.

»Hallo? Ist dir schlecht?«

Er blinzelt vorsichtig, dann schlägt er die Augen auf. Schließlich fragt er mit zittriger Stimme: »Wozu ist das Reißverschlusssystem noch mal gut?«

»Ist das eine ernst gemeinte Frage?«

Joakim nickt, und ich krame mein Fahrschulwissen zusammen.

»Also, erst mal geht es schneller, denn man bleibt nicht stehen. Das verbraucht weniger Sprit. Und man nutzt den vorhandenen Platz aus.«

»Das verstehe ich nicht. Es müssen doch alle durch den Flaschenhals, also die Stelle, wo es nur eine Fahrbahn gibt. Ein Auto nach dem anderen. Wie kann das mit dem Reißverschlusssystem dann schneller sein?«

Das Argument hat eine gewisse Logik. Ich überlege. Auf einmal muss ich daran denken, wie meine Mutter mir immer erzählt hat, dass mein Vater sich jedes Mal darüber aufgeregt hat, dass die Fahrzeuge in einer Warteschlange vor einer Ampel nicht alle gleichzeitig anfahren, sobald die Ampel auf Grün springt. Stattdessen fahren sie einer nach dem anderen an. Auf diese Weise entsteht eine, wie mein Vater meinte, höchst unerfreuliche vermeidbare Zeitverzögerung. Geduld zählte nicht zu seinen Stärken. Er war auch ziemlich cholerisch. Ich kann mich tatsächlich noch vage an den ein oder anderen Ausbruch erinnern. »Das ist die Krankheit«, sagte meine Mutter dann immer. Und: »Wir dürfen ihn nicht aufregen.« Diese Erinnerungen sind allerdings nicht mehr als Gedankensplitter, ich kenne meinen Vater fast nur aus Erzählungen. Er wurde kurz nach meiner Geburt krank und verbrachte einen Großteil der Zeit im Krankenhaus, bis er starb.

Aber vielleicht habe ich das ja irgendwie geerbt. Diese Ungeduld im Straßenverkehr. Dann wird mir ganz flau: Habe ich mich eigentlich gerade seltsam aufgeführt? Was denkt Joakim jetzt von mir? Dass ich wirklich ein Geschwindigkeitsrowdy bin? Mich auf Kosten anderer vordrängeln will? Bin ich vielleicht gerade das, was man im Ausland als »typisch deutsch« empfindet – und zwar im unangenehmen Sinn?

Wir erreichen Lunds Stadtkern dank meines beherzten Einsatzes trotz Stau um Viertel vor neun – im Prinzip sind wir also super in der Zeit. Doch jetzt brauche ich einen Parkplatz, und der scheint hier Mangelware zu sein. Zumindest der Typ Parkplatz, den ich brauche: einen, auf dem man länger als eine Stunde stehen darf, ohne ein Vermögen zu bezahlen. In der Straße der *Folkuniversitet* gibt es schon mal überhaupt keine Parkplätze – wenn man die Fahrradständer nicht mitzählt. Vor dem Schulgebäude stehen Coira und Sandra, gestikulieren und lachen über irgendetwas. Ich fahre langsamer, tippe die Hupe an und lasse das Fenster auf der Beifahrerseite runter.

»Coira«, rufe ich, »falls ich nicht rechtzeitig komme: Könntest du bitte Britt-Marie sagen, dass ich bei der Parkplatzsuche verloren gegangen bin?«

Dabei hänge ich gezwungenermaßen halb über Joakim und kann sein Rasierwasser riechen. Oder die Reste seines Duschgels. Oder nach was auch immer er da gerade duftet. Ein weiteres Mal wird mir schummrig auf dieser Autofahrt.

»Natürlich. Lasst euch Zeit, ich regele das«, ruft Coira in konspirativem Tonfall und mit breitem Grinsen.

Von hinten ertönt Fahrradgeklingel, dann strömt eine ganze Drahtesel-Gang links und rechts am Auto vorbei wie ein Fischschwarm um ein Korallenriff. Überhaupt ist Lund so eine Art Münster des Nordens. Unglaublich viele Räder, mit denen junge Menschen in halsbrecherischem Tempo durch den pittoresken alten Kern von der Stadt mit Schwedens größter Uni brettern, bevölkern die Stadt.

Ich lasse das Fenster wieder hoch, und wir holpern mit meinem fahrbaren Korallenriff weiter über die Kopfsteinpflastergassen, fast ausnahmslos Einbahnstraßen. Nach etwa drei Minuten habe ich keinen Schimmer mehr, wo wir uns befinden, obwohl ich mir sonst immer etwas auf meinen Orientierungssinn einbilde. Ein solches Labyrinth würde selbst Kölner Stadtplaner vor Neid erblassen lassen. Während wir so durch die Winkel und Biegungen zockeln, wird es immer später und später.

Plötzlich fällt mir ein, dass ich vielleicht nicht die Einzige unter Zeitdruck bin, und ich frage Joakim: »Hast du eigentlich einen Termin?«

»Ich hab ein Buch in der Uni-Bibliothek vorbestellt, dem ist es egal, wann ich ankomme. Ich bin erst zum Mittagessen verabredet.«

Mit wem?

Die Frage taucht einfach so in meinem Kopf auf. Ich beiße mir sofort auf die Zunge und linse beim Abbiegen unauffällig in Richtung von Joakims Händen. Kein Ring. Immerhin.

Immerhin? Was, zum Teufel, denkst du da? Die Stimme der Vernunft ist empört.

Inzwischen ist es drei vor neun. Genau in diesem Moment, als mir bewusst wird, dass ich nicht mehr rechtzeitig zum Kurs kommen kann, ist es mir plötzlich egal. Oder besser gesagt, es ist mir ganz und gar nicht egal. Ich will gar keinen Parkplatz mehr finden. Nein, ich möchte am liebsten für immer hier um den Stadtkern von Lund kreisen. Joakim soll einfach nur da sitzen bleiben. Nach Kaffee und Rasierwasser und sich selbst duften und mir vielleicht das Reißverschlusssystem aus seiner Sicht erklären.

Joakim | Nach mehreren Runden durch Lunds Labyrinth aus Sackgassen und Einbahnstraßen findet Stella am Botanischen Garten einen Parkplatz. Nach dem Einparken beugt sie sich über mich, um einen Notizblock aus dem Handschuhfach zu holen und um ihre Handtasche zu nehmen, die zwischen meinen Füßen steht. Ihr Arm streift leicht mein Bein, und ihr Haar gleitet wie eine federleichte Liebkosung über meine Hand.

Verdammt, wieso fühlt sich das so gut an?

Eine vollkommen normale Bewegung, die mich etwas spüren lässt, wovon ich mehr haben will. Viel mehr. Das macht mich nervös. Wir sind nur Freunde. Punkt.

Was sollte sie von jemandem wollen, der nichts zu geben hat?

Mit einem Mal verdunkelt sich mein Gemüt. Mein Leben hat in den vergangenen Jahren unerwartete Wendungen genommen, und fast nichts hat sich so entwickelt, dass ich es hätte vorhersehen können. Ich bin mir mittlerweile ziemlich sicher, dass meine Freundin und ich uns getrennt hätten, wenn wir kein Kind bekommen hätten. Ich weiß mit Sicherheit, dass unsere Beziehung nicht viel länger halten wird, und denke, dass es vermutlich am besten wäre, der Sache mit Entschlossenheit zu begegnen. Auf eine Art liebe ich meine Freundin, aber es ist für mich mehr denn je offensichtlich, dass wir nicht zusammenpassen. Ich will niemandem Schmerzen oder Enttäuschung bereiten, aber es fühlt sich an, als könne es nur schlimmer werden. Ich habe Panik und bin unschlüssig. Gelähmt vor Angst, meine Tochter zu verlieren, das Wichtigste in meinem Leben.

Und nun habe ich auf einmal diese Gefühle für Stella, was soll ich nur damit anfangen? Ich möchte Stella in den Arm nehmen und sie eine Ewigkeit küssen, aber das Bild meiner kleinen Tochter weigert sich, mein inneres Sichtfeld zu verlassen. Was macht man in so einer Situation? Wo ist die Gebrauchsanweisung für mein Leben? So eine könnte ich gerade wirklich gut gebrauchen.

Warum treffe ich jetzt eine Frau, mit der ich jede Sekunde verbringen möchte? Jetzt, wo mein Leben so kompliziert ist, dass ich kaum mehr weiß, wer ich bin? An diesem Punkt meiner Gedanken kommt, wie ein Kommando vom Regisseur des Lebens, das Signal für meinen Abgang: *Weg hier, bevor es noch mehr Chaos in deinem Kopf gibt.*

»Tausend Dank, Stella!«, sage ich. »Ich bitte um Entschuldigung, dass sich die Fahrt hierher etwas schwierig gestaltet hat. Und im Namen aller Schweden entschuldige ich mich für unser mangelndes Benehmen im Straßenverkehr.«

Ich hoffe, mein Tonfall kommt entspannt und leicht rüber.

»Ach, keine Ursache. Ich habe ja auch was gelernt. Und danke für den Kaffee, du warst mein absoluter Lebensretter«, antwortet Stella.

Sie sieht mich mit einem Blick an, als ob … ja, was bedeutet er? Doch schon ist der Blick vorbei, sie hat es eilig und muss zu ihrem Kurs, sie ist schon fast über die Straße.

»*Hejdå!*«, ruft sie und winkt.

Stella | Als ich um 20 nach 9 verschwitzt das Klassenzimmer betrete, nickt mir Britt-Marie lächelnd zu und ergreift die Gelegenheit, mich einem kleinen, sprachpädagogisch wertvollen Kreuzverhör zu unterziehen: »*Hej Stella, hur kom du till kursen idåg? Åkte du tåg?*« (Hallo Stella, wie bist du heute zum Kurs gekommen? Bist du mit dem Zug gefahren?)

Ich berichte holprig von meinem Auto-Abenteuer. Zumindest, soweit mir das mit meinen bisherigen Kenntnissen der schwedischen Sprache möglich ist. Das bedeutet, Geschichten über Kreisverkehre, Reißverschlusssysteme und mich begleitende männliche Personen lasse ich außen vor.

Als ich fertig bin, nickt Britt-Marie anerkennend. Coira ist allerdings mit dem Informationsgehalt meines Berichtes noch nicht so ganz zufrieden. Sie flüstert: »Was mich viel brennender interessieren würde als die Verkehrsmittel, die du benutzt hast: Wer war dein gut aussehender Beifahrer? War das vielleicht dein geheimnisvoller *kräftor*-Koch?«

Ich seufze. Leugnen ist vermutlich zwecklos.

»Ja«, sage ich. »Ja, das war er. Mein geheimnisvoller Koch. Joakim. Zufrieden?«

Ich sehe an Coiras Gesichtsausdruck, dass sie kein bisschen zufrieden ist, aber wir werden von Britt-Marie wegen unseres Gequatsches mit einem mahnenden Blick bedacht. Dann sagt Britt-Marie: »*Titta på sida 123. Coira, kan du läsa? Tack!*« (Schaut auf Seite 103. Coira, kannst du bitte vorlesen?)

Anschließend liest Coira »*Drömmar och verklighet*« – Träume und Wirklichkeit. *Verdammt*, denke ich, *irgendwas läuft hier schief.*

Vad tycker du?

Kapitel 12

VOR ALKOHOL UND KOHLENHYDRATEN WIRD GEWARNT

Stella | In diesen ersten Wochen in Schweden fressen der Schwedischkurs und die Reise nach Lund die meiste Zeit. Darum komme ich nur abends zum Schreiben an der Diven-Biografie. Also arbeite ich am Wochenende mindestens einen ganzen Tag daran – meistens am Samstag, an dem ich auch für die ganze kommende Woche einkaufen gehe. Aber an einem Nachmittag am Wochenende mache ich auch einen Ausflug oder langen Spaziergang.

An dem freien Sonntagnachmittag vor der letzten Kurswoche spaziere ich mit Madde und Lila, dem Idefix-Hund, durch den Ängelholmer Wald, der gleich hinter dem Campingplatz beginnt und *kronoskogen* heißt, das bedeutet so viel wie »Wald der Krone«, also ein Forst, der früher dem König gehörte und heute dem Staat. Ich bin total begeistert, denn der *kronoskogen* ist der reinste Märchenwald. Birken und Buchen, über die Eichhörnchen hüpfen, kleine Moore voller Farn und bemooste Baumstücke.

»Wer war eigentlich der nette junge Mann, der dich kürzlich besucht hat?«, fragt Madde auf einmal ohne Vorwarnung, und ich stolpere fast über eine Wurzel, die sich quer über den Pfad zieht.

»Welcher Mann?«

Eigentlich erübrigt sich die Frage, mein Herrenbesuch hält sich in Grenzen, aber man muss ja nicht gleich so bedürftig rüberkommen.

»Na, der dunkelhaarige Gutaussehende, der sein Fahrrad an der Garage abgestellt hat!«

»Oh, das war ein alter Freund.«

»Ein alter Freund? Hier in *Skåne?*«

»Ja, wir kennen uns aber aus Deutschland.«

»*Jaha?!?*«

Jaha spricht man etwa »joha« aus, und zwar in einem Tonfall, in dem man auch »Ach! Sieh an! Sieh an!« sagen würde. So etwas in der Art bedeutet das auch. Madde sieht jedenfalls ungefähr so skeptisch aus wie Coira. Und mindestens so neugierig.

Doch bevor ich dazu komme, mir eine Antwort auszudenken, fragt Madde plötzlich: »Machst du eigentlich was an deinem Geburtstag?«

Ich schaue sie völlig überrumpelt an. Ich kann mich nicht im Geringsten daran erinnern, Madde von meinem deprimierenden Ehrentag in zwei Wochen erzählt zu haben. Wieder ein Jahr älter.

»Woher weißt du denn das?«, frage ich.

»Aus dem Internet natürlich«, feixt Madde.

Richtig, vor ein paar Tagen sind wir im größten der sozialen Netzwerke Freunde geworden, und natürlich prangt mein Geburtstag über meinem Profil. Dass Madde so genau hinschaut, damit habe ich dann nicht gerechnet.

»Keine Ahnung, was ich mache. Mich ins Bett legen, die Decke über den Kopf ziehen und nicht daran denken vielleicht?«

Madde verdreht die Augen. »Komm, Stella, was soll ich denn da sagen? Ich bin dieses Jahr 60 geworden! Du dagegen bist noch so jung!«

Gut, beim Begriff »jung« kommt es wohl tatsächlich auf die Perspektive an. Aus einer anderen könnte man sagen: Für Madde ist es ja nicht schlimm, dass sie nicht mehr so jung ist. Sie hat Börje, den muss sie nicht erst noch erobern. Und sie hat Nils und Liv. Obwohl, Liv hat sie ja eben augenblicklich nicht, weil die sich am anderen Ende der Welt rumtreibt. Vielleicht diene ich ihr da ja ein bisschen als Ersatztochter. Könnte auch nicht schaden, eine Zweit-mutter zu haben, nachdem meine eigene immer mehr in eine an-dere Welt abdriftet, die noch weiter weg ist als Australien. Viel wei-ter weg. Als ich sie zuletzt besucht habe, hat sie mich mit ihrer Schwester verwechselt. Meine Tante und ich stecken wohl in der gleichen Gefühlsschublade. Als ich sie darauf aufmerksam machte, wer ich bin, hat sie sich furchtbar über sich selbst erschrocken. Lei-der sind Krankheiten wie Alzheimer nicht dafür bekannt, sich mit der Zeit zu bessern.

Ich seufze. Madde hat recht. Ich sollte es feiern, dass ich ein Jahr älter werde. Dass ich lebe, gesund bin und jung. Also relativ. Wer weiß, was nächstes Jahr ist. Ob ich dann überhaupt noch lebe. Un-wahrscheinlich, dass nicht, aber weiß man's?

»Okay, vielleicht mach ich was«, sage ich und, einer spontanen Eingebung folgend: »Eine Gartenparty vielleicht?«

Madde sieht sofort begeistert aus.

»Ich mache einen Nudelsalat! Und du kannst meine Küche be-nutzen. Falls du einen Backofen brauchst und auch sonst.«

Wieso kriege ich jetzt schon wieder das Gefühl, dass sie da schon viel länger drüber nachgedacht und alles bereits geplant hat? Aber egal. Es ist beschlossen: Ich mache eine Gartenparty an mei-nem Geburtstag. So schnell kann's gehen.

Joakim | Seit ein paar Tagen sitze ich im Studio und versuche, etwas zusammenzubekommen, das wie ein Album klingt. Oder, besser gesagt, etwas, das klingt wie ein *neues und interessantes* Al-bum. Eine Platte zu machen ist keine schwere Sache, aber etwas zustande zu bringen, das sich spannend und innovativ anhört, da-gegen schon. Es gibt so viele gute Musiker und so viele, die heut-zutage elektronische Musik machen, dass das eine wirkliche He-rausforderung ist.

Eskil und ich haben uns verbal die Schädel eingeschlagen, wie immer. Wie gewöhnlich sind wir uns nicht darüber einig, wie das Ganze klingen soll, und kabbeln uns. Es gibt Kompromisse und Proteste und Diskussionen, an die kein Mensch, der bei Trost ist, auch nur einen Gedanken verschwenden würde. Eskil findet, dass ich ein misanthropischer Snob bin, der nicht möchte, dass irgendjemand unsere Musik mag oder versteht. Ich bin der Meinung, dass er ein populistischer Ausverkäufer ist, der eigentlich eine Karriere als Schlagersänger machen oder sich beim Eurovision Song Contest bewerben sollte. Gerne für Aserbaidschan oder Weißrussland. Oder – nein, nicht Deutschland.

Stella. Als sie eben angerufen hat, um zu fragen, ob ich zu ihrem Geburtstag komme, wollte ich direkt jubeln: »Ja, unbedingt!« Aber so eine Spontaneität habe ich mir schon lange abgewöhnt. Also habe ich erst einen Blick in meinen Kalender geworfen und gesehen, dass ich an diesem Wochenende tatsächlich allein zu Haus sein werde. Einziges Problem könnte sein, dass Eskil und ich in Kürze etwas an die Plattenfirma schicken müssen, das zumindest so klingt wie ein paar fertige Songs. Doch genau heute haben wir tatsächlich eine Art gemeinsamen Nenner gefunden. Ich habe eine alte Drum Machine ausgegraben, und Eskil ist auf eine fantastische Melodie für den Gesang gekommen. Das Stück ist noch nicht zu hundert Prozent so, wie es sein soll, aber es klingt vielversprechend. Ich mache einen Deal mit mir selbst: Ich fahre zu Stella, falls wir es schaffen, in den nächsten 24 Stunden etwas zusammenzubekommen.

Und das müssen wir hinkriegen! Ich sehne mich danach, unter Menschen zu sein. Leute zu treffen, die ich nicht kenne. Ganz ohne Forderungen und jede Menge anderer Schwierigkeiten. Es fühlt sich an, als sei das letzte Mal Ewigkeiten her. Aber ganz besonders möchte ich Stella sehen. Ja, ganz besonders Stella.

Stella | Das ist er also. Der *Systembolaget*. Oder *Systemet*, wie die Einheimischen ihn nennen. Der berühmt-berüchtigte Alkohol-Laden. Seit ich Joakim kurz nach meiner Ankunft in Schweden aus dem Supermarkt angerufen habe, hat es keinen echten Anlass gegeben, etwas Alkoholisches einzukaufen. Ich habe noch drei Flaschen Rotwein aus Deutschland dabeigehabt und mich ansonsten mit Joakims Empfehlung, dem ohne Probleme erhältlichen *lättöl*, vergnügt. Das schmeckt in der Tat wirklich ganz hervorragend und ist mit drei bis vier Kronen pro Flasche sensationell billig.

Aus diesen Gründen stehe ich also heute, einen Tag vor meinem Geburtstag, zum ersten Mal in dem Laden, in dem Kommissar Wallander heimlich seinen Whisky erwirbt – natürlich nicht in genau demselben, denn Wallander kauft ja wohl im *Systembolaget* in Ystad ein. Das Städtchen aus den Krimis liegt gut 131 Kilometer südlich von Ängelholm an der Südküste Schonens.

Ich schaue mich um und bin, gelinde gesagt, verblüfft. Ich habe insgeheim wohl doch so was wie Trinkhallenatmosphäre erwartet. Leute, wie die am Büdchen in der Straße in Essen-Mitte, in der ich während meines Studiums gewohnt habe. Dort am Kiosk hatte sich immer ein trostloses Klübchen mit struppigen Haaren und zerschlissenen Klamotten eingefunden, um die »Stütze« mit Saufen und Kettenrauchen zu verprassen. Die Gespräche, die ich manchmal mitbekam, wenn ich an der Bude Lakritz kaufte oder ein paar Stückchen Kokos-Schokolade, drehten sich darum, wer zuletzt an Leberzirrhose oder anderen fiesen Sachen gestorben war. Darauf hob die traurige Gesellschaft dann gleich ein weiteres Schnäpschen. Vermutlich, damit sich das Ganze nicht so verdammt bedrohlich anfühlte.

Von einer solchen Szenerie ist das hier so weit entfernt wie Paris Hilton von Hartz IV. Der Laden ist hell, luftig, in Pastellfarben gehalten und so penibel sauber, dass man bestimmt vom Boden essen könnte. Oder eben trinken. Die Weine sind nach Regionen und Preisen gestaffelt in die Regale eingeordnet, weiter hinten steht das Bier und noch weiter hinten die harten Sachen. An der Wand mahnen schick gestaltete Schilder, Alkohol in vernünftigen Maßen zu konsumieren. Ich finde das ein bisschen ulkig, das klingt irgendwie, als würde eine Konditorei oder eine Pizzeria vor zu viel Kohlenhydrat- und Fettverzehr warnen.

Als ich auf das Schild zeige, erklärt Joakim, dass das staatliche Monopol des *Systembolaget* ursprünglich erfunden wurde, um den Alkoholkonsum der Bevölkerung zu reduzieren, zu Zeiten, als das ein riesiges Problem war (Joakim vermutet allerdings, dass die Steuereinnahmen ein mindestens ebenso starkes Motiv waren). Als staatliche Einrichtung ist der Laden kein gewinnorientiertes Unternehmen, sondern muss sämtliche Überschüsse in Aufklärungsarbeit gegen Alkoholismus stecken. Vielleicht mit Erfolg, das Publikum besteht jedenfalls nicht aus traurigen Gestalten, sondern aus dynamischen Damen in flotten Sportjacken, Männern, die aussehen wie verantwortungsvolle Familienväter, Studententypen und Leuten wie uns, Joakim und mir.

Ich schaue mich bei den Rotweinen um, entscheide mich für einen Franzosen und will gerade mehrere Flaschen in den Einkaufswagen legen, als Joakim sagt: »Willst du nicht eine größere Packung kaufen?«

»Größere Packung?«

»Na ja, so einen Karton.«

»Wein im Karton?«, sage ich entsetzt.

Er zieht mich sanft am Arm und führt mich in einen Gang weiter hinten. Mein Arm fängt an der Stelle, an der er mich berührt, sofort eigenartig zu kribbeln an, und ich atme tief ein, um mich davon nicht ablenken zu lassen. Der Gang, in den mich Joakim bugsiert, ist voll mit Tetrapaks.

»Sind die denn gut?«, frage ich vorsichtig.

»Ja. Da kannst du dich drauf verlassen«, sagt Joakim bestimmt. »In den Kartons ist genau der gleiche Wein, den es auch in Flaschen gibt. Nur eben in größerer Menge abgefüllt und dadurch billiger. Das macht sich bei diesen Preisen schon bemerkbar. Also, ich würde an deiner Stelle solche Packungen nehmen, für eine Party brauchst du doch einiges.«

Er hat natürlich recht. Aber zu einem Karton zu greifen, in dem sich ein Plastikweinschlauch befindet, statt zu einem edlen Tropfen in Glas mit fein zisieliertem Etikett und Korken, das kostet Überwindung. Auch wenn es derselbe edle Tropfen ist. Ein Franzose würde angesichts des Frevels, der hier mit seinem Grundnahrungsmittel begangen wird, vermutlich panisch röchelnd zusammenbrechen oder gleich zum Krieg gegen Schweden blasen.

Aber wir sind in Schonen, nicht im Bordeaux. Und Joakim ist schließlich als Partyeinkaufsberater mitgekommen – also sollte ich ihm glauben. Immerhin ist er mit den einheimischen Gebräuchen vertraut.

Joakim | Wir legen die Einkäufe aus dem *Systemet* ins Auto, und Stella schlägt vor, einen kleinen Spaziergang an der Rönne zu machen. Das ist der Fluss, der sich wie ein Dekorband durch Ängelholm schlängelt, bevor er nördlich des Ortes in die Skälderviken-Bucht mündet. Ich schaue auf die Uhr: Noch ist es erfreulich früh. Wir schlendern in Richtung Fluss und kommen dabei an einer *ostbutik* – einem Käseladen – vorbei. Auf einmal fällt mir etwas ein.

»Hab ich dir eigentlich erzählt, dass ich früher mal in einem Käseladen in Helsingør gearbeitet habe? Anfang der Neunziger?«, frage ich.

Stella runzelt überrascht die Stirn.

»In Helsingør? In Dänemark? War das so ein Käseladen wie der hier?«

Sie zeigt über ihre Schulter auf den Laden, den wir gerade hinter uns gelassen haben.

»So ungefähr. Nur etwas größer. Ganz in der Nähe des Hamlet-Schlosses.«

»Und ganz zufällig auch in so einer Kopfsteinpflasterstraße wie dieser hier?«, fragt Stella.

Ich bin baff. »Ja, genau. In der *Mögelstræde*.«

»Das ist ja ein Ding! Hab ich dir mal erzählt, dass ich Anfang der Neunziger eine Uni-Exkursion nach Kopenhagen gemacht habe? Mit Ausflug nach Helsingør? Da bin ich an genauso einem Käseladen vorbeigekommen. Keine Ahnung, warum ich mich da dran erinnere. Vielleicht wegen des strengen Geruchs …«

»Strenger Geruch – das muss er gewesen sein!«, kichere ich.

Dann wird mir schwindelig, und auch Stella ist erst mal ganz still. Ich habe so eine Ahnung, dass wir beide das Gleiche denken: *Dann hätten wir uns ja damals schon treffen können. Wäre unser Leben dann anders verlaufen?*

Wir laufen weiter, Stella hakt sich bei mir ein, und ich denke, dass ich gern immer so herumspazieren würde, an der Rönne in Ängelholm.

Stella | Einige Zeit später sitzen wir leicht erschöpft und hungrig in einer Pizzeria. Was in Köln und Berlin die Dönerbuden sind, scheinen in Ängelholm die Pizzerien zu sein: Es gibt sie an jeder Ecke. Zu diesem Zeitpunkt lagern in meinem Kofferraum nicht nur die Alkoholika aus dem Systembolaget, sondern auch zwei Kästen *lättöl* aus dem Supermarkt. Außerdem *vaniljhjärtan, kanelbullar* und *kardemummabullar* für mein Kuchenbuffet, die ich bei einem niedlichen Tante-Emma-Bäcker in der Fußgängerzone gekauft habe. Die *kardemummabullar* sehen fast genauso aus wie die Zimtschnecken, sind aber mit Kardamom gebacken und schmecken Joakims Behauptung zufolge »viiiiieeeeeel besser« als die anderen Schnecken – damit sind sie einer seiner wenigen süßen Favoriten. Geduftet hat eigentlich alles sensationell.

Außerdem habe ich jede Menge Obst für die geplante Bowle gekauft und natürlich Äpfel für den Apfelstreusel, den ich später backen und für den ich Maddes Ofennutzungsangebot annehmen will. Und schließlich noch alles für ein kleines kaltes Abendbuffet, das die Nachmittagsveranstaltung abrunden soll.

Auf Joakims Anregung hin habe ich verschiedene Sorten Knäckebrot erworben – er hat geschworen, dass für Schweden Knäckebrot vollwertiges Brot und keineswegs Diätkost ist, und mir die seiner Ansicht nach besten Sorten gezeigt. Das kleinformatige rechteckige Knäcke, das es auch in Deutschland gibt, hat er mir direkt wieder aus der Hand genommen und zurück ins Regal gestellt: »Das ist Mist!« Stattdessen wurde ich angewiesen, wagenradgroße – na ja, gut: lenkradgroße – runde Packungen mit Dinkelvollkorn- und Sauerteigknäcke in den Einkaufswagen zu legen, die in eine Art Packpapier eingeschlagen und vom Backen im Steinofen unordentlich gewellt sind.

Während wir so mit dem Knäckebrot hantierten, kam mir plötzlich der Gedanke, wie gut sich das anfühlte, das Einkaufen mit Joakim. So völlig natürlich und ohne Stress. Vielleicht, habe ich gedacht, erkennt man ja daran, dass man zusammenpasst: dass man ohne größere Probleme und entspannt einen Supermarktbesuch überlebt. Ganz simpel.

Nun sitzen wir also in der Pizzeria. Beim Blick auf die Speisekarte habe ich ein Déjà-vu der besonderen Art. Ein Flashback zu meinem ersten Besuch in einer schwedischen Pizzeria, die ein paar Meter von Lucylust entfernt. Ein kurzer Blick auf die Karte hat mich auch dort schon stutzen lassen. Zwar waren im oberen Teil die überall auf der Welt üblichen Pizzen wie Margherita, Vesuvio, Funghi und dergleichen aufgeführt. Doch von der Mitte abwärts wurde es speziell: Pizza mit Eiern und Speck. Diverse Variationen mit Kebabfleisch. Pizza mit Hähnchen, Banane und Currysoße. Ich hatte das, sagen wir: interessante Angebot allerdings für eine Ausnahme gehalten.

Bis ziemlich genau jetzt. Die Karte des »Pizza King« setzt noch mal eins drauf. Ich entdecke zum einen wieder jede Menge Pizzen mit Kebabfleisch. Aber das ist noch lange nicht alles: Es gibt Pizza mit Schweinefilet, Pizza mit Rinderfilet, Pizza mit Erdnüssen, Banane und Ananas und, der Gipfel der Merkwürdigkeit, »mexikanische« Pizzen mit Tacosoße, Nachos, Hackfleisch und Jalapeño-Schoten.

Eine Kategorie auf der Karte heißt außerdem *båtpizza* – also Bootspizza, was möglicherweise auf die Form hindeuten soll. Darunter gibt es ein »Wikingerboot« mit Kebab, Zwiebeln und Knoblauch. Oder den *räktrålare*, den »Shrimpstrawler«, mit einer abenteuerlichen Mischung aus Schinken, Shrimps, Ananas, Knoblauch und Sauce béarnaise.

Ich will natürlich nicht voreilig sein. Dass ich derartige Pizzen nicht kenne, muss nicht unbedingt etwas heißen. Trotzdem habe ich eine leise Ahnung, dass solche, sagen wir, skandinavische Interpretationen ihres Nationalgerichts bei waschechten Italienern auf so viel Begeisterung stoßen würden wie eine aufblasbare Madonnenfigur mit Öffnung im Schritt.

»Ich kann leider nichts zur Verteidigung der schwedischen Pizzabäckerzunft vorbringen. So was kriegst du hier überall«, antwortet Joakim auf meine Frage, ob es überall in Schweden diese speziellen Beläge gebe.

Er denkt kurz nach. »Ich muss mich korrigieren: *fast* überall. Der Mann meiner Tante hat ein italienisches Restaurant auf dem Land. Maurizio ist Sizilianer, und ich glaube, er würde sich lieber selbst mit Betoneimer an den Füßen im Öresund versenken, als Nachos auf eine Pizza zu streuen.«

Dann tippt er von der anderen Tischseite aus auf meine Karte: »Da sind auch noch etwas authentischere Pizzatypen.«

Für einen solchen entscheide ich mich dann auch und nehme ganz klassisch Pizza Margherita. Joakim möchte eine Pizza mit Parmaschinken haben.

Kaum haben wir bestellt, da wird die nächste Merkwürdigkeit

von einer nett lächelnden Bedienung mit den Worten »*Er pizzasal-lad!*« – »Euer Pizzasalat!« – auf den Tisch gestellt. Wir hatten keinen Salat bestellt. Und selbst wenn, hätte ich nicht diesen bleichen Krautsalat erwartet. Joakim zieht sein Schälchen zu sich ran und beginnt, das Amuse-Gueule mit Appetit zu verzehren, doch er hält inne, als er meinen Blick bemerkt.

»Ist schon wieder was verkehrt?«

»Nicht direkt verkehrt, ich bin nur … erstaunt.«

Ich habe mich bereits damals in der Strandpizzeria über die große Schüssel mit Krautsalat zur Selbstbedienung gewundert, auf die mit einem freundlichen »*Varsågod*« gezeigt worden ist. Hier hat das Zeug nun also einen Namen bekommen: Pizzasalat. Das klingt ungefähr so logisch wie Pommesfleisch, Cheeseburgerkartoffeln oder Butterbrotwurst.

»Wieso heißt das *Pizza*salat? Und wieso kriegt man das hier? Ich kenne Krautsalat höchstens vom Griechen oder aus Restaurants mit deutscher Hausmannskost in Form von Sauerkraut. Aber als Vorspeise vor der Pizza? Hab ich noch nie gesehen!«

»Ich muss zugeben, ich bin mal wieder ahnungslos«, sagt Joakim. »Aber den gleichen Salat kann man sogar unter selbem Namen im Supermarkt kaufen.«

»Die spinnen, die Schweden!«, seufze ich und zücke meine Gabel.

Joakim | Der Pizzasalat scheint Stella wirklich Rätsel aufzugeben. Ich habe mich natürlich auch schon mal gefragt, wo diese seltsame Tradition eigentlich herkommt. Besonders, weil es diesen Salat offensichtlich nur in Schweden und – besonders merkwürdig – nach Auskunft einiger weltenbummelnder Freunde auch in Japan gibt und er zu nichts anderem serviert wird als zu Pizza. Ich persönlich bin ein Riesenfan von Pizzasalat, ich finde, er passt auf geradezu magische Weise zur Pizza. Wie Mayonnaise zu Pommes frites, Essig zu Fish 'n' Chips oder Vanillesoße zu Apfelkuchen. Aber wieso, wann und wo der Pizzasalat in der schwedischen Kulinarikgeschichte auftaucht, ist mir vollkommen unbekannt.

Das geht natürlich nicht an. Unsere Pizza ist noch nicht fertig, also nutze ich die Zeit und rufe bei Maurizio an, dem Mann der Schwester meines Vaters. Maurizio stammt aus Sizilien und betreibt ein italienisches Restaurant. Der muss es ja eigentlich wissen.

»Hej Maurizio, Joakim hier, wie geht's?«

»Ciao, Jocke! Gut, gut, ›Oscarsgården‹ ist ausgebucht für heute Abend. Stehe im *Systemet*, muss den Weinvorrat auffüllen, hab's ein bisschen eilig.«

»Du, ich wollte nur fragen, ob du weißt, wo Pizzasalat herkommt«, komme ich rasch zur Sache.

»Keine Ahnung. Vielleicht aus Deutschland? Ist doch wohl ungefähr das gleiche wie Sauerkraut, oder? In jedem Fall ist das Zeug garantiert nicht aus Italien!«, sagt er in einem Ton, der in aller wünschenswerten Deutlichkeit vermittelt, was er von solchen Beilagengewohnheiten hält, und ich sehe ihn geradezu vor mir, wie er angewidert das Gesicht verzieht.

»Aha. Nein, deutsch ist der Salat nicht, da bin ich mir sicher«, beeile ich mich zu sagen und werfe Stella einen Blick zu, aber ich rede wohl zu schnell, sie scheint nicht zu verstehen, was ich sage.

»Dann bin ich auch überfragt. Aber eine Sache weiß ich sicher: Etwas Sauerkrautartiges, ob deutsch oder schwedisch oder von mir aus auch chinesisch, wird niemals über die Schwelle meines Restaurants kommen!«, donnert Maurizio.

Klick.

»Und? Was meint er?«, fragt Stella

»Dass Sauerkraut nicht in sein Lokal kommt.«

Stella muss darüber so sehr lachen, dass ihr ein Happen Salat von der Gabel fällt. Sie ist genauso ungeschickt wie ich.

Als die Bedienung wenig später unsere Pizzateller abräumt,

starte ich einen weiteren Versuch. Doch sie zuckt auf die Salat-Frage mit den Schultern.

»Weiß nicht, ich dachte, der sei schwedisch?«, sagt sie uninteressiert.

Das Ganze bleibt also ein Mysterium, und wir haben keine Zeit, weiter in der Sache zu forschen. Oder besser gesagt, ich habe keine Zeit.

»Ich muss bald zurück, könntest du mich eventuell am Bahnhof rauslassen?«, frage ich Stella.

Sie sieht mich verwundert an. Und ein bisschen enttäuscht.

»Oh, ich dachte nicht, dass du es so eilig hast. Wenn du willst, kannst du natürlich bei mir übernachten, unterm Dach gibt es Gästebetten.«

»Tut mir leid, das geht leider nicht. Aber ich bin morgen früh wieder da und helfe dir. Versprochen!«, entgegne ich und versuche, neutraler zu klingen, als ich mich plötzlich fühle.

Ich bekomme einen Knoten im Bauch, wenn ich an meine komplizierte und schmerzhafte Situation zu Hause denke. Ich hoffe, meine Unschlüssigkeit und Düsternis sieht man mir nicht allzu sehr an.

»Okay. Alles klar«, sagt Stella.

Wahrscheinlich würde sie mich sogar verstehen, wenn ich ihr alles erzählte. Ich weiß ja, dass sie eine ähnliche Trennung hinter sich hat wie die, auf die ich allem Anschein nach zusteuere. Ich möchte davon erzählen, aber ich finde nicht die richtigen Worte, ich habe nur eine große schwarze Wolke in meiner Brust. Und das hier sind auch der falsche Platz und der falsche Zeitpunkt.

Natürlich wäre es schön gewesen zu bleiben. Ich fühle mich wohl in Stellas Gesellschaft, und wir haben einen tollen Tag damit verbracht, durch schwedische Geschäfte zu laufen und uns über die Unterschiede zwischen Deutschland und Schweden zu amüsieren. Mit Stella umzugehen ist so leicht, es fühlt sich an, als würden wir uns schon immer kennen oder zumindest bedeutend länger als in Wirklichkeit. Wenn ich etwas Lustiges sage, lacht sie herzlich, auf eine ungekünstelte und ansteckende Art. Es ist wunderbar, nicht immer so höllisch viel Aufhebens um alles machen zu müssen und ganz man selbst sein zu dürfen.

Wir trinken zum Nachtisch noch eine Tasse Kaffee, der wohl schon eine Weile auf der Warmhalteplatte gestanden hat, dann fährt mich Stella zum Bahnhof.

»Soll ich dich anrufen, bevor ich morgen Helsingborg verlasse?«, frage ich, als wir auf dem Bahnsteig stehen und auf den Zug warten.

»Nein, musst du nicht. Komm einfach. Ich bin bestimmt schon auf und backe«, sagt Stella und wirkt ein wenig abwesend.

Der Zug fährt ein, und ohne drüber nachzudenken, ziehe ich sie an mich, umarme sie lange und gebe ihr dann ein ungeschicktes Küsschen, das mehr als normal, aber weniger als romantisch ist. Ein völlig missglückter Ausdruck für Gefühle, die ich nicht deuten kann. Zum Glück habe ich keine Zeit, mir zu wünschen, dass sich der Erdboden auftut, um mich zu verschlucken.

»Wir sehen uns morgen!«, bekomme ich noch heraus, bevor die Türen sich zuschieben. Als der Zug losfährt, sehe ich Stella auf dem Bahnsteig stehen und winken. Dann verliere ich sie aus dem Blick.

Kapitel 13

NA, HERZLICHEN GLÜCKWUNSCH!

Stella | Am Morgen meines Geburtstages werde ich von einem Rascheln wach. Wahrscheinlich ist es irgendein Urinstinkt aus Zeiten der Säbelzahntiger, der mich sofort in Alarmbereitschaft versetzt. Ich schlage die Augen auf und lausche. Es raschelt wieder, draußen vor dem Fenster. Das ist ganz bestimmt nicht der Idefix-Hund, denn die kleine Dame macht mehr Krawall. Aber nach einem Einbrecher klingt es irgendwie auch nicht. Wobei ich nicht genau weiß, wie ein Einbrecher eigentlich klingen sollte. *So* jedenfalls nicht.

Nach einigem weiteren Geraschel siegt die Neugier über die Müdigkeit. Ich stelle mich vorsichtig und leise aufs Bett und schaue durch das kleine, weit geöffnete Alkoven-Fenster hinaus. Es ist noch nicht richtig hell, aber hinter der Düne im Osten schimmert es schon golden. Ich sehe das Reh ganz deutlich. Es knabbert friedlich an einem Busch, und sein weißes Schwänzchen leuchtet im Morgenlicht.

Unglaublich, dass es hier so still ist, dass man vom Rascheln eines Rehs wach werden kann! Leider nicht von einem Elch*. So einen würde ich ja gerne mal in Lebensgröße sehen, wenn hier schon überall Schilder davor warnen, dass sie die Straßen kreuzen. Bis jetzt bin ich einem Elch aber nur auf dem Teller begegnet. Nämlich als mich Madde eines Abends zu einem wirklich köstlichen Elchbraten eingeladen hat. Normalerweise esse ich kaum Fleisch, weil mich der Gedanke an Tiere in Massentierhaltung abschreckt, aber Elche leben ja nun mal in freier Natur. Angeblich gibt es in Schweden bis zu 400 000 von ihnen. Ich frage mich, wo die sich alle rumtreiben. Hier vor meinem Fenster jedenfalls nicht!

Als das Reh schließlich in Richtung des Nachbargrundstücks davonspringt, lege ich mich wieder hin. Stelle fest, dass ich auf einmal irgendwie unbequem liege. Wälze mich nach links. Ziehe die Bettdecke zurecht. Drehe mich nach rechts. Denke, dass ich Geburtstag habe. Und dass mein erster Wunsch schon mal nicht in Erfüllung gegangen ist. Ein Wunsch, der mir überhaupt erst bewusst wurde, als nichts aus ihm wurde: Ich war ungeheuer enttäuscht, als Joakim nach unserem Pizzaessen eröffnete, dass er nun den nächsten Zug zurück nach Helsingborg nehmen müsse.

Hattest du wirklich erwartet, dass er bei dir übernachtet?, spottete die Stimme der Vernunft, als ich dem Zug am Bahnhof nachwinkte.

Mein Bauchgefühl hielt die Klappe. Es war zu beschäftigt damit zu schmollen.

Warum frage ich ihn nicht einfach mal, wie die Dinge eigentlich stehen? Warum er nie von zu Hause erzählt? Immerhin haben wir bei unserem ersten Treffen, damals in Leipzig auf der Mauer, auch über unsere Beziehungen geredet. Lange sogar. Daher weiß ich ja von seiner Freundin, mit der er schon so lange zusammen ist. Das Gespräch hat sich damals vollkommen normal angefühlt. Also, warum frage ich ihn jetzt nicht?

Vermutlich habe ich Angst vor der Antwort. Ja, so wird es sein. Ich habe Angst, dass er sagt: »Wieso fragst du? Alles in Butter, wir heiraten demnächst!« Und dann stehe ich da, und es gibt kein Loch im Boden, in dem ich versinken kann. Dann wird er merken, dass es bei mir brizzelt, wenn ich ihn ansehe, und die Kaffeetasse zittert, wenn ich sie ihm reiche, und ich Sachen träume, die ich besser nicht träumen sollte.

Nein, ausgeschlossen! Ich will mir keine falschen Hoffnungen machen. Und um das handelt es sich hier ja wohl: falsche Hoffnungen. Denn wenn es bei ihm auch brizzeln und zittern würde, dann würde er doch mal was machen. Möglicherweise hat er meine pubertäre Brizzel-Zitterei längst erkannt, will mich nicht verletzen und erzählt darum nicht von seiner zuckersüßen Beziehung. Und damit ich nichts Falsches denke, ist er gestern wieder nach Hause gefahren. Das ist die wahrscheinliche Antwort, so wird es sein!

Du musst einfach warten, dass diese alberne Schwärmerei vorübergeht, sagt die Stimme der Vernunft. *Das ist ganz sicher nur ein Strohfeuer. Hinterher bist du froh, dass du dir keine Blöße gegeben hast. Halte dich besser an Single-Männer. Was ist zum Beispiel mit Simon? Hast du dich seit der Party bei dem mal gemeldet?*

Da hat die Stimme der Vernunft ausnahmsweise mal recht. Nein, nicht ausnahmsweise. Sie hat eigentlich immer recht. Dieser Tatsache sollte ich langsam mal ins Auge sehen, ich gefühlsduselige Kuh. Es wird allerhöchste Zeit, mich bei Simon zu melden!

Wieder einzuschlafen kann ich sowieso vergessen. Also schwinge ich mich kurzerhand aus dem Bett, schließe das Fenster, werfe meinen Bademantel über und setze meinen Kaffeekocher in Gang. Dann klappe ich den Computer auf, öffne das E-Mail-Programm und schreibe:

Hej Simon, wie geht es dir? Schade, dass du in London bist. Ich mache heute eine kleine Gartenparty, ich habe nämlich Geburtstag und ich

Ich halte inne. Starre auf den Bildschirm. Dann lösche ich »ich habe nämlich Geburtstag«, das klingt, als würde ich jetzt irgendwas erwarten. Glückwünsche. Geschenke. Versprechungen. Was weiß ich. Nein, das Ganze muss locker rüberkommen. Beiläufig. Ich tippe wieder. Schließlich steht auf dem Bildschirm:

Hej Simon, wie geht es dir? Schade, dass du in London bist. Ich mache heute eine kleine Gartenparty, und ich hätte mich sehr gefreut, wenn du hättest kommen können. Kram, Stella

Das ist gut. Nicht zu viel. Nicht zu wenig. Nicht zu sentimental. Ich drücke auf »Senden« und bin zufrieden mit mir selbst. So ist es recht. Ich bin erwachsen und mache mir keine Illusionen wie ein verliebter Teenager.

Inzwischen ist der Kaffee fertig, und ich klappe das Laptop wieder zu. Ich ziehe mir ein Paar Sporthosen an und ein Sweatshirt, fülle mir eine Tasse und gehe raus. Es ist kühl, aber nicht zu kühl. Der Morgen duftet wie nur ein Spätsommermorgen auf dem Weg zum Frühherbst duften kann. Nach Laub und Tau und klarer frischer Luft. Erste Sonnenstrahlen kriechen langsam über die Dünen. Die vergangenen Tage hat es geregnet, und Madde hat schon geunkt, dass es wohl nichts werden würde mit meiner kleinen Gartensause. Dann habe ich ihr jedes Mal versichert, dass an meinem Geburtstag immer die Sonne scheint. Sie hat mich dann höflich lächelnd angeguckt. So als hätte ich leicht einen an der Waffel. Dabei stimmt das! Also, dass ich einen an der Waffel habe stimmt vermutlich auch. Aber die Sache mit dem Wetter ist die Wahrheit: Soweit ich mich zurückerinnern kann, war an meinem Geburtstag in der zweiten Septemberhälfte immer gutes Wetter. Und so ist es also auch heute.

Als ich jetzt den Holzsteg entlang zur Treppe gehe, die hinunter zum Strand führt, mir die salzige Brise um die Nase weht und das Meer in einem erhabenen Blausilber vor mir glitzert, fühle ich auf einmal Glück in mir aufsteigen. Wozu brauche ich bei dieser Aussicht Männer? Ich habe mir immer gewünscht, am Meer zu wohnen. Und plötzlich bin ich hier an diesem sensationellen Flecken Erde. Ich bleibe oben auf der Düne stehen und sauge die Luft in mich hinein.

Auf einmal habe ich das starke Gefühl, nicht allein zu sein. Ich fahre herum. Da ist niemand. Erst als ich mich wieder dem Meer zuwende, entdecke ich im Augenwinkel etwas Orange-Weißes. Karlsson! Die Zwergcollie-Dame steht neben mir und schaut wie ich aufs Meer, als genösse sie den Blick genau wie ich. Als die

Hündin merkt, dass ich sie anschaue, wedelt sie mit dem Schwanz. Kein Knurren diesmal. Vorsichtig beuge ich mich zu ihr runter und tätschele sie zwischen den Ohren. Ich habe immer noch ziemlichen Respekt vor diesem fluffigen Wesen, aber irgendwie freue ich mich, als sie hinter mir her die Treppe herunterhopst und am Ufer wartet, während ich ein fünfminütiges Morgenbad nehme. Ja, ich glaube, dieser Tag ist mir wohlgesonnen.

Joakim | Ich bin so spät am Bahnhof, dass ich es nicht mehr schaffe, ein zusätzliches Kinderticket für mein Rad zu kaufen. Dass man einen Kinderfahrschein für ein Fahrrad braucht, ist eine Merkwürdigkeit, von der nichts in den Instruktionen auf dem Ticketautomaten zu lesen ist. Also lasse ich es drauf ankommen, werfe mir das Rad über die Schulter und steige ein. Die Sonnenblumen, die aus meiner Tasche hervorschauen, protestieren mit einem »Knack«, überleben aber die Attacke. 15 Minuten später bin ich in eine erhitzte Diskussion mit einem übereifrigen Paragrafenreiter von Schaffner verwickelt.

»Aber woher sollte ich das denn wissen?«, frage ich ungehalten (obwohl ich es sehr genau weiß, ich habe mich bereits mehrere Male in einer ähnlichen Situation befunden).

»Das steht in den Beförderungsrichtlinien auf unserer Homepage. Du musst auf ›weitere Instruktionen‹ klicken, dann auf ›Fahrrad‹ – dort geht deutlich aus dem Text hervor, dass man einen Kinderfahrschein benötigt, um ein Fahrrad im Zug mitzuführen«, sagt der Schaffner mit einer unnachgiebigen Miene, die allerdings wenig Respekt einflößend wirkt.

»Es tut mir leid«, sage ich, »aber da muss ich wohl das Internetterminal am Ticketautomaten übersehen haben. Oder gibt es einen Onlinemodus im Automaten, und ihr habt vielleicht nur vergessen, die Schaltfläche zu installieren, damit man ihn aktivieren kann?«

Die Dame neben mir kichert leise hinter ihrer Morgenzeitung, und der Schaffner wird langsam etwas rötlich an den Ohren unter seiner albernen Uniformmütze.

»Das spielt keine Rolle. Die Regeln sind so, wie sie sind, ich habe sie nicht geschrieben, und es ist nicht mein Problem, wenn die Fahrgäste sie nicht verstehen«, sagt er mit einem leichten Vibrieren in der Stimme. Er beginnt, die Geduld zu verlieren.

»Entweder musst du bei der nächsten Station aussteigen oder es gibt ein Verwarnungsgeld von 550 Kronen. Du kannst es dir aussuchen«, sagt er und deutet mit einer halbmilitärischen Straffung seines Körpers an, dass er die Sache für ausdiskutiert ansieht.

Nächste Station: Ängelholm, klingt es aus den Lautsprechern.

»Also, wenn das so ist, steige ich hier aus. Du kannst dich darauf gefasst machen, dass ich am Montag in eurer Zentrale anrufe und Ersatz verlange, das ist ja ein Skandal, das hier«, rufe ich dem Mann hinterher, während ich mein Rad zur Tür rolle.

Es ist ein wunderbarer Morgen. September ist möglicherweise mein Lieblingsmonat. Die Tage werden bereits etwas kühler, und der schwache Duft des vergangenen Sommers zieht durch die Luft. Bald ist es Herbst, aber noch nicht richtig. Ganz besonders nicht heute. In Schweden sagt man, dass das Geburtstagskind im letzten Jahr ein guter Mensch war, wenn das Wetter am Geburtstag schön ist. Anscheinend hat sich Stella in den vergangenen zwölf Monaten enorm gut aufgeführt. An meinem Geburtstag hat es geregnet, wie immer. Zumindest tagsüber. Die Rache der Schaffner, glaube ich.

Stella | Joakim und ich sitzen auf der Terrasse und stoßen an – außer einem Strauß leicht ramponiert aussehender Sonnenblumen hatte er noch eine Flasche Prosecco dabei –, und ich frage mich, warum es nicht immer so sein kann wie in diesem Moment. Für einen kurzen Augenblick stelle ich mir vor, Lucylust wäre ein richtiges Haus. Unser Haus. Ich schließe ganz kurz die Augen, und es fühlt sich an wie in dieser Juni-Vollmondnacht, als ich hinaus ins Meer gewatet bin. Diese Nacht kommt mir unendlich weit in der Vergangenheit, vollkommen gegenwärtig und trotzdem zukünftig vor. Alles gleichzeitig. Die Verdichtung des Daseins auf einen Punkt der Vollkommenheit, sozusagen, falls das irgendeinen Sinn ergibt. Vielleicht war es das, was Einstein mit der Raum-Zeit-Krümmung meinte. Vielleicht bin ich aber auch ganz einfach nur ein bisschen mit der Mütze gepocht.

»So!«, sagt Joakim plötzlich, drückt die Zigarette auf der Zangenablage des Gartengrills aus und reibt sich die Hände. »Wann kommen die Gäste?«

»Um drei«, sage ich.

»Na, dann mal los. Was soll ich tun?«

»Mitkommen!«, sage ich, hake mich bei Joakim unter und bugsiere ihn ins Haus.

Kurz nach zwei Uhr sind diverse Salate bereitet, ist die Sahne geschlagen, sind die gestern gekauften und auf Joakims Anraten hin in Maddes Tiefkühltruhe eingefrorenen Hefeteilchen aufgetaut, läuft die erste Portion Kaffee in der Kaffeemaschine durch, stehen die von Madde geliehene Riesen-Thermoskanne und das Kaffeegeschirr bereit, duftet mein mit Joakims Hilfe gebackener Apfelstreusel vor sich hin, und stehen Joakims Sonnenblumen in einer Vase, die eigentlich Maddes Schirmständer ist.

Das alles ist schon mal gut.

Nun schaut Joakim in den bis obenhin vollgestopften Kühlschrank und sagt: »Wo ist denn die Vanillesoße?«

»Vanillesoße? Welche Vanillesoße?«

»Die für den Kuchen.«

»Das ist doch Apfelkuchen.«

»Du sagst es. Und zu Apfelkuchen braucht man Vanillesoße.«

»Ich dachte, die braucht man nur zu Apfelstrudel?«

Joakim schiebt suchend meine Vorräte hin und her.

»Apfelkuchen ohne Vanillesoße ist wie Elchklößchen ohne Lingonbeeren – in Schweden undenkbar«, erklärt er mir. »Und ich bin hundertprozentig sicher, ich habe gestern zwei Packungen Vanillesoße in den Einkaufswagen gelegt!«

Er hat den Kühlschrank wieder geschlossen und schaut nun in den oberen Teil des taubenblauen rustikalen Eckschranks.

»Ach, du warst das«, sage ich.

Ich habe gestern zwei Packungen Vanillesoße in meinem Einkaufswagen entdeckt. Die habe ich zurück ins Regal gestellt, weil ich davon ausgegangen bin, dass ein anderer Kunde sie versehentlich hineingelegt hat. Dass dieser andere Kunde Joakim und die Angelegenheit volle Absicht gewesen ist, da bin ich nicht drauf gekommen.

»Da brauchst du nicht zu schauen«, sage ich, als er nun anfängt, ein Lebensmittel nach dem anderen aus dem unteren Teil des Eckschranks auf den Fußboden zu stellen.

»Wo dann?«, fragt er. »Wo ist die Soße?«

»Im Supermarkt.«

»Was?«

»Na, ich wusste doch nicht, dass *du* die in den Wagen gelegt hast. Ich glaube, ich habe in meinem Leben noch kein einziges Mal Vanillesoße gekauft.«

»Mist! Dann fahr ich noch mal los.«

»Ach komm, ist doch nicht so schlimm, wir haben doch Sahne für den Kuchen! Die ist auch süß.«

»Das ist ja das Problem. Ich habe gesehen, wie du Zucker in die Sahne getan hast, bevor du sie geschlagen hast.«

»Ist da was verkehrt daran? Das macht man doch so. Das Zeug heißt doch auch süße Sahne.«

»Vielleicht macht man das in Deutschland so, aber in Schweden kommt definitiv kein Zucker rein. Die Sahne soll doch ein Ausgleich zur Süße des Kuchens sein!«

»Und die Vanillesoße? Die ist doch auch süß und kommt auf den Kuchen, oder isst man die separat?«

»Das ist was anderes. Das ist eben Vanillesoße.«

Dieser Logik ist schwer zu widersprechen.

»Heißt das mit anderen Worten, alle anwesenden Schweden werden den Kuchen verweigern, wenn es keine Vanillesoße, sondern nur süße Sahne gibt?«

»Möglich.«

Ich überlege kurz, ob das schlimm wäre, immerhin kommen auch einige Nicht-Schweden, und außer dem Apfelkuchenblech gibt es noch die verschiedenen Hefeteilchen und die Vanilleherzchen. Andererseits möchte ich ja einen guten Eindruck machen, mich den Gepflogenheiten anpassen und nicht lauter halb angegessene Apfelkuchen einsammeln, weil meine schwedischen Gäste angewidert entdeckt haben, dass die Sahne gezuckert ist. Ist schon ein schrulliges Völkchen, so auf den zweiten Blick.

»Ich radele gleich noch mal los, das ist ja kein größeres Problem«, sagt Joakim. »Sollen wir vorher das Buffet aufbauen?«

»Das ist doch schon aufgebaut.« Ich zeige auf Kuchen und Teilchen.

»Ich meine das *richtige* Buffet.«

»Aber das *ist* doch das richtige Buffet. Die anderen Sachen sind fürs Abendessen, die hole ich doch jetzt noch nicht raus, dann werden die doch nur gammelig!«

Joakim zuckt mit den Schultern.

»Okaaaaay«, sagt er gedehnt und guckt ein bisschen seltsam, »Wie du meinst … Ist ja *dein* Geburtstag.«

Joakim | Stella hat teilweise schon etwas merkwürdige Auffassungen. Zum einen isst man ja wohl nicht Kuchen mitten am Tag, vor dem eigentlichen Essen. Und wenn man schon Apfelkuchen serviert, dann ist es völlig undenkbar, das ohne Vanillesoße zu tun.

Aber vielleicht haben ja alle Deutschen so seltsame Ideen, was weiß ich?

Doch das ist nicht das Einzige, was mir merkwürdig vorkommt heute. Ich kann nicht genau sagen, was es ist, aber es liegt eine Spannung in der Luft, die fast greifbar ist. Doch die fühle wohl nur ich, Stella puzzelt mit den Vorbereitungen herum und ist dabei germanisch effektiv, auf eine ungeheuer attraktive Art und Weise. Ich schwatze etwas von Vanillesoße daher und fühle mich leicht daneben. So als ob ein zweites Ich neben mir stünde, mich mit hochgezogenen Augenbrauen betrachtete und sagte: *Was hast du vor? Was veranstaltest du hier eigentlich? Warum gibst du nicht zu, dass etwas mit dir los ist?*

Ich muss mir etwas einfallen lassen, um hier für einen Moment wegzukommen, bevor ich etwas sage, was ich später bereue.

Stella | Ich beschließe, Joakims seltsame Bemerkung zu ignorieren und mich auf die aktuell dringenden Aufgaben zu konzentrieren: »Lass uns lieber mal schnell die Bowle zusammenkippen, dann ist ja erst mal alles fertig.«

Ich hole die Schale mit den über Nacht in Gin eingeweichten Früchten aus dem Kühlschrank: Ananas, Pfirsiche und schwedische Erdbeeren. In Schweden, das hatte mir Taina auf der Pressereise erklärt, beginnt die Erdbeerzeit etwas später als bei uns in Deutschland, dauert dafür aber bis September. Zuerst werden die Felder in Südschweden abgeerntet, dann die in der Mitte des Landes und schließlich die im Norden, wo sie den Sommer über die Strahlen der am nördlichen Wendekreis fast nicht untergehenden Sonne aufgesogen haben. Diese Nord-Erdbeeren sind besonders süß und saftig. Und es gibt sie sogar noch im September.

»Hast du die Eiswürfel bei Madde?«, fragt Joakim plötzlich. Er kniet schon wieder vor dem Kühlschrank und schaut in mein Eisfach, in dem, wie ich weiß, zwei Flaschen Sekt und eine angebrochene Packung Spinat liegen. Allerdings keine Eiswürfel. Ich wusste doch, dass ich was vergessen habe!

»Ich, äh, habe keine Eiswürfel. Aber wir könnten immer wieder was Kaltes in die Bowle nachfüllen«, schlage ich vor.

»Grundsätzlich keine schlechte Idee. Aber der Weinkarton passt nicht in deinen Mini-Kühlschrank.«

War klar, dass diese Kartons noch mehr Haken haben als ihr unkultiviertes Äußeres.

»Zumindest nicht, wenn da zwei Salatschüsseln und Käse und das ganze andere Zeug drin stehen, das du aus rätselhaften Gründen noch nicht auf den Tisch bringen willst. Aber kein Problem. Wenn ich die Vanillesoße kaufe, besorge ich einfach noch ein bisschen Eis. Ich schlage vor, du gibst den Gästen erst mal Sekt. Und dann bin ich ja auch bald wieder da. Mit dem Eis. Heute bin ich Supermann für dich – ich fliege!«

Mit diesen Worten wirft er sich seine Umhängetasche über die Schulter und mir eine Kusshand zu, und dann ist er auch schon lächelnd zur Tür hinaus. Ich schaue ihm leicht verwirrt nach, wie er hinter der Düne verschwindet.

Na, der hat's aber eilig.

Der erste Gast, der eine halbe Stunde nach Joakims überstürztem Aufbruch erscheint, ist Stefanie. Die Massage-Stefanie aus dem Warmbadhus in Torekov. Die erste Schweden-Auswanderin, der ich begegnet bin, damals auf der Pressereise im Juni. Dass sie hier ist, ist ein kleines Wunder. Wir hatten nämlich nicht etwa unsere E-Mail-Adressen ausgetauscht, als wir mit unserer Truppe das Warmbadhus besichtigten. Damals war ich mir ja noch gar nicht darüber im Klaren, dass ich jetzt tatsächlich in Schweden landen würde.

Nein, in der Woche nach meiner Ankunft habe ich lediglich meine Anschrift in einem der sozialen Business-Netzwerke geändert, in dem ich Mitglied bin. Konnte schließlich nicht schaden, dachte ich, wenn potenzielle Auftraggeber wissen, dass ich reise-kostengünstig Skandinavien-Artikel produzieren kann. Ungefähr fünf Minuten später hat sich zwar kein potenzieller Auftraggeber gemeldet, dafür Stefanie. Sie war auf der Suche nach anderen Aus-gewanderten. Ich habe sie sofort an ihrem Profilfoto erkannt, aber ihr war überhaupt nicht bewusst, dass wir uns bereits begegnet wa-ren. Tja, und jetzt ist sie hier. So kann es gehen.

Nach Stefanie trudeln Coira und Esbjörn ein. Sie haben einen riesigen Blumenstrauß dabei, eine Schachtel Pralinen und einen teuer aussehenden Rotwein – nicht im Karton, sondern in einer hübschen Flasche.

»Die Blumen sind übrigens nicht von uns«, sagt Coira und setzt eine geheimnisvolle Miene auf. »Die sind von Simon. Der hat heute Vormittag angerufen und gefragt, ob wir zu deiner Garten-party gehen. Frag mich, woher der das wusste … Jedenfalls hat er uns genaue Instruktionen gegeben. Da steckt auch eine Karte für dich drin, hat er mir diktiert. Ich kann also gar nichts dafür, dass ich jedes Wort kenne.«

Sie grinst triumphierend, als sie mir einen Monsterstrauß aus roten, orangefarbenen und sonnengelben Rosen überreicht.

Wieso bin ich jetzt froh, dass Joakim noch nicht zurück ist?

Ich schenke Coira und Esbjörn Sekt ein. Dann lege ich den Strauß fürs Erste in eine mit Wasser gefüllte Plastikwanne – etwas anderes habe ich für dieses Riesenteil nicht da –, und stelle ihn mit den anderen Mitbringseln in die Veranda. Gerade als ich die Karte aus dem Umschlag ziehen will, klingelt das Telefon. Es ist Wanda. Sie kündigt an, dass sie mir mein Geschenk in Kürze selbst über-reichen wird: Sie hat einen Flug für Mitte Oktober gebucht.

Lange quatschen können wir nicht, denn es geht Schlag auf Schlag: Pernilla kommt mit Karlsson vorbei, zeitgleich treffen San-dra und Rika aus dem Schwedischkurs ein, nur zwei Minuten spä-ter folgt Taina, die Reiseleiterin der Radtour. Sie hat ein gefloch-tenes Körbchen mit fünf verschiedenen schwedischen Apfelsorten

aus Ängelholmer Aufzucht dabei, die sie stolz mit ihren komplizierten Namen präsentiert und die ich sofort wieder vergesse. Ich
komme aus dem Umarmen und Einschenken gar nicht mehr raus.
Nur Madde, Börje und Joakim lassen auf sich warten.

Etwas später, als ich mich gerade mit Rika über das japanische
Verhältnis zu Milchprodukten unterhalte (und dabei froh bin, dass
ich nicht im sahnefeindlichen Japan gelandet bin, sondern nur im
Zucker-in-der-Sahne-feindlichen Schweden), steht Joakim plötzlich in der Tür. Er hat eine tropfende Plastiktüte in der Hand und
sieht aus wie ein nicht ausgewechselter Mittelstürmer nach Verlän-
gerung und Elfmeterschießen.

»Hier. Die Eiswürfel.«

In diesem Tonfall werden bei James Bond in letzter Sekunde
Codes zur Entschärfung von Atomsprengköpfen übermittelt. Doch
bevor ich reagieren oder mich bedanken kann, höre ich das Ge-
trappel von Pfoten, und fühle fast zeitgleich eine kitzelnde Hunde-
zunge an meinen nackten Zehen: Lila, der Idefix-Hund. Ich drehe
mich um. Durch die weit geöffnete Eingangstür sehe ich Madde
und Börje oben auf der Düne. Sie trägt eine große Metallschüssel,
die vermutlich den versprochenen Nudelsalat enthält, und strahlt
wie gewöhnlich übers ganze Gesicht, während Börje gut gelaunt
hinter ihr her die Düne hinabtrottet.

»Schön, dass ihr da seid«, sage ich und nehme ihr die Salat-
schüssel ab. »Es gibt Apfelkuchen mit Vanillesoße und Sahne. Und
Kaffee natürlich.«

»Ihr seid schon beim Apfelkuchen?«, fragt Madde. »Sind wir zu
spät?«

»Nein, nein«, sage ich. »Ihr seid genau richtig, wir fangen gerade
erst an. Jetzt ist doch beste Kaffee-und-Kuchen-Zeit!«

»*Jaha?*«, fragt Madde leicht verwirrt und schaut zu Joakim. Der
zuckt entschuldigend mit den Schultern. So als wollte er sagen:
»Ich weiß auch nicht, aber sie wollte es so.«

Die spinnen, die Schweden, denke ich. Mal wieder.

Kubb ist so eine Art Outdoor-Weitwurfschach mit merkwürdigen Spielregeln, damit haben sich angeblich schon die Wikinger auf der Ostseeinsel Gotland vergnügt. Das Spiel besteht im Wesentlichen aus dem rabiaten Umschmeißen der gegnerischen Holzklötze, die in etwa fünf Metern Entfernung aufgereiht werden, was im Met-Rausch bestimmt besonderen Spaß macht. Aber Bowle-Schwips funktioniert auch, das haben wir gerade bewiesen. Das *Kubb*-Spiel gehört zur Grundausstattung des Ferienhauses, was mir bisher entgangen ist, Madde hat es aus einer Kiste in der Veranda zutage befördert. Wir haben den ganzen Nachmittag in wechselnden Mannschaften gespielt, bis wir völlig erschöpft waren. Seltsamerweise fand sich in meiner Mannschaft meistens Joakim ein.

Inzwischen dämmert es, und wir sitzen dicht gedrängt auf den zwei Rattansofas und den paar Stühlen, essen Brot, Käse und Maddes Nudelsalat. Ich fühle mich so zufrieden und glücklich wie vielleicht zuletzt mit sechs auf meinem Kindergeburtstag.

»Sag mal, Stella, isst man in Deutschland eigentlich immer das Süße zuerst?«, fragt Madde auf einmal, kauend.

»Das wollte ich auch schon fragen, aber ich hab mich nicht getraut«, sagt Joakim.

»Nee, wie kommt ihr denn darauf?«, frage ich verwundert.

»Na, weil es erst den Kuchen gab und nicht das richtige Essen«, erklärt Madde.

Jetzt fängt die auch noch an!

»Ich habe doch zu Kaffee und Kuchen eingeladen«, sage ich.

Verständnislose Blicke von den Schweden.

»Also, das hier«, ich deute auf die Salate, das Brot und den Käse, »das hier ist das *Abend*essen. Das gibt es, wie der Name schon sagt, *abends*. Das ist sozusagen eine Art Extra. Der Kuchen hatte damit überhaupt nichts zu tun. Der war nicht als vorgezogenes Dessert gedacht, oder so.«

»*Jaha?!*«, sagt Madde und sieht mich an, als überlege sie, ob mir jemand mit einem *Kubb*-Klotz auf den Kopf gehauen hat.

»In Deutschland sind Kaffee und Kuchen eine Art eigenständige Zwischenmahlzeit am Nachmittag«, doziere ich.

»Des stimmt!«, pflichtet mir Stefanie mit vollem Mund aus Richtung der Küchenzeile bei, wo sie gerade noch ein Stück Käse und ein Radieschen nachschiebt.

»Ich dachte, das ist hier genauso? Die *fika* findet doch auch am Nachmittag statt, oder?«, erkundige ich mich.

Joakim kratzt sich am Kinn. »Die *fika* findet *auch* am Nachmittag statt. Unter anderem. Aber so einfach ist das alles nicht.«

Ich muss mich zusammenreißen, um nicht *Jaha?* zu sagen, auch wenn das jetzt passen würde. Aber ich will nicht riskieren, dass Madde sich veräppelt fühlt.

»Ihr seid schon ein bisschen kompliziert, ihr Schweden, kann das sein?«, frage ich stattdessen.

»Wir doch nicht!«, protestiert Madde.

»Oh doch! Seid ihr wohl«, kichert Stefanie.

Ich hebe mein Glas mit Bowle.

»Darauf ein herzliches *skål!*«, sage ich.

Als ich etwas später mit dem Abräumen beginne, springt Joakim auf und hilft mir. Plötzlich zupft er mich am Ärmel.

»Magst du eine Zigarette? Draußen?«, fragt er.

»Hat das ein paar Minuten Zeit? Ich würde hier gern schnell ein bisschen Ordnung schaffen.«

Ich schabe weiter Essensreste von den Tellern in den Biomüll.

»Später geht nicht. Ich muss los«, sagt er leise.

Ich stelle perplex den Teller auf den Stapel.

»Wie? Jetzt schon? Es ist doch gerade mal acht! Die Züge nach Helsingborg gehen doch bis eins, oder nicht?«

Ich bin ehrlich betroffen, und er sieht zerknirscht aus.

»Ja, das schon, aber … ich … ich muss noch … woandershin. Ich war schon so lange hier, wie es nur ging, glaub mir.«

Ich fühle einen Stich im Solarplexus.

So lange, wie es nur ging?

»Okay. Eine Zigarette.«

Er lächelt, und ich folge ihm in den dämmrigen und kühlen Garten. Joakim gibt mir eine Zigarette und Feuer und steckt sich dann selbst eine an.

»Das war ein schöner Tag«, sagt er schließlich.

»Das *ist* ein schöner Tag«, korrigiere ich.

»Jedenfalls danke, dass ich hier sein durfte. Du bist schon sehr besonders, und so was sage ich nicht sehr häufig.«

Gut, dass es schon anfängt, dunkel zu werden, sonst würde er jetzt sehen, wie ich rot anlaufe.

»Wieso musst du denn weg? Du kannst auch hier übernachten. Also auf dem Sofa, natürlich.«

»Das ist alles nicht so einfach, Stella.«

Was genau »nicht so einfach« ist, sagt er nicht. Mich beschleicht das Gefühl, dass das hier gerade kein normaler Dialog zwischen Freunden ist. Dass hier viel mehr in der Luft liegt als bloße Worte.

Joakim raucht eine Weile schweigend weiter. Ich will etwas sagen, aber mir fällt nur Unsinn ein. Etwa: *Ziemlich kühl hier draußen.* Oder: *Eigentlich rauche ich gar nicht.* Oder: *Du kannst im Notfall gern hier einziehen.* Oder: *Hast du schon mal drüber nachgedacht, mich zu küssen? Also nur so theoretisch.* Alles zu banal, zu bescheuert oder einfach vollkommen unangemessen.

Dann sagt Joakim plötzlich: »Wer ist eigentlich dieser S.?«

»S.?«

»Die Rosen in der Veranda. Ich habe die Karte gesehen. Aus Versehen.«

Ach je, die Karte von Simon! Ich bin immer noch nicht dazu gekommen, sie zu lesen. Aber wenn ich nicht wüsste, dass das unmöglich ist, würde ich schwören, dass Joakim eifersüchtig ist. Soll ich ihm sagen, dass ich seine Sonnenblumen eigentlich viel charmanter finde als Simons vermutlich sündhaft teure Rosen? Nein, das wäre ja noch schöner. Konkurrenz belebt bekanntlich das Geschäft.

»Die sind von Simon. Ein Freund von Coira und Esbjörn. Kenn ich von der Krebsparty. Was stand denn auf der Karte?«

»Hast du sie nicht gelesen?«

»Wenn ich sie gelesen hätte, würde ich nicht fragen.«

»Na, dann hast du ja noch eine kleine Bettlektüre!«

Da! Wieder dieser leicht eingeschnappte Tonfall! Er klingt fast, als seien wir zusammen. So wie vermutlich der eifersüchtige Tobias aus der Schwedischbuch-Geschichte geklungen hat, nachdem Sofia ihre Fanpostkarten bekommen hat. Da gibt es nur einen Unterschied: Tobias und Sofia aus dem Schwedischbuch waren verheiratet! Falls Joakim der Sinn danach steht, wäre es durchaus mal Zeit für ein bisschen Butter bei die Fische. Muss ja nicht gleich ein Heiratsantrag sein. Aber er könnte mich, nur so zum Beispiel, jetzt wirklich mal küssen. Für den Anfang.

Dann sagt er leise: »Ich muss wirklich nach Hause. Ich habe meiner Freundin versprochen, heute Nacht auf unsere Tochter aufzupassen.«

Stille.

Mir wird heiß und kalt, in meinen Ohren beginnt es zu rauschen. Hat er diesen Satz gerade wirklich gesagt? Diesen Satz, der sowohl »meine Freundin« als auch »unsere Tochter« enthielt?

Ich klammere mich an einem Gartenstuhl fest und versuche, mir nichts anmerken zu lassen. Ich fühle mich wie ein kompletter Vollidiot. Die letzten Wochen habe ich mir den Kopf darüber zerbrochen, ob er noch mit seiner Freundin zusammen ist, warum er so schrecklich zurückhaltend mir gegenüber ist und warum er mich, verdammt noch mal, nicht küsst! Und dabei ist er nicht nur in einer Beziehung, oh nein, er hat auch eine Tochter! Ich meine – hallo? Wie weit können zwei Menschen in ihrer Lebensplanung eigentlich noch voneinander entfernt sein?!

»D… d… du … hast? Ich meine, du, also, du … eine … Tochter?«, bring ich heraus.

»Ja, ich dachte, das habe ich dir schon erzählt – habe ich wohl doch nicht?«

»Nein, so was hätte ich doch mitbe-- …, ich meine, das hättest du … nein, das hast du nicht.«

Die Gedanken rasen so schnell durch meinen Kopf, dass ich sie unmöglich fassen kann.

»Also, ich …«, bringe ich heraus, habe aber keinen Schimmer, wie ich den Satz abschließen soll.

In diesem Moment knackt es, die Haustür schwingt auf und die stattliche Wikinger-Silhouette von Esbjörn wird auf der Schwelle sichtbar.

»Was steht ihr denn hier im Dunkeln?«, ruft Coiras Freund. »Habt ihr auch eine Zigarette für mich?«

Ich kann Joakims Gesichtsausdruck nicht erkennen, aber er holt wortlos eine Zigarette aus der Schachtel und reicht sie Esbjörn. Dann zieht er mich plötzlich fest an sich und drückt mir einen Kuss auf die Wange. Mir wird schwindelig.

»Stella, ich ruf an. Versprochen. Aber jetzt muss ich los.«

Mit diesen Worten verschwindet er über die Düne.

»Wo will der denn hin? Hab ich ihn vertrieben?«, fragt Esbjörn.

Ich umklammere die Lehne des Gartenstuhls, und meine Fingerknöchel werden davon so weiß, dass sie im Dunkeln leuchten. Dabei zähle ich langsam von zehn rückwärts und denke an buddhistische Klangschalen. Überraschenderweise gelingt es mir, die Fassung zu bewahren.

Joakim | Eigentlich war es ein richtig schöner Tag, und ich wäre wirklich gerne geblieben. Aber wenn ich das getan hätte, hätte ich mich nicht beherrschen können, das weiß ich.

Und was, wenn Stella überhaupt nichts für mich empfindet?

Spätestens jetzt weiß sie, dass ich Vater bin – ich war wirklich sicher, ihr das erzählt zu haben. Sie wirkte richtig geschockt, als ich meine Tochter erwähnt habe … so ein Mist, ich dachte, sie wüsste das!

Aber dass ich eine Freundin habe, das war ihr klar. Natürlich hat sie keine Ahnung, dass diese Beziehung allmählich in eine Katastrophe mündet. Trotzdem, da gibt es eine Grenze, über die man nicht so einfach klettert. Denn wenn man einmal diesen Schritt getan hat, gibt es keine Möglichkeit, wieder zurückzuklettern, falls der Schritt sich als Fehler herausstellt.

Außerdem fehlt es kaum an Konkurrenz, man denke nur an den romantischen Simon mit seinen Angeber-Blumen. Nein, es ist Zeit, aufzuwachen und sich der Wirklichkeit zu stellen.

Plötzlich weiß ich genau, was ich jetzt brauche: eine ruhige Nacht neben dem Bettchen meiner Tochter. Keine Versuchungen, keine Konflikte. Nur ich und mein Gewissen.

Stella | Gegen halb zwei sind schließlich alle Gäste abgezogen. Endlich liege ich erschöpft im Bett – und starre auf meine »Bettlektüre«, die Karte von Simon:

Es gibt überall Blumen für den, der sie sehen will. Das hat Henri Matisse gesagt. Leider gibt es hier in London nicht die Blume, die ich am liebsten sehen möchte: dich. Ich kann meine Rückkehr nach Schweden kaum erwarten. Love, S.

Ich frage mich, wie man eine Nachricht, die sich in einem sorgfältig zusammengesteckten Umschlag befindet, *aus Versehen* lesen kann, und komme zu dem Ergebnis, dass das nicht möglich ist. Ich klappe die Karte zusammen und lege sie auf das Tischchen neben dem Bett.

Joakim hat eine Tochter, denke ich wieder, und das Schockgefühl von vorhin ist sofort wieder da. *Eine Tochter und eine Beziehung mit deren Mutter.* »Unsere Tochter«. Höchste Zeit, endlich auf die

Stimme der Vernunft zu hören und einen Haken hinter diese nutzlose Verknalltheit zu machen.

Das habe ich doch gar nicht nötig! Ich doch nicht! Ich bin doch eine tolle Frau!

Herrgott! Habe ich das wirklich gerade gedacht: Ich bin doch eine tolle Frau? Das ist doch so ein Mantra aus Volkshochschulseminaren mit Titeln wie »Liebe dich selbst, dann kannst du auch deinen Toaster heiraten« oder so ähnlich, in denen sich die wirklich hoffnungslosen Fälle zusammenrotten und ihre Wunden lecken. Frauen ab einem gewissen Alter. Frauen wie ich. Mit Ende 20, Anfang 30 finden die Heldinnen in romantischen Filmen mit Hugh Grant gerade noch ihren Prinzen. Aber in meinem nunmehr fortgeschrittenen Lebensstadium? Ab Mitte 30 kann man als Frau in Hollywood ja schon froh sein, wenn man noch Rollen als Schrankwand angeboten bekommt.

Jetzt mach aber mal halblang, mischt sich unerwartet die Stimme der Vernunft ein.

Ich horche auf, schließlich liegt sie punktemäßig gerade deutlich vor dem dämlichen Bauchgefühl.

Wir sind hier nicht in Hollywood! Und was willst du überhaupt immer mit der Flitzpiepe Hugh Grant?, herrscht mich die Stimme an. *Lenk doch mal den Blick auf die positiven Aspekte! Das war doch ein schöner Tag, oder etwa nicht?*

Ich überlege. Ja, das war er wirklich. Alle haben an mich gedacht, sogar die Diva. Auch mein Ex hat aus dem Sauerland angerufen, das ist ja auch nicht unbedingt selbstverständlich. Ich kenne Leute, die reden nach ihrer Trennung kein Wort mehr miteinander. Meine beiden Brüder haben sich gemeldet und …

In diesem Moment fällt es mir ein. Es stimmt nicht, dass alle an mich gedacht haben. Eine fehlte. Bis vor zwei Jahren hat sie immer genau um zehn nach zwei am Nachmittag angerufen, weil ich um diese Uhrzeit geboren wurde. Dann hat sie mir jedes Mal gesagt, dass dieser Tag im September, als sie mit 44 Jahren noch ganz ungeplant ein Baby bekommen hat, einer der glücklichsten in ihrem Leben gewesen sei.

Ich frage mich, ob sie es vergessen hat, dieses Gefühl oder nur das Datum. Oder ob beides im Nichts versunken ist. Was ist ein Mensch ohne seine Erinnerungen? Hat meine Mutter eigentlich ein erfülltes Leben geführt?

Und ich? Folge ich meinem Herzen? Gibt es etwas, um das es schade wäre, wenn ich es für immer vergäße? Definitiv nicht der ziehende Klumpen in meiner Brust, wenn ich jetzt an Joakim denke.

Kapitel 14

IM SCHWITZKASTEN

Stella | Ziemlich stürmisch heute, man kommt mit dem Rad nur im Schneckentempo vom Fleck, zumindest in nördlicher Richtung. Auf dem Rückweg werden Madde und ich vermutlich abheben. Das heißt, falls der Wind bis dahin nicht gedreht hat und dann aus Süden bläst. Umlaufende Winde sind ein kräftezehrendes Phänomen des Lebens an der Küste, dem ich jetzt bereits diverse Male beim Strandjoggen begegnet bin. Aber auch wenn man strampeln muss, die Szenerie ist einfach atemberaubend schön: Die Kiefern biegen sich, weiße und graue Wolkenfetzen jagen über den Himmel, und ab und zu setzt die Sonne spektakuläre Scheinwerferspots in die Landschaft, während das Meer wild und unsichtbar hinter den Dünen rauscht.

Es ist Sonntagvormittag, und Madde und ich sind auf dem Weg zu den *Saltkristallerna*. Das heißt übersetzt »Salzkristalle« und ist der Name eines Saunaklubs. Ich spreche hier selbstverständlich *nicht* von einem Etablissement in der Art, wie sie in Deutschland gern an Autobahnzubringern oder in Industriegebieten zu finden sind. Also jenen Gebäuden, die Namen wie »Chez Monique« oder »Club Eros« tragen, meist rot oder pink beleuchtet sind und vor denen blitzblanke Gutsituierten-Karossen auf die Rückkehr ihrer Besitzer warten. Besitzer mutmaßlich männlichen Geschlechts.

Mit solchen Einrichtungen hat der Saunaklub von Ängelholm nichts zu tun. Das sehe ich auf den ersten Blick. Unser Ziel befindet sich in einer unscheinbaren Bretterbude mit abblätternder mintgrüner Farbe direkt am Strand, genau neben einem romantischen Strandhotel. Davor stehen auch keine Mittelklassewagen, sondern ausschließlich Fahrräder. Damenfahrräder, wohlgemerkt, denn Männer kommen hier nicht rein. Zumindest nicht an diesem Sonntagvormittag um zehn, denn da ist die Sauna* für weibliche Salzkristalle reserviert. Oder besser gesagt: die *bastu* – sprich: bastü –, wie die Sauna auf Schwedisch heißt. Das hat mich genauso überrascht wie die offensichtlich doch nicht so große Freizügigkeit* der Schweden. Getrennte Saunen sind das Letzte, was ich hier erwartet habe. In diesem Fall bin ich allerdings ganz froh. Nach den Entwicklungen der letzten Tage, insbesondere denen mit Joakim auf meiner Gartenparty, fühle ich mich so dünnhäutig, dass ich mir gerade nicht vorstellen kann, vor irgendeinem Mitglied seines Geschlechts die Hüllen fallen zu lassen.

Nicht schon wieder an Joakim denken, das ist der Satz, den ich ungefähr 2385 Mal am Tag denke. Direkt, nachdem ich an Joakim gedacht habe, natürlich.

Das etwas schrammelige Äußere des Holzhauses lässt es nicht vermuten, aber bei den *Saltkristallerna* ist es wie in jedem anderen High Society Club: Man kann nicht einfach so mitmachen. Man muss von einem Mitglied geladen werden. Dieses Kunststück hat Madde für uns beide vollbracht. Es hat damit angefangen, dass Taina auf meinem Geburtstag davon erzählte, dass Finnen geradezu abhängig vom Saunieren seien. Bei dieser Gelegenheit erfuhr ich, dass sie gebürtige Finnin aus Turku ist und erst mit ihrer Heirat nach Schweden kam. In Finnland werden offensichtlich schon Babys in die hölzerne Schwitzstube gesteckt, jedes Mietshaus hat eine Sauna, und wenn das Ding nicht funktioniert, ist das ein solider Grund für eine Mietminderung.

Schließlich hat Taina ihre Salzkristalle erwähnt, mit denen sie sich seit vielen Jahren jeden Sonntagmorgen um zehn trifft. Madde ist sofort hellhörig geworden, und nach einem Anstandszögern von etwa 30 Sekunden (zu dem sie sich, das habe ich ihr angesehen, mit aller Gewalt gezwungen hat), fragte sie, ob es möglich sei, sich die Sache mal anzusehen. Also nur, weil man ja quasi um die Ecke wohne. Reine Neugier.

»Da wollte ich immer schon mal hin, aber ich wusste nicht, wie ich das anstellen sollte«, hat Madde am nächsten Morgen beim Reste-Frühstück auf meiner Terrasse verkündet. »Bei den Salzkristallen macht sogar die Bürgermeisterin mit!«

Mir ist es ja schnurzpiepegal, welche politischen Größen neben mir schwitzen, ob jetzt Angela Merkel oder Annika Merkelsson, oder wie man als Ängelholmer Bürgermeisterin nun eben heißt. Aber so eine Sauna ist ja an sich schon was Feines, und darum habe ich auch sofort zugesagt, mitzukommen.

Als ich im Sauerland noch jeden zweiten Tag im Fitnesscenter trainiert habe, war ich anschließend immer in der Sauna. Auch wenn mich da hin und wieder die Schwatzhaftigkeit einiger Sauerländer gestört hat, die sich offenbar an der alt-römischen Badetradition – die Therme als Ort der Kommunikation – orientieren und beim Schwitzen gern den neuesten Klatsch oder ihre Ideen für die Weihnachtsdeko austauschen. Jedenfalls freue ich mich schon sehr auf dieses wohlige Gefühl der völligen Entspannung in angenehmer Ruhe, in einem Land, in dem man weiß, wie das Saunabaden *richtig* funktioniert …

»Herzlich willkommen!«, empfängt uns Taina schon vor der Tür. »Wie schön, dass ihr gekommen seid! Hereinspaziert!«

Sie befestigt gerade ein Holzschild mit dem geschnitzten Schriftzug *Saltkristallerna* an einem Nagel über dem Eingang. Offensichtlich wird das Gebäude stundenweise an die verschiedenen Klubs vermietet, und dann hängt man eben sein Logo draußen hin. Damit nicht versehentlich ein Mitglied der, sagen wir: »Sandkörner« bei den Salzkristallen hereinweht, womöglich sogar noch ein männliches.

Wir betreten das Gebäude. Der Vorraum erinnert kein Stück an den raffiniert ausgeleuchteten und nach Aroma-Öl duftenden Luxus, den ich aus Hotels kenne und der gern vollmundig »Spa-Bereich« genannt wird. Das hier ist eher eine Kreuzung aus einem angejahrten Partykeller in Eiche rustikal und der muffigen Umkleide einer renovierungsbedürftigen Schulturnhalle. In holzgetäfeltem Halbdunkel stehen ein paar abgenutzte Umkleidebänke herum, Gummimatten liegen auf dem Boden, und eine emaillierte cremefarbene Waage von antiquarischem Wert wartet auf mutige Besteiger. Hier wurde vermutlich schon sauniert, als man in Deutschland noch eine kaiserliche Regierung hatte, Turnvater Jahn der letzte Schrei war und man »Sauna« höchstens für einen merkwürdigen ausländischen Mädchennamen hielt.

Wir werden von einigen handtuchumwickelten Damen mit einem herzlichen »Hej!« begrüßt, bevor eine nach der anderen durch eine Tür neben der Waage verschwindet. Madde und ich legen unseren bescheidenen Obolus für die Veranstaltung – 20 Kronen – in eine bereitstehende kleine Plastikschale. Anschließend werfen auch wir unsere Kleider ab.

Die Sauna ist groß, dunkel und sehr heiß. Das ist schon mal positiv. Positiv ist ebenfalls, dass ich ohne jeden Zweifel und mit Abstand die jüngste Teilnehmerin der Veranstaltung bin – das ist mir schon länger nicht mehr passiert. Die Salzkristalle sind in der Mehrheit um die 60 und darüber, bis auf zwei jüngere Hüpfer von ungefähr Mitte 50. Dabei wirkt die Damenriege außergewöhnlich fit und trainiert. Vermutlich sind die anderen Mädels so aktiv wie Madde, die alles mit dem Rad erledigt und deren lange Gassitouren mit Lila in die Kategorie »Powerwalking« fallen.

Madde und ich breiten unsere Handtücher auf der obersten Stufe aus. Herrlich, jetzt einfach hinlegen und entspannen. Noch herrscht zwar ein ziemlicher Geräuschpegel, aber das ist ja verständlich, man hat sich schließlich eine Woche nicht gesehen. Aber ich bin zuversichtlich, dass nach dem anfänglichen Small Talk selige Ruhe einkehrt.

Gerade habe ich die Augen geschlossen, da trifft mich die erste Frage: »Sag mal, Stella, wie bist du denn eigentlich in Ängelholm gelandet? Das musst du uns jetzt aber mal erzählen.«

Ich richte mich wieder auf und schaue in die Runde. Wer die Frage gestellt hat, ist unmöglich festzustellen, denn sämtliche Salzkristalle sehen mich von ihren Handtüchern aus neugierig an. Innerlich seufzend setze ich mich auf und beginne: »Also, das war so …«

Ich versuche, mich kurz zu fassen. Was ein hoffnungsloses Unterfangen ist, wenn man neben Madde sitzt, die diverse Ergänzungen zu meiner Story beizusteuern hat: »Und dann wurde sie von Karlsson in Schach gehalten!«

Kaum bin ich mit der Beantwortung der einen Frage fertig, kommt auch schon die nächste. Ich bin wie eine Außerirdische, die in der Sauna gelandet ist und von den Einheimischen neugierig unter die Lupe genommen wird. Ich kann mich nicht mal damit aus der Affäre ziehen, dass mein Schwedisch noch in der Entwicklungsphase steckt, denn die Damen sprechen allesamt flüssigstes Englisch.

Jaha, du schreibst ein Buch!? Darf man fragen, worum es geht? *Jaha*, du bist Journalistin, wie spannend! Schreibst du etwas über unsere Stadt? Wo kommst du denn her? *Jaha*, Krefeld! Wo ist das denn genau? Wirst du in Schweden bleiben? Und so weiter und so fort. Von allen Seiten prasseln die Fragen auf mich ein. Ein Kreuzverhör zwischen blanken Busen in Höllentemperatur.

Mir wird langsam klar, dass das Konzept der skandinavischen Schweigsamkeit in der Sauna nicht mehr als ein Mythos ist. Dieses fidele Klübchen im Evakostüm hat nämlich nicht die geringste Absicht, die Klappe zu halten. Und die Chance, sich einfach hinzulegen und auf Durchzug zu schalten, wie ich das im Sauerland immer gemacht habe, bekomme ich auch nicht. Ich bin das Thema des Tages. Als die Inquisitorinnen nach einer gefühlten Ewigkeit endlich von mir ablassen, bin ich erschöpft. Ausgequetscht wie eine Zitrone. Die Salzkristalle wissen jetzt *alles* über mich und haben genug Material, um mich jederzeit zu erpressen. Falls sie das vorhätten.

Trotzdem atme ich auf – jedenfalls, soweit das bei etwa 100 Grad Celsius möglich ist: Das laute Geschnatter und Gelächter um mich herum hat mich für eine gewisse Zeit von den anderen Dingen, an die ich ja nicht denken will, abgelenkt. Dafür bin ich dankbar. Gegen diese Damen sind die Sauerländer Saunagänger reine Amateure.

Ich entwickle spontan eine Theorie. Die in Deutschland verbreitete Annahme, es gehe in schwedischen Saunen immer ganz leise und vornehm zu, könnte entstanden sein, weil man von den einsamen und vor allem *stillen* Gegenden in Mittel- und Nordschweden, in die deutsche Urlauber so gern mit ihren behäbigen Wohnmobilen schaukeln, vorschnell auf die Schwitzgewohnheiten der Einheimischen geschlossen hat. Aber vielleicht ist man in Nordschweden ja auch schweigsamer als hier in Skåne, der südlichsten Provinz des Landes?

Mir wird schwindlig. Wie lange sitze ich hier eigentlich schon? Ganz sicher länger als die zehn Minuten, die ich sonst in der Sauna verbringe. Vielleicht sollte ich langsam mal raus, bevor ich noch zur Dörrpflaume mutiere. Ein bisschen kalte Güsse machen, dann relaxen. *Heute*, denke ich, *reicht auch ein Saunagang*.

Mit mir erheben sich noch einige der Salzkristalle. Überraschenderweise macht keine von ihnen kalte Güsse. Es gibt zwar einen Wasserschlauch, der scheint aber nur zum Abspritzen des Kachelbodens vor der Sauna benutzt zu werden und hängt in einer wassergefüllten Plastikwanne. Selbige steht vor der Tür, die der Sauna gegenüberliegt. Ich runzele die Stirn. Was soll man denn jetzt *damit* machen? Nach einem von diesen luxuriösen warmen Fußbädern, die ich aus verschiedenen Wellness-Bädern in Deutschland kenne und die man *nach* dem Abkühlen machen soll, sieht mir das jedenfalls nicht aus. Ich tunke meinen großen Zeh vorsichtig hinein – eiskalt!

Bevor ich meine Untersuchung fortsetzen kann, wirft sich Annika Merkelsson, die Bürgermeisterin, einen grün geblümten Bademantel über und reißt die bewusste Tür auf (sie heißt natürlich nicht wirklich Annika Merkelsson, aber ich hatte mir den Namen nicht merken können). Doch dahinter liegt nicht etwa der Ruheraum. Auch kein Duschraum mit Kaltwasserzuber.

Nein, dort hinter der Tür toben die Naturgewalten. Da biegt sich das Dünengras im Sturm, fliegt der Sand wie in Lawrence von Arabien, tosen die Wellen, rasen die Wolken über den Himmel. Links sehe ich eine *brygga*, einen langen Holzsteg vom Strand hinaus ins Wasser, der sich genau in der Mitte zwischen dem Saunagebäude und dem Hotel befindet. Auf diesem Steg schiebt sich vor dem Hintergrund des aufgewühlten Meeres eine Prozession in wehenden Bademänteln vorwärts. Diejenigen, die das Ende der *brygga* erreicht haben, hängen ihre Bademäntel über das Holzgeländer und steigen ohne großes Zögern über eine der beiden Metallleitern hinab in das gischtüberzogene Wasser. Nackt. Ob sie jemand vom Hotel aus sieht, ist ihnen vollkommen schnuppe, und offensichtlich auch, ob die wilden Fluten sie verschlucken. So ein Salzkristall-Klubmitglied scheint hart im Nehmen zu sein.

Ich schlucke. Denn eines ist klar: Wenn ich mich hier nicht sofort auf eine Outsider-Position als deutsches Binnenland-Weichei katapultieren will, das nur bei spiegelglatter See, wolkenlosem Himmel und 25 Grad Lufttemperatur im Meer schwimmen geht, dann muss auch ich da jetzt raus. Seufzend hole ich meinen Bademantel, in dem ich eigentlich im Ruheraum entspannt ein bisschen lesen wollte … doch ich beginne zu ahnen, dass es hier weder die Ruhe noch den zugehörigen Raum gibt.

Kurz darauf kämpfe ich mich an der Seite von Madde über den Steg. Dabei komme ich mir vor wie ein Meuterer, der auf die Planke geschickt wird, und versuche nicht daran zu denken, wie viele durch den Sturm abgerissene und geschredderte Quallen-Tentakel wohl da draußen zwischen gequirltem Algensalat herumschwimmen. Doch es gibt natürlich auch positive Aspekte: In Ängelholm sind Haie unbekannt, und man wird auch nicht sofort von der Polizei verhaftet, weil man nackig herumläuft. Außerdem ist mir kein bisschen kalt – das ist der Vorteil, wenn man sich gerade mehr oder weniger freiwillig 20 Minuten durchgegart hat. *Well done*, sozusagen.

An den Seiten der Metallleitern kleben unter der Oberfläche Algen, die wild hin und her geschleudert werden, als würde das Wasser kochen. Da soll ich runter, da soll ich rein. Doch erst mal muss ich warten, dass Annika Merkelsson mit ihrem Bad fertig ist, denn auf die Leiter passt immer nur eine Person. Gerade taucht sie tatsächlich unter, also komplett mit Kopf und allem Drum und Dran. Dann schießt sie aus dem Wasser und klettert mir entgegen, ihre üppigen Kurven feuerrot durchblutet und mit glücklichem Lächeln im Gesicht.

»*Härligt!*«, sagt sie.

Dafür brauche ich keinen Übersetzer. Ihr Strahlen spricht Bände. Ich frage mich, ob das hier so ist wie beim Bungee-Jumping. Dass der Körper auf die Verblüffung, wider Erwarten doch nicht gestorben zu sein, mit Ausschüttung von Glückshormonen reagiert. Gesund sieht das auf jeden Fall aus. Und ist bestimmt auch gut bei Cellulite, da muss man ja in meinem Alter drauf achten (zumal ich in letzter Zeit vielleicht ein bisschen viele *kanelbullar* gegessen habe).

An der parallelen Leiter auf der anderen Seite legt Madde ihren Bademantel ab. Sie lächelt mir aufmunternd zu. »Das wirst du lieben!«, prophezeit sie und schwingt sich mit Elan die Stufen hinunter.

Also: Positiv denken, Augen zu und rein.

Tja, und was soll ich sagen? Madde hatte recht! Ich schmecke das Salz auf den Lippen und fühle jeden Quadratmillimeter meines Körpers, vermutlich eine Folge des Temperaturschocks. Ich tauche sogar. Zwar nur ungefähr eine Millisekunde, aber das reicht für ein Erfolgserlebnis, ich habe ja die Latte sehr tief angelegt, um nicht zu sagen: Es gab keine. Wie auch? Bis vor ein paar Minuten wusste ich ja nicht mal, was mir hier auf nüchternen Magen bevorstand.

Später beim Anziehen sagt Taina zu Madde und mir: »Ich hoffe, es hat euch gefallen und ihr kommt jetzt jeden Sonntag! Bald können wir ja schon Winterbaden, das ist das Beste!«

Ich stutze: »Winterbaden?«

Taina, die von der Sauna wie alle anderen rosa Apfelbäckchen hat, antwortet: »Ja, am besten ist es, wenn es draußen so richtig knackig kalt ist, Schnee liegt und Eisschollen auf dem Wasser schwimmen.«

Wäre ich eine Comicfigur, würde jetzt in einem vielzackigen Sternchen über meinem Kopf »Schluck« stehen.

Als ich wieder zu Hause bin (ich denke tatsächlich »zu Hause«), mache ich mir ein spätes Luxus-Sonntags-Frühstück mit Kaffee, Vollkorntoast, wachsweichem Sieben-Minuten-Bio-Ei, Mozzarella-Tomaten und natürlich einer gestern in der Bäckerei gekauften, nach Joakim-Anweisung – autsch! – eingefrorenen und auf dem Toaster aufgebackenen *kanelbulle*.

Dazu gibt es ein kleines Müsli nach schwedischer Spezialzubereitung. Denn meine geliebte Buttermilch in einem hiesigen Supermarkt zu bekommen hat sich als unmöglich erwiesen. Nachdem ich es mit der Wörterbuch-Angabe *kärnmjölk* versucht und beim Supermarkt-Mitarbeiter nur ein erstauntes Kopfschütteln geerntet habe, habe ich nach *smörmjölk* gefragt – *smör* heißt Butter, *mjölk* bedeutet Milch. Daraufhin wurde ich angeguckt, als überlege der Verkäufer, eine Ambulanz mit Zwangsjacke zu rufen. Um dem vorzubeugen, habe ich nicht weiter nachgebohrt und zu *fil-*

mjölk gegriffen. Damit bereitet Daniel, einer der Protagonisten meines Schwedischbuches, immer seine Cornflakes zu. *Filmjölk* stellte sich als ebenbürtiger Ersatz heraus und kommt der Buttermilch, wie ich sie kenne, schon ziemlich nahe. Sie ist allerdings noch besser, da eine Spur cremiger.

So sitze ich also vor meinem Mehrkomponenten-Frühstück und denke, dass es noch viel toller wäre, wenn ich es in menschlicher Gesellschaft genösse.

Vielleicht ist Simon bald aus London zurück? Willst du ihm nicht mal schreiben?, schmeichelt die Stimme der Vernunft.

Mir fällt kein Gegenargument ein, und ich seufze tief. Ja, wieso eigentlich nicht?

Kapitel 15

DAS MERKWÜRDIGE VERHAL-
TEN GESCHLECHTSREIFER
SCHWEDEN ZUR PAARUNGSZEIT

Stella | »U… die… Si… wa… fü… ner? Wa… mi… ni… ähl?«, sagt Wanda, während sie auf das tosende Meer schaut.

»WAS HAST DU GESAGT?«, brülle ich. »Du musst dich schon zu mir rumdrehen, wenn ich dich verstehen soll!« Dabei muss ich die Kapuze meiner Windjacke festhalten, damit sie mir nicht vom Kopf weht.

Das Stürmen hat an dem Sauna-Wochenende angefangen und seitdem nicht mehr aufgehört. Seit gut zwei Wochen heult der Sturm um das hölzerne Lucylust, als wolle er es aus dem Fundament heben, und ich muss immer wieder an das Märchen der drei kleinen Schweinchen denken, von deren drei Häusern aus Stroh, Holz und Stein nur das steinerne dem pustenden Wolf standhält. Lucylust, da bin ich mir sicher, wird wohl schon mehr Herbststürme erlebt und unbeschadet überstanden haben.

»Ich hab gefragt, was das für einer ist, dieser Simon. Und warum du mir erst jetzt von ihm erzählst. Das klingt doch sehr vielversprechend. Also mit der Fußmassage und allem!«

»Na ja, es gab keine richtige Gelegenheit, wir haben ja kaum gesprochen, du und ich. Außerdem ist Simon noch in London. Er kommt erst nächste Woche zurück. Aber ich kann dich beruhigen: Wir sind bereits verabredet. Kommenden Samstag gehen wir in Malmö essen!«

»So ein blödes Timing, ich hätte dieses Prachtexemplar ja gern kennengelernt.«

»Ich glaube, du würdest ihn mögen!«

»Und du? Magst du Simon?«

»Ja, schon. Sonst würde ich mich wohl kaum mit ihm treffen.«

»Klingt irgendwie nicht überzeugend. Was macht denn der andere Mann?«

»Welcher andere Mann?«

»Komm, jetzt tu doch nicht so. Dein Schätzchen!«

»Mein Schätzchen?«

»Meine Güte: Joakim natürlich!«

Wie Wanda darauf kommt, dass Joakim mein Schätzchen sein soll, ist mir ein Rätsel. Im Vergleich zu dem, was ich ihr seit ihrer Ankunft heute Vormittag über Joakim erzählt habe – nämlich nichts –, hat sie über Simon geradezu Vorlesungen gehört.

»Komm, lass uns da rüber gehen.«

Ich zeige auf die Treppe, die über die Dünen in den Wald führt. »Zwischen den Bäumen ist es meistens windstill, auch wenn es hier draußen am Strand stürmt wie Hulle«, erkläre ich.

»Von mir aus gehen wir in den finst'ren Wald. Aber denk nicht, dass du mich damit ablenken kannst. Erzähl! Was gibt es?«

»Zum Abendessen?«

Wir stapfen durch den Sand auf die Dünen zu, und ich schaue dabei konzentriert auf meine Fußspitzen in den Turnschuhen.

»Quatsch, Abendessen. Du weißt genau, was ich meine: Was gibt es Neues zu Joakim?«

»Nix.«

»Wie? Nix?«

»Na ja, nix eben. Er war an meinem Geburtstag hier und hat Sonnenblumen mitgebracht.«

»Sieh an! Die Sonnenblumen, die da in deiner Veranda gerade dabei sind, sich in ihre molekularen Bestandteile aufzulösen, weil du dich ganz offensichtlich nicht von ihnen trennen kannst – die sind also von Joakim. Soso. Und?«

Wir klettern die Treppe hinauf, und ich lasse mir Zeit mit dem

Antworten. Als Wanda mich schließlich mit hochgezogener Braue anguckt und ihr »Und?« wiederholt, sage ich: »Gar nichts ›und‹. Es ist nichts passiert. N-I-C-H-T-S. Wir haben uns weder geküsst noch irgendetwas anderes getan, wenn du das meinst. Außerdem hat er sich seit meiner Geburtstagsparty auch nicht mehr gemeldet.«

Ich spüre, wie sich wieder dieser harte, schmerzende Kloß in meinem Bauch bildet, bei dem Gedanken, warum Joakim so gar nichts von sich hören lässt, Tochter hin oder her.

Auch wenn wir nicht füreinander bestimmt sind, hat ihm denn unsere Freundschaft so gar nichts bedeutet? Kann das wirklich sein?

»Natürlich ist was passiert: Du bist verliebt bis über beide Ohren! Das sehe ich sogar mit meinen Hühneraugen.«

»Woran?«

Die Düne ist überwunden. Sofort ist es merklich ruhiger und wärmer.

»Siehst du? Du gibst es zu!«, jubelt Wanda.

»Was denn? Gar nichts gebe ich zu!«

Ich hatte ganz vergessen, wie penetrant Wanda manchmal sein kann. Ich will nicht über Joakim reden.

»Und er? Ist er auch verliebt?«

»Wanda!«

»Also ja.«

»Nein! Das heißt, ich weiß nicht. Woher soll ich das wissen?«

Natürlich ist er nicht verliebt!

»Wenn er *nicht* verliebt wäre, wüsstest du das. Da du es nicht weißt, ist er verliebt.«

»Selbst wenn du recht haben solltest, was du nicht hast: Er kommt nicht infrage.«

»Wieso nicht?«

»Er hat eine Tochter.«

»Die halbe Welt hat Kinder – mal abgesehen von uns. Das heißt gar nichts.«

»Wanda, du verstehst nicht: Er ist vergeben! Er ist mit einer anderen Frau zusammen. Und diese Frau ist die Mutter seiner Tochter!«

»Na und? Weißt du denn, wie es da steht? In seiner Beziehung?«

»Nein.«

»Er hat nichts erzählt?«

»Nein.«

»Nie?«

»Nein!«

»War die Freundin mit auf deinem Geburtstag?«

»Nein, aber …«

»Hat er gefragt, ob er sie mitbringen kann?«

»Herrgott noch mal, nein, hat er nicht!«

»Er ist verliebt! Glaub's mir einfach.«

Und warum meldet er sich dann nicht?, will ich einwenden, aber die Stimme der Vernunft verbietet mir, die Frage auszusprechen.

Wanda legt den Kopf mit der bunten Bommelmütze in den Nacken und schaut mit skeptisch zusammengezogenen Augenbrauen in die zitternden Wipfel der Birken und Kiefern.

»Ist das nicht gefährlich, bei so einem Sturm im Wald rumzulaufen? Da könnte einem doch ein Ast auf den Kopf fallen!«

»Ein kleiner Ast auf deinem Wirrkopf würde dir vielleicht ganz guttun. Dann würdest du aufhören, solchen Unsinn zu erzählen«, sage ich, doch Wanda grinst nur.

»Stella, entweder hast du einen blinden Fleck für das Offensichtliche, oder du willst es nicht wahrhaben, oder du magst es nicht zugeben. Außerdem hast du knallrote Ohren.«

»Das kommt vom Wind.«

»Ach, übrigens, unser Hamburger Lieblingsitaliener Ricardo ist hetero.«

»Ehrlich? Jetzt doch?«

Wanda verdreht die Augen.

»Nein, natürlich nicht! Meine Güte, Stella! Ricardo ist genauso schwul, wie du in Joakim verknallt bist. Du hast ja wirklich einen blinden Fleck, und zwar vom Ausmaß Schwedens. Wenn nicht ganz Skandinaviens.«

»Ich hab vor allem Hunger«, sage ich beleidigt. »Lass uns zurückgehen.«

»Gern«, trällert Wanda in triumphierendem Tonfall, und ich denke mal wieder an buddhistische Klangschalen, von denen ich nicht mal weiß, wie die aussehen – aber das hat ja schon mal funktioniert.

Es ist zehn Uhr am Samstagabend. Wanda und ich klettern am Ängelholmer Bahnhof aus dem Taxi. Wir wollten erst zu Fuß gehen, um die 100 Kronen für die nicht mal drei Kilometer zu sparen. Aber bei einsetzendem Nieselregen und Temperaturen um die fünf Grad Celsius durch den teilweise unbeleuchteten Wald zu stolpern erschien uns dann doch suboptimal.

Unser Ziel ist Helsingborg. Vielleicht nicht wirklich eine Metropole, aber mit 92 000 Einwohnern immerhin die achtgrößte Stadt des Landes. Eigentlich wollten wir nach Malmö, das nach Stockholm und Göteborg auf dem dritten Platz in der Größenhitparade liegt und mit dem Zug auch nur eine gute Stunde entfernt ist. Aber da hätten wir entweder schon wieder aufbrechen müssen, wenn die Samstagnacht gerade erst in die Gänge kommt, oder bis fünf Uhr morgens ausharren, um wieder nach Ängelholm zu kommen. Oder wir hätten das Auto nehmen müssen. Das hatte sich allerdings in dem Moment erledigt, als Wanda ihr Schampus-Mitbringsel entkorkt hatte. Schließlich liegt die Grenze in Schweden bei gnadenlosen 0,2 Promille, und nach allem, was ich gehört habe, wird das auch knallhart kontrolliert.

Was zählt ist: Wir gehen aus. Es ist kaum zu glauben, aber das ist heute das erste Mal für mich – wenn man von ein paar Restaurantbesuchen in Lund und Malmö mit den Mädels aus dem

Schwedischkurs und natürlich Coiras denkwürdiger *kräftskiva* absieht. Die frische Seeluft macht mich einfach immer so unglaublich müde. Bevor es überhaupt Zeit wäre, sich langsam zum Ausgehen fertig zu machen, schlafe ich immer schon lange wie ein Stein. Und das eine Mal, dass ich wirklich fest mit Coira zum Tanzen in Malmö verabredet gewesen war, lag sie plötzlich mit Grippe flach.

Wenn Wanda nicht wäre, hätte ich wohl auch heute den Lockrufen meines gemütlichen Betts nicht widerstehen können. Aber sie hat heute Nachmittag ihren Keine-Widerrede-duldenden-Gouvernantenton angeschlagen: »Stella, du bist Mitte 30, nicht Mitte 80. Zu Hause bleiben kannst du in 30, 40 Jahren immer noch! Heute wird gefeiert, basta!«

Natürlich hat sie recht. Außerdem können wir morgen ausschlafen und haben sogar am Nachmittag vorgeschlafen, damit keine von uns »älteren Damen« im Saturday Night Fever schlappmacht.

Während wir uns fertig machten, kam mir, offensichtlich in einer vom Sekt benebelten Sekunde, der Gedanke, dass Wanda heute Abend vielleicht *auch* einen Schweden fände und dann hierbleiben könnte. Was ja nicht schlecht wäre, so eine gute Freundin in der Fremde.

Doch dann dämmerte es mir: Was hieß hier »auch«? Als ob ich einen Schweden gefunden hätte, zum Heiraten und Kinderkriegen und *vaniljhjärtan*-Backen. Ich hatte einen gefunden, mit dem man das alles NICHT machen konnte, weil er schon vergeben war!

Der Gedanke an Wandas schwedische Immigration war offensichtlich schneller gewesen als die interne Zensur. Ein Flashmob in meinen Hirnwindungen. Und als sich die Stimme der Vernunft nach der ersten sprachlosen Schrecksekunde wieder erholt hatte, gab's natürlich ordentlich was auf die Mütze.

Das hat doch nur mit Wandas weltfremdem Gefasel zu tun! »Jo-

akim ist in dich verliebt«, haha, dass ich nicht lache! Was für ein Quatsch! Er hat dir nur deswegen nicht früher von Kind und Kegel erzählt, weil er deine peinlichen spätpubertären Gefühlsduseleien längst bemerkt hat! Denn so sind sie, die Schweden: höflich. Und genau aus dem Grund hat er sich auch nicht mehr gemeldet.

Dann holte die gemeine Vernunft zum ultimativen Schlag aus: *Und jetzt vergiss den Typen endlich, ein für alle Mal!*

Ungefähr zeitgleich prostete mir Wanda erneut mit dem Sekt zu: »Auf die Liebe, *you know what I mean!*«

Ich werde hier noch wahnsinnig!

Ich bin froh, dass ich mich vor unserem Ausflug schlaugemacht habe. Ich weiß nicht, ob die Informationen, über die ich verfüge, in die Kategorie »Geheimtipp« fallen, aber immerhin weiß ich, wo man in Helsingborg hingehen kann, wenn man über 18 ist. Esbjörn hat das PL13 auf der *kräftskiva* als Erster erwähnt.

»Was magst du denn für Musik? Ah, Depeche Mode und so was? Dann bist du im PL13 richtig.«

Er hat mir das aufschreiben müssen, denn er hat den Namen schwedisch und nicht englisch ausgesprochen, und das klingt dann für deutsche Ohren erst mal etwas seltsam. Wie man *pehjählträttonn* in eine orthografisch richtige Buchstabenfolge umsetzt, war mir jedenfalls nicht klar. Joakim hat Esbjörns Notiz später, als er an meinem Geburtstag zum Helfen vorbeikam, bei mir herumliegen sehen und zustimmend genickt: »Guter Laden!«

Spätestens der Besuch der Homepage hat mich freudig gestimmt. Unter einem Bild von Depeche Mode wird dort aufgelistet, was man im PL13 so aufzulegen pflegt: Muse, The Killers, Bloc Party und die Ramones zum Beispiel. Möglicherweise bedeutet mein Wohlwollen bei Betrachtung dieser Auflistung, dass ich nicht nur alt *werde*, sondern bereits alt *bin*, aber manchmal ist mir das ganz einfach total egal.

Als wir Helsingborg erreichen, hat sich der vormals nur hin und wieder einsetzende Nieselregen in Form getröpfelt und wird uns von einem kalten Nordwestwind ins Gesicht gedrückt. Wollte ich nicht dem Hamburger Wetter entkommen? Wieso halte ich mich noch mal in Schweden auf und nicht in, sagen wir, Südfrankreich? Ich habe mich von dem fabelhaften skandinavischen Sommer einlullen lassen, und jetzt hab ich den Salat!

Nun gut, jetzt bin ich hier – Südfrankreich mach ich dann vielleicht im nächsten Jahr.

Wanda und ich wollten ursprünglich noch ein bisschen durch die Stadt flanieren, haben den Plan angesichts der Witterung aber doch verworfen. Auch einen Schirm haben wir selbstverständlich nicht dabei. Wir schieben uns an den Häusern entlang und sind froh, als wir endlich das Schild mit der Aufschrift »PL13« vor uns leuchten sehen. Ein düsterer Türsteher mit strengem Blick bewacht den Einlass, wobei die neongelbe Verkehrssicherheitsweste seiner Autorität in meinen Augen ein kleines bisschen entgegenwirkt.

Ich weiß nicht, was die Schweden an den Verkehrssicherheitswesten finden. Seit es früher dunkel wird, sehe ich überall Spaziergänger, Jogger, Fahrradfahrer, sogar Hunde und jetzt eben auch Türsteher in der grell leuchtenden und unförmigen Sicherheitsbekleidung. Als sei Schweden eine einzige Rennstrecke und man müsse wegen des mörderischen Verkehrs konstant um sein Leben fürchten. So eine Weste wäre in Rom oder Paris sicher eine Überlegung wert, aber ich möchte wetten, dass man einen Italiener oder Franzosen nicht mal unter Androhung lebenslangen Vin(o)-Entzugs zum Anlegen des nämlichen Kleidungsstücks bewegen könnte. Bei Verkehrsteilnehmern kann ich die Sache ja noch ansatzweise verstehen, aber der Türsteher steht zwei Stufen erhöht auf einer schmalen Beton-Außenterrasse, und die Straße davor ist in etwa so befahren wie eine Sackgasse in einem Dorf in der Hocheifel.

Wie auch immer, er winkt uns durch. Das ist nicht weiter verwunderlich: Ich würde die Bar zwar nicht direkt als gähnend leer bezeichnen, doch weit entfernt davon ist sie nicht. Ich zähle genau fünf Personen: zwei Frauen um die 30 mit Cocktails am rechten Ende der langen Bar, links davon ein Typ undefinierbaren Alters mit Schlangen-Tattoo auf dem Bizeps und zwei gelangweilte Barkeeper dahinter. Aber es ist ja auch noch früh. Positiv betrachtet haben wir Gelegenheit, uns ein nettes Plätzchen zu suchen, und entscheiden uns für einen der kleinen hohen Tische mit Barhocker, von wo aus wir einen guten Rundumblick haben.

Die breite Theke dominiert den Raum. Auf der uns gegenüberliegenden Seite füllt ein Schwarz-Weiß-Foto von Depeche Mode als Tapete die ganze Wand. Hinter uns prangt Morrissey überlebensgroß und ebenfalls in Schwarz-Weiß. Aus den Lautsprechern perlt Elektronisches mit schwedischem Gesang. Den Song kenne ich nicht – aber er gefällt mir. Als ich an der Bar bestelle, frage ich den Barkeeper, was da gerade läuft, verstehe aber leider kein Wort und bitte ihn, Künstler und Song aufzuschreiben. Auf die Rückseite einer Quittung notiert er *Familjen* und *Det snurrar i min skalle*. Es schnurrt in meiner Schale? Kann das stimmen? Ich glaube, ich muss noch mal an meinem Wortschatz arbeiten … Die beiden mikroskopisch klein wirkenden Bierflaschen kosten umgerechnet fünf Euro. Pro Stück. Kein Wunder, dass man hier mit Hochprozentigem »vortrinkt«.

Nach und nach trudeln mehr Gäste ein. Zu unserer Erleichterung keine Teenager-Gangs. Es sind sogar Menschen dabei, die bei der Gründung Depeche Modes bereits gelebt haben dürften, einige möglicherweise schon mehrere Jahre! Die Leute hier sind hübsch und sorgfältig gestylt, aber dabei deutlich individueller als die offenbar am Mainstream der Modemagazine orientierten Schweden, die ich sonst so in der Ängelholmer Fußgängerzone sehe. Es gibt Band-T-Shirts, Hemden, Kleider, Jeans in verschiedenen Ausführungen, Baskenmützen und andere extravagante Details. Die neu Angekommenen verteilen sich gleichmäßig an den Tischen und auf den Barhockern. Dabei sitzen sie immer möglichst weit voneinander entfernt. Ganz langsam steigt der Geräuschpegel. Wanda und ich lassen interessiert den Blick schweifen. So wie man das in einer Bar eben macht. In unsere Richtung blickschweift hingegen niemand. Die Gäste widmen sich denjenigen, mit denen sie angekommen sind, und sitzen da wie in ihrem eigenen Wohnzimmer.

Doch peu à peu kommt Bewegung in die Menge. An der Bar bilden sich erstmalig Schlangen. Es werden Shots bestellt und sofort gekippt. Bestellt und gekippt. Bestellt und gekippt. Dann kommen die Nächsten an die Reihe. Parallel dazu wird es immer voller. Die Musik wird lauter. Nicht mehr jeder kann sitzen, Leute drängeln sich an unserem Tisch vorbei in Richtung Klo. Ein Doppelgänger des jungen Dolph Lundgren rempelt mich an, murmelt eine Entschuldigung, ohne mich anzuschauen, und geht weiter. An der Bar, genau in Höhe unseres Tisches, sitzt mit dem Rücken zu uns immer noch der Typ mit dem Schlangen-Tattoo und starrt auf die Flaschen hinter dem Tresen. Wenn er nicht ab und zu das Bier zum Mund führen würde, könnte man meinen, er sei eine Art Gast-Attrappe.

Nachdem ich dieses soziologisch durchaus interessante Szenario eine Weile auf mich habe wirken lassen, sage ich zu Wanda: »Ich frage mich, wie die Schweden sich kennenlernen. In Bars schon mal nicht, das steht fest! Die reden ja alle nur mit den Leuten, mit denen sie gekommen sind. Obwohl ich es eigentlich ganz angenehm finde, nicht sofort angebaggert zu werden.«

Das ist natürlich nur die halbe Wahrheit. Denn so ein bisschen Aufmerksamkeit tut dem Selbstbewusstsein ja immer ganz gut. Insbesondere im fortgeschrittenen Lebensalter. Und mit leicht aus der Balance geratenem Gefühlshaushalt … Aber solche Hoffnungen kann man hier vollständig in die Tonne kloppen.

»Irgendeinen Grund muss es ja dafür geben, dass die nur neuneinhalb Millionen Einwohner haben. Ich sehe die auch nicht flirten. Die saufen nur«, bemerkt Wanda.

»Genau, die saufen. Meine Schwedischlehrerin hat erzählt, dass es bei den meisten Schweden verpönt ist, unter der Woche zu trinken. Wegen einem Glas Wein oder Bier zum Abendessen wird man schon schräg angeschaut und für einen Alkoholiker gehalten. Dafür trinken die Schweden alles, was sie unter der Woche ›eingespart‹ haben, auf einmal am Wochenende.«

»Das sieht man. Aber wo du gerade das Stichwort Bier erwähnt hast: Soll ich uns noch eines holen?«

Eine Antwort kann ich ihr nicht mehr geben, denn blitzschnell wie ein Samuraikrieger wirbelt der Tattoo-Typ von der Bar herum und knallt zwei Bier vor uns auf den Tisch. Und genauso blitzartig schnell er wieder zurück in seine Ausgangsposition. Keine Chance, sich ihn mal genauer anzuschauen, und auch keine Chance *Tack!* zu sagen, denn nun stiert er wieder unverändert auf das Alkoholsortiment hinter dem Tresen.

Wanda und ich glotzen mit offenem Mund auf die zwei eiskalt beschlagenen Flaschen.

»Die scheinen irgendwie subtiler zu flirten als die Deutschen«, sage ich. »Wie hat der Typ denn gesehen, dass wir gerade unser Bier ausgetrunken haben? Und noch wichtiger: Wie hat er uns *überhaupt* gesehen? Mir ist nicht aufgefallen, dass er sich einmal zu uns umgedreht hat!«

»Ich glaube, er war einmal auf dem Klo«, spekuliert Wanda. »Und ansonsten hat er den Barkeeper als Informanten benutzt. Geht ja nicht anders.«

»So wird es sein, Watson. Ich glaube, jetzt habe ich vor lauter Schreck Lust auf eine Zigarette. Kommst du mit?«

Wanda nickt, und wir quetschen uns durch die Menschenmenge nach draußen auf die Terrasse. Zum Glück ist die überdacht, denn inzwischen nieselt es nicht mehr nur, sondern es gießt in Strömen.

Ich hole das Päckchen Öko-Zigaretten raus, das ich im Juli vor meiner Abfahrt nach Schweden in Hamburg gekauft habe. Jetzt, Ende Oktober, ist es immer noch halb voll. Ich zünde mir eine Kippe an. Wanda will keine, sie hat Angst, wieder richtig anzufangen, wenn sie bei einer schwach wird. Das Problem habe ich zum Glück nicht, meistens vergesse ich sogar vollkommen, zu rauchen. Aber beim Ausgehen fällt es mir dann doch meistens ein. Nachdem ich gerade zwei Züge genommen habe, fliegt mit einem lauten Knall die Tür sperrangelweit auf, und ein Kerl in unserem Alter – groß, trainiert, Typ »später Sportstudent« – stolpert uns direkt vor die Füße. Kurz hält er sich an einem Tisch fest, dann wendet er sich uns zu und verzieht das Gesicht. Das soll möglicherweise ein Lächeln sein, sieht allerdings so aus, als habe er vor einer halben Stunde eine Weisheitszahnoperation über sich ergehen lassen, stünde noch unter Schmerzmitteln und probiere, ob er schon wieder etwas fühlt.

Nun sagt er ein paar Worte auf Schwedisch, die ich nicht verstehe, und deutet dabei auf meine Zigarette. Ich mutmaße, er möchte eines meiner Tabakerzeugnisse schnorren. Es ist wirklich etwas anderes, Schwedisch zu lesen oder mit der betont deutlich und langsam redenden Madde zu parlieren, als hier in freier Wildbahn das Genuschel eines deutlich alkoholisierten Menschen zu decodieren. Eines alkoholisierten Menschen, der vermutlich auch noch *skånska* – also Schonisch – spricht. Ich bin zwar noch nicht so weit, Dialekte erkennen zu können, stelle mir das aber so vor, als präsentierte man einem Deutschanfänger eine kölsche Karnevalssitzung.

Ich klopfe eine Zigarette also halb aus dem Paket und halte sie ihm hin. Das scheint ihn zu verwirren. Er starrt auf meine Hand. Starrt auf das Päckchen und die Zigarette. Im Augenwinkel sehe ich nun drinnen hinter der Scheibe ein Grüppchen von vier Jungs, das uns interessiert zuschaut. Ich bekomme das unbestimmte Gefühl, dass der späte Sportstudent zu ihnen gehört. Einer der

Jungs zeigt auf uns und sagt etwas, die anderen lachen. Da endlich nimmt der Sportstudent die Zigarette und hält sie sich vors Gesicht. Er schaut sie an, als sei sie ein rätselhaftes außerirdisches Objekt, das er noch nie gesehen hat. Diese Inspektion dauert eine ganze Weile, doch schließlich stopft er sie zwischen die Lippen und gibt sich selbst Feuer.

Wanda und ich betrachten ihn mit der Faszination zweier Naturforscher. Er versucht, unseren Blick zu erwidern, aber seine Augen bewegen sich wie Suchscheinwerfer in verschiedene Richtungen. Er nimmt einen zweiten Zug. Schaut wieder auf die Zigarette. Schnüffelt am glühenden Ende und verbrennt sich fast die Nasenspitze.

»*Men … vad fan?*«

Bis auf das *men* – das heißt »aber« – habe ich keinen blassen Schimmer, was das bedeutet, aber da er so aussieht, als wisse er nicht, was er da in den Fingern hält, erkläre ich langsam und deutlich: »*Det är en ekologisk cigarett.*« (Das ist eine Öko-Zigarette!)

Wenn man diese Fluppen nicht kennt, wirken sie sogar im nüchternen Zustand zuerst etwas verwirrend, weil sie keine Brennbeschleuniger enthalten. Darum muss man stärker daran ziehen. Außerdem sind sie nicht parfümiert und schmecken darum deutlich rustikaler als gewöhnliche Kippen.

Der Sportstudent betrachtet weiter die Zigarette. Dann betrachtet er uns. Soweit er das hinbekommt, jedenfalls. Auf seinem Gesicht breitet sich in Zeitlupe ein angstvoller Ausdruck aus. Möglicherweise glaubt er, wir wollen ihn vergiften. Auf einmal wirft er die Kippe auf den Boden, reißt die Tür auf und stürzt zurück in die Bar. Die Jungs drinnen halten sich den Bauch vor Lachen.

Wanda und ich schauen ihm nach.

Dann schauen wir uns an.

Dann lachen wir, bis wir nicht mehr können.

»Okay, ich glaube, wir können Flirtversuch Nummer zwei des heutigen Abends zu Protokoll geben«, konstatiert Wanda, als sie wieder normal atmen kann.

»Wirklich ein Wunder, dass die Schweden noch nicht ausgestorben sind. Entweder sind sie so verklemmt, dass sie sich nicht trauen zu gucken, oder sie sind so besoffen, dass sie nicht mehr gucken können. Nur schade um die Kippe, billig sind die Dinger ja nun nicht ...« Ich deute auf das glimmende Stäbchen auf dem Boden.

»Betrachte es als Lehrgeld: Du weißt jetzt, wie die Schweden flirten.«

Als wir wieder reinkommen, sitzt der Typ mit dem Tattoo immer noch wie angeschweißt auf seinem Hocker, unterhält sich aber überraschenderweise mit einer Frau mit schwarzen, langen Haaren. Sie wirft den Kopf in den Nacken und lacht über das, was er erzählt. Überhaupt hat sich die Stimmung gewandelt. Vermutlich war das schon so, bevor wir rausgegangen sind, aber nach der kleinen Pause wird es noch einmal deutlicher. Mit steigendem Alkoholpegel ist wohl die Steifheit aus der Gesellschaft gewichen. Vielleicht waren wir bloß zu früh da. Wieder fällt mir auf, wie unglaublich gut ich die Musik hier finde. Eine Schande, dass es keine Tanzfläche gibt.

Als wir uns wieder hinsetzen, bekommen wir sogar die Gelegenheit, unserem Wohltäter, der uns jetzt sein Profil zudreht, zuzuprosten. Er nickt und prostet lächelnd zurück. *Wahrscheinlich ist der gar kein Schwede*, denke ich. Und dann, genau in dem Moment, als dem netten Bierspender aus dem Nichts eine rosa Perücke gereicht wird, die er sich, ohne mit der Wimper zu zucken, aufsetzt, erklingen die ersten Töne von *Call the Ships to Port*. Das ist ein Lied, das ich kenne. Nein, das ist nicht nur ein Lied, das ich kenne, sondern auch noch ein Lied, das ich sehr mag. Aber vor alledem ist es ein Lied von Joakims Band.

»Das ist ein Lied von Joakim«, sage ich laut.

»Waaas?«, schreit Wanda, denn es ist inzwischen wirklich *sehr* viel lauter.

»Das ist ein Lied von Joakims Band«, schreie ich zurück.

»Waaas? Ibrahim rennt?«

»DAS LIED, DAS DA GERADE LÄUFT, IST VON JOAKIMS BAND«, brülle ich so laut, dass es im Hals zu kratzen beginnt.

»Ruf ihn an!«, jubelt Wanda.

»Waaas?«, frage ich, obwohl ich diesmal eigentlich genau verstanden habe.

»RUF IHN AN! Sag ihm, wo wir sind. Er soll herkommen!«

»Wieso denn das?«

»Wieso denn nicht? Das mit dem Song ist ein Zeichen!«

»Zeichen gibt's nicht.«

»Wohl! Habe ich gerade beschlossen.«

Wanda spinnt!, mault die Stimme der Vernunft.

Spitzenidee!, jubelt das urplötzlich wieder zu neuem Leben erwachte Bauchgefühl. *Bestimmt ist er doch verliebt, und Wanda hat recht mit allem und überhaupt!*

Allem Anschein nach gewinnt mein Bauchgefühl die Oberhand, denn ich ziehe mein Handy aus der Tasche und tippe eine SMS. Gerade als ich damit fertig bin, steht ganz unerwartet die rosa Perücke neben uns. Noch unerwarteter beginnt die rosa Perücke zu sprechen: »Hej, ich bin Anders.«

Ja, ganz offensichtlich, denke ich.

»Hej, ich bin Stella«, sage ich. »Danke für das Bier!«

»Und ich bin Wanda!«, sagt Wanda und erklärt: »Wir sind aus Deutschland, aber Stella wohnt in Ängelholm.«

»Vorübergehend«, schicke ich hinterher, und mit Blick auf seinen pinkfarbenen Kopfschmuck: »Ich habe übrigens mal in Köln gelebt. Da trägt man gern so was. Zumindest zu bestimmten Gelegenheiten. Karneval und so, weißt du? Alaaf!«

»*Jaha!?*«, sagt der Mann, der Anders heißt. Dabei sieht er aus, als stelle er gerade unseren geistigen Gesundheitszustand infrage. Was ich von einem Typen, der eine rosa Perücke trägt, stundenlang wie eingefroren am Tresen sitzt und dann ohne Vorwarnung Biere auf den Tisch knallt, fast als Frechheit betrachten würde.

Plötzlich fällt mir etwas ein:

»Du, Anders, was bedeutet: *Det snurrar i min skalle?*«

»Ah, du hast *Familjen* gehört?«, sagt Anders und grinst. »*Det snurrar i min skalle* heißt wörtlich: Es dreht sich in meinem Schädel.«

Mit der schnurrenden Schale lag ich also knapp daneben. Das ist wirklich eine Krux mit den schwedischen und deutschen Wörtern. Sie klingen oft furchtbar ähnlich, bedeuten auch oft entfernt etwas Ähnliches, aber eben nicht genau dasselbe. Das kann einen manchmal so verwirren, dass sich alles dreht.

»Und was heißt: *Vad fan?*«, frage ich.

»Das bedeutet ›Was zur Hölle‹ oder auch ›Verdammt!‹.«

»Aha!«, sage nun ich in Ermangelung einer schlagfertigen Antwort.

»Sagt mal, wie kommt es eigentlich, dass ihr ausgerechnet hier gelandet seid? Touristen verirren sich nicht sehr oft hierher, jedenfalls nicht zu dieser Jahreszeit«, erkundigt sich Anders auf einmal.

»Eigentlich wollten wir nach Malmö, aber von dort kommt man erst morgens um fünf wieder zurück nach Ängelholm. Und in unserem Alter weiß man ja nicht, ob man so lange durchhält. Äh, durchhalten will«, erkläre ich.

Dann mache ich eine Pause. Und überlege. Ich habe gerade irgendetwas Wichtiges gesagt. Was war das bloß?

Mit einem Mal rauscht mir plötzlich das Blut in den Ohren. Ängelholm! Der Nachtbus! Verdammt!

»Wie spät ist es?«, frage ich hektisch.

Anders schaut auf seine Uhr.

»Gleich Viertel nach zwei.«

»*Vad fan!* Wir müssen los.«

Joakim | Ich betrete das PL13 und sehe mich erwartungsvoll um, aber als ich nach zwei Minuten das ganze Lokal gescannt habe, muss ich feststellen: Von Stella und ihrer Freundin fehlt jede Spur. Ich frage mich für den Bruchteil einer Sekunde, ob es nicht das Vernünftigste wäre, gleich wieder zu gehen. Aber erstens tauchen die beiden vielleicht gleich wieder auf. Und zweitens habe ich gerade keine Lust, vernünftig zu sein. Nach Hause kann ich sowieso nicht. Die Beziehung zwischen mir und der Mutter meiner Tochter hat sich von einer Art atomarem Gleichgewicht hin zu offenem Krieg entwickelt, und es ist eine ausgesprochen schlechte Idee, Armageddon um halb drei nachts auszulösen. Bei näherer Betrachtung ist das zu jedem Zeitpunkt eine schlechte Idee.

Außerdem steht mein Freund Anders an der Bar, Fredda hinter dem Plattenspieler, und die Sperrstunde rückt bereits näher. Ich bestelle ein Bier und einen doppelten Whisky, kippe den Whisky herunter, nippe am Bier und betrachte Morrissey an der Wand neben mir.

»Aha. Einer von diesen Abenden?«, sagt Anders, der sich zu mir gesellt hat.

»Ja«, antworte ich und zögere kurz, bevor ich frage: »Sag mal, hast du zufällig zwei deutsche Mädels hier gesehen? Mindestens eine davon blond?«

»Heißen die Damen, die du suchst, zufällig Stella und Wanda?« Ich nicke verblüfft.

»Die sind vorhin leider ganz überstürzt abgehauen. Haben was von Nachtbus gefaselt, und weg waren sie«, sagt Anders mit einer wedelnden Handbewegung zur Tür hin und fügt dann hinzu: »Schade, waren Spitzenbräute. Haben zwar ein bisschen seltsames Zeug geredet, aber die hätt ich trotzdem gern ein wenig unter die Lupe genommen.«

Ich schweige. *Zum Glück war ich nicht dabei, als Anders sich an Stella rangemacht hat*, denke ich und spüre einen unangenehmen Stich in der Magengrube.

»Musst du nicht nach Hause zur Familie?«, fragt Anders da plötzlich.

»Nein. Ich bin Persona non grata für den beschlussfassenden Teil der Familie«, sage ich düster.

»Was willst du tun?«

»Tja, hast du einen Vorschlag?«

Statt zu antworten, nickt er in Richtung einer Gruppe junger Mädchen, die um einen der Tische am Fenster herumtanzen. Fröhlich, hübsch, auf alternative Art leicht gekleidet und definitiv in Partylaune. Also ungefähr diametral entgegengesetzt zu mir selbst: düster, unrasiert, im zerknitterten Anzug und so partyfreudig wie ein Taliban.

»Ich denke nicht, dass wir uns gegenseitig viel zu bieten haben«, seufze ich.

»Okay, verstehe. Komm, ich lad dich ein«, sagt Anders und lässt sich vom Barkeeper die Whiskyflasche herüberreichen.

Irgendetwas juckt infernalisch unter meinem rechten Ohr und zwingt mich, den Kopf zu bewegen. Es fühlt sich an, als hätte jemand einen Ballon in meinem Kopf aufgeblasen und ihn anstatt mit Luft mit Beton gefüllt. Ich öffne die Augen und erkenne, dass ich auf dem Sofa im Studio liege. Ein Schuh steht auf dem Tisch vor mir, der andere befindet sich an meinem linken Fuß. Als ich mich in den halben Sitz hinaufdrehe, fällt mein Handy aus meinem Hemdkragen. Ich schaue auf das Display. Ein verpasster Anruf, zwei Textnachrichten. Außerdem habe ich das vage Gefühl, selbst Anrufe getätigt zu haben. Ein Blick auf die Anrufliste zeigt: fünf abgehende Anrufe an meine eigene Festnetznummer zu Hause, alle unbeantwortet.

Die erste SMS ist von Anders:

```
Ich hoffe, du hast die Fahrradfahrt über-
lebt, das sah nicht besonders stabil aus.
```

Gib mir ein Zeichen, wenn du auferstanden bist.
Kram!

Die zweite SMS ist von meiner Freundin. Ich starre den Text an. Lese ihn noch einmal. Obwohl er nicht unerwartet kommt, kann ich nicht richtig verstehen, dass er an mich gerichtet ist. Ich mache das Telefon aus, ziehe den zweiten Schuh aus, den Anzug, das Hemd und die Strümpfe und setze mich auf den Boden.

»Jetzt fängt es an«, sage ich leise.

Dann lasse ich jahrelange Verzweiflung, Frustration, Schuldgefühle und Verdrängung über mich hinwegspülen, ohne auch nur den geringsten Widerstand zu leisten.

Stella | Ich werfe einen Blick auf mein Handy, um die Uhrzeit zu checken (14 Uhr 27). Dabei komme ich nicht umhin festzustellen, dass ich immer noch keine Nachricht habe.

Gut. Dann weiß ich jetzt also, woran ich bin.

Wanda und ich bummeln durch die schnuckelige Innenstadt Helsingborgs mit den vielen alten Fachwerkhäusern. Eine erstaunliche Ruhe liegt über der Stadt. Auch im Park rund um den mittelalterlichen Turm *Kärnan*, der sich auf einem Hügel oberhalb der Altstadt ausbreitet, ist es unerwartet leer. Trotz des strahlenden Sonnenscheins, von dem wir heute früh geweckt wurden und der uns zu diesem Sonntagsausflug nach Helsingborg veranlasst hat. Der Blick über die Stadt von hier oben ist herrlich, er reicht über das Meer bis zum Hamlet-Schloss in Helsingør auf der anderen Seite des Öresunds.

»Stell dir vor, da drüben war ich vor Ewigkeiten schon mal auf 'ner Exkursion mit der Uni«, sage ich und zeige in die Ferne, wo sich das Schloss mit seinen Türmchen majestätisch vom blauen Himmel abhebt. »Verrückt, oder?«

»Stimmt. Und bald wohnst du direkt gegenüber«, sagt Wanda.

»Wie bitte?«

»Na, wenn du mit Joakim zusammenkommst, lebt ihr doch bestimmt hier.«

Ich verdrehe die Augen.

»Och, Wanda, jetzt reicht es aber, das ist ja mittlerweile eine fixe Idee. Wenn du so weitermachst, fang ich selbst an, daran zu glauben, und das will ich nicht!«

»Wieso?«

»Weil das zu nichts führt! Okay, ich gebe es ja zu: Es besteht die Möglichkeit, dass ich ein winziges bisschen in Joakim verknallt bin ...«

»Na also!«

»... aber das muss sich ändern. Dass er gestern nicht gekommen ist und bis jetzt nicht einmal auf meine SMS geantwortet hat, spricht ja wohl Bände!«

»Vielleicht ist er ja noch gekommen, aber wir waren schon weg? Wir sind schließlich ziemlich abrupt aufgebrochen. Oder es ist etwas anderes passiert, was ihn davon abhält, sich zu melden«, schlägt Wanda vor.

»Etwa, dass ihm beide Hände und der Kopf abgefallen sind und er deshalb nicht in der Lage ist, mir eine simple SMS zu schicken? Nein, wenn er Interesse hätte, hätte er sich gemeldet!«, protestiere ich.

»Du vergisst, dass Joakim ein Mann ist, und Männer verhalten sich selten, wie Frauen meinen, dass sie sich verhalten sollten. Außerdem ist er Schwede, das kommt erschwerend hinzu. Die scheinen ja generell etwas, äh, spezieller zu sein ...«

Obwohl Wanda in einigen Punkten sicher recht hat, bin ich nicht überzeugt.

»Wir haben uns noch nicht mal geküsst, und ich bezweifle auch, dass das je passieren wird. Geschweige denn, irgendetwas anderes. Ich meine, er hat sich seit Wochen nicht bei mir gemeldet! Und auf den ersten Kontaktversuch von mir ist er bislang auch nicht eingegangen. Dass du hier was von *sambo* herbeifantasierst, entbehrt wirklich jeder Grundlage.«

Wanda kichert.

»Von was fantasiere ich? Samba?«

»*Sambo*. So heißt das in Schweden, wenn man mit jemandem zusammenwohnt. *Bo* heißt ›wohnen‹, und *sammanboende* heißt ›die, die zusammen wohnen‹. Kurz wird daraus *sambo*. Die haben hier ja so einen Abkürzungsspleen. Madde heißt in Wirklichkeit Madeleine, Pernilla wird von allen Nilla genannt. Joakims Spitzname ist Jocke, alle, die Niklas heißen, werden Nicke abgekürzt, Lars wird zu Lasse, aus Nils wird Nisse …«

»Nisse hat aber einen Buchstaben mehr als Nils«, wirft Wanda ein.

»Ich sag es ja: Die spinnen!«

»Sollen sie spinnen, die Schweden. Hauptsache, es gibt jetzt endlich Kuchen, Stella. Verzeihung, ich meine: *Ella*.«

»Alles klar, *Wanne*«, sage ich, lenke meine Aufmerksamkeit bewusst weg von Männern im Allgemeinen und einem Mann im Speziellen und richte sie stattdessen auf ein in Kürze zu genießendes Stück Apfelkuchen. Und zwar *ohne* Vanillesoße! Schon aus Prinzip!

Einen Tag später bringe ich Wanda zum Bahnhof.

»Wart's nur ab, spätestens morgen hast du Nachricht von deinem Jocke! Das wird was mit euch beiden, das hab ich im Gefühl!«, orakelt sie.

Bevor ich protestieren kann, schließen sich die Türen des Öresundzuges zum Flughafen hinter ihr, und ich bleibe allein auf dem Bahnsteig zurück. Ihre Worte hängen wie eine Prophezeiung in der Luft. Joakim und ich?

Bedauerlicherweise liegt das selbst ernannte Orakel bereits mit seiner ersten Prognose falsch. Ich bekomme keine SMS. Nicht am nächsten und auch an keinem anderen Tag. Außerdem sind mir keine Anrufe entgangen, und in meinem E-Mail-Postfach finde ich neben den üblichen Pressemeldungen, einer Einladung der Diva zu ihrer Weihnachtsfeier in gut einem Monat in Berlin und einer Nachricht von Simon, der mir mitteilt, dass er aus London zurück ist und sich auf Samstag freut, kein Wort von Joakim.

Kapitel 16

IMMER WIEDER SONNTAGS

Stella | Madde hatte mich vorgewarnt: »Mach dich drauf gefasst, dass er dich *nicht* einlädt! Das machen die jungen Männer heutzutage nicht mehr.«

Auch meine Schwedischlehrerin hat im Unterricht schon mal erwähnt, dass die gleichberechtigten Schweden selbst bei eindeutigen Dates nach getrennten Rechnungen verlangen. Keineswegs aus Unhöflichkeit, ganz im Gegenteil: Es geht darum, dass bei der Dame keine Gefühle der Verpflichtung aufkommen. Die schwedischen Männer haben offensichtlich so viel Angst, als Chauvi rüberzukommen, wie die deutschen sich fürchten, in die Pantoffelhelden-Schublade gesteckt zu werden. Obwohl Letztere bestimmt froh wären, wenn von ihnen nicht immer erwartet würde, den generösen Gönner zu spielen.

Doch Simon ist entweder altmodisch oder einfach nicht repräsentativ. Er hat nicht nur das Restaurant ausgesucht, sondern, als ich nach dem Essen kurz auf Toilette war, auch die Rechnung vollständig beglichen. Und zu allem Überfluss empfing er mich ganz gentlemanlike mit meinem Mantel in der Hand am Ausgang.

»Aber das wäre doch nicht …«, stammelte ich, während er mir erstaunlich geübt in den Mantel half, wahrscheinlich eine Begleiterscheinung dessen, dass er so viel in der Weltgeschichte herumreist und sich mit unterschiedlichen Leuten treffen muss. Möglicherweise hat er aber auch ganz einfach ziemlich häufig Damenverabredungen, bei denen sich Mantelhilfe gut macht.

»Keine Sorge!«, lachte er. »Der Abend ist ja noch nicht vorbei. Das nächste Bier zahlst einfach du.«

Selbiges haben wir dann in einer dekorativ unordentlichen Bar im Wohnzimmerstil am *Möllevågnstorget* getrunken. Der *Möllevågnstorget* (sprich: Möllewognstorjet) ist ein Platz in einem bunten Viertel mit vielen kleinen Bars, Restaurants, türkischen Gemüseläden, Falafel-Buden, arabischen Kiosken, und an diesem Abend ist er voller junger Menschen.

»Das hier ist so eine Art Epizentrum des Nachtlebens in Malmö«, erklärte Simon, als er mir die Tür zur Bar aufhielt. »Hier ist immer was los, und es ist fast egal, wo man reingeht. Ich wohne übrigens direkt um die Ecke.«

So wenig Lust ich zunächst hatte, meinen winterträgen Körper aus dem kleinen Strandhäuschen zu bewegen, umso mehr Gefallen fand ich dann an dem Abend. Es tat gut, unter Menschen zu kommen. Außerdem war es total befreiend, nicht ständig an ausbleibende Mails zu denken oder in Grübeleien darüber zu verfallen, was es bedeutete, dass meine Mutter, die ich immer als unabhängig erlebt hatte, jetzt aus ihrem Haus in eine betreute Wohnanlage ziehen musste, weil sie immer verwirrter wurde.

Als ich mich bei unserem zweiten Bier dabei erwischte, mit Simon zu flirten, wurde ich von der Stimme der Vernunft dafür über den grünen Klee gelobt: *Richtig so! Warum denn nicht gleich? Ich sag doch, das ist er.*

Mein Bauchgefühl gab keine eindeutigen Signale, funkte aber immerhin nicht dazwischen. Offenbar war es dabei, die ganze Sache auf sich wirken zu lassen. Und da wirkte einiges: sympathische Lachgrübchen, warme mittelblaue Augen, die ich jetzt zum ersten Mal so richtig aus der Nähe sah, schöne Hände, ein dezenter Geruch nach Aftershave, Humor mit britischem Einschlag, ein charmantes Lächeln, gute Manieren, zufällige, aber nicht aufdringliche Berührungen … Simon, das war nicht zu leugnen, war ein Prachtexemplar.

Doch, ja. In den könnte ich mich verlieben, konstatierte mein Bauchgefühl schließlich gnädig, fügte dann aber noch hinzu: *Normalerweise.*

Der einzige Haken war natürlich, dass gerade nicht »normalerweise« war.

Papperlapapp, das wird schon!, mischte sich da die Stimme der Vernunft ein. *Das ist nur eine Frage der Zeit!*

In weiser Voraussicht hatte ich eine Zahnbürste und einen frischen Slip in meine Handtasche gepackt, und ich rechnete fest damit, dass die nächste Station dieses Abends eine Besichtigung des simonschen Domizils werden würde. Warum sonst hatte er wohl darauf hingewiesen, hier um die Ecke zu wohnen?

»Wie viel Zeit hast du eigentlich?«, sagte Simon plötzlich.

»Der letzte Zug geht leider schon um halb eins«, antwortete ich mit, wie ich fand, hörbarem Bedauern in der Stimme.

»Oh«, sagte Simon.

Jetzt ist es so weit, dachte ich. *Jetzt wird er mir anbieten, bei ihm zu übernachten.* Ich war sofort aufgeregt. Es war so unendlich lange her, dass ich die Nacht spontan bei einem Mann verbracht hatte. Bestimmt war Simon jemand, der morgens leise aufstand, Brötchen besorgte, frischen Orangensaft presste und das Luxusfrühstück dann mit einer Rose im Bett servierte. Nach der Fußmassage natürlich.

»Weißt du, es ist zu blöd, meine Schwester ist kürzlich umgezogen und hat meine Gästematratze mitgenommen. Und mein Sofa ist ein Zweisitzer, das kann ich dir wirklich nicht anbieten. Sonst hättest du heute Nacht auch bei mir bleiben können, dann wären wir noch tanzen gegangen.«

Er lächelte bei dieser Bemerkung so liebenswürdig und undurchschaubar wie ein Anchorman in den Nachrichten.

Was, zum Teufel, wollte mir diese Nachrichtensendung sagen? War das hier gerade eine nett verpackte Abfuhr? Oder war es das genaue Gegenteil? Spekulierte er darauf, dass ich sagen würde: »Ach, du, das macht gar nichts, ich schlaf nach dem Sex auch bei dir im Bett?« Oder: »Ich bin Schlafmasochistin, unbequeme Zweisitzer sind mein Liebstes?« Vielleicht war er ein Messie, und bei ihm zu Hause krochen die Kakerlaken die Wände hoch – nein, das konnte ich mir wirklich nicht vorstellen. Oder war er vielleicht schwul? Nein, er hatte mir doch von seiner Ex-Freundin erzählt, mit der er jahrelang zusammen gewesen war und die das Sorgerecht für den gemeinsamen Border Collie übernommen hatte.

Hatte ich vielleicht irgendetwas gründlich missverstanden? War sein Interesse an mir rein – o Gott! – freundschaftlich? Was war denn dann mit der Fußmassage? Den Rosen? Dem »*Love, S.*« auf der Karte, dem Gefasel über die Blume, die er sehen wollte? War er mit allen Wassern gewaschen, hatte ein Abo bei Fleurop, um immer einige weibliche Eisen im Feuer zu haben? Hatte er vielleicht noch ein anderes Date nach mir? Oder – nicht auszudenken! – hatte ich heute Abend einen schlechten Eindruck gemacht? Vielleicht wollte er mir aber auch nur einfach keinen Druck machen, nachdem er bereits das Essen bezahlt hatte, was man nach schwedischen Maßstäben ja vielleicht als Fauxpas deuten konnte?

Die Fragen, die durch meine Gehirnwindungen gefunkt wurden, nahmen kein Ende. Ich hatte auch keine Zeit, eine Antwort zu finden, denn egal, was es war: Wenn ich nicht bei Simon übernachten würde, musste ich jetzt aufbrechen.

Ach, ist vielleicht auch besser so!, kommentierte mein Bauchgefühl die Lage, spielte heimtückisch ein Bild von Joakims lächelnden Augen ein, und ich spürte neben einer gewissen Kränkung meiner Eitelkeit tatsächlich so etwas wie Erleichterung.

»Ich bring dich natürlich zum Zug«, sagte Simon.

Damit war die Sache dann wohl beschlossen.

Auf dem Weg zum Bahnhof hielten wir die Konversation mühsam mit sinnentleertem Small Talk aufrecht. Um weiteren

Enttäuschungen vorzubeugen, machte ich mich vorsichtshalber darauf gefasst, dass das unser erster und letzter gemeinsamer Spaziergang war. Ich stellte mich auf einen kumpelhaften Abschiedshandschlag und einen Satz im Stile von »Bis bald. Man sieht sich« ein.

Ich hätte es inzwischen eigentlich besser wissen sollen: Sobald man von einem Schweden etwas erwartete, kam sowieso alles ganz anders.

Auf dem Bahnsteig schloss mich Simon plötzlich fest in die Arme. Dann nahm er mich an den Schultern, schaute mir tief in die Augen und verkündete auf Deutsch: »Das war eine wunderbare heute Abend, mein liebess Fräulein! Nur leider viel ssu kurss.«

Dann gab er mir einen Kuss auf die Wange und erklärte auf Englisch: »Stella, ganz ehrlich: Ich habe den Abend wirklich sehr genossen, und ich würde dich gerne wiedersehen. Und zwar bald, wenn du nichts dagegen hast!«

Die Stimme der Vernunft und mein Bauchgefühl waren ausnahmsweise mal gemeinsam sprachlos.

Und nun, nur eine Woche später, stehen wir in meiner kleinen Küche und backen Waffeln! Ja, genau: Waffeln! Dass ich das mal beim zweiten Date mit einem Mann machen würde, hätte ich mir nicht träumen lassen. Aber ich wusste ja nicht, dass mich das Schicksal nach Schweden verschlagen würde.

Eigentlich wäre ich ja mit Simon gern spazieren gegangen, dann gemütlich in irgendeinem hübschen Café eingekehrt, um dann später in Lucylust zu anderen Tätigkeiten überzugehen.

Das Problem: Es ist Sonntag. Und der Versuch, außerhalb der sommerlichen Hauptsaison an einem Sonntag in Schweden ein geöffnetes Café zu finden, ist ungefähr mit dem Vorhaben zu vergleichen, nachts um halb eins einen freien Parkplatz in Hamburg-Eimsbüttel zu finden, einem Stadtteil, in dem das Wort »Parkplatznot« erfunden wurde, wie es eine Freundin einmal formuliert hat. Zumindest war dies das Fazit von Wandas und meinem Versuch, in Helsingborg Apfelstreusel zu bekommen. Es wäre vermutlich einfacher gewesen, bei all unserem Herumirren von einem geschlossenen Lokal zum nächsten einen Elch zu treffen – aber auch das haben wir natürlich nicht geschafft.

Zunächst haben wir uns gefragt, ob wir vielleicht einen besonders hohen schwedischen Feiertag erwischt haben, aber mitnichten: Taina erzählte beim nächsten Saunagang mit den Salzkristallen davon, dass sie und einige Freundinnen einen sonntäglichen Geburtstag mal bei einer bekannten Fast-Food-Kette gefeiert haben – weil diese das einzige »Café« in Ängelholm war, das an einem Sonntag geöffnet hatte. Das war übrigens auch das Lokal, in dem Wanda und ich mit in den Kniekehlen hängenden Magen dann auf dem Rückweg von Ängelholm landeten.

Simon bestätigte das Phänomen noch mal: »Der Sonntag ist so eine Art schwedischer Sabbat. Wir sind zwar im Großen und Ganzen nicht besonders religiös, aber dieser Tag ist bei uns heilig. Da wird entweder der Rausch ausgeschlafen, man bleibt zu Hause oder besucht die Familie. Zu öffnen würde sich für die meisten Cafés und Restaurants einfach nicht lohnen.«

Dann fügte er plötzlich hinzu: »Aber was hältst du davon, wenn wir bei dir Waffeln backen? Ich bin so neugierig auf dein Häuschen!«

Irgendwie scheinen schwedische Männer haushaltsorientierter zu sein als deutsche. Vielleicht werden sie aber auch einfach von den Umständen – oder ihrer Mama – frühzeitig dazu gezwungen.

Nach der Sauna mit den Salzkristallen bin ich heute früh also losgezogen, um im Supermarkt das Waffeleisen zu kaufen. Sonntags mögen in Schweden Restaurants und Cafés geschlossen haben, aber keine tüchtige Hausfrau und kein tüchtiger Hausmann werden in ihrem Backwahn gebremst: Ganz selbstverständlich haben sämtliche Lebensmittelmärkte geöffnet.

Um halb drei erschien Simon oben auf meiner Düne. Kurz blieb er dort oben stehen; wie ein Held im Film, bevor er zu Heldentaten aufbricht. Die Welt retten. Oder Waffeln backen. Wie er da stand, in der frühen Dämmerung, mitten in den fallenden Schneeflocken und beschienen von der Funzellaterne an meinem Häuschen, mit seiner Brille und dem Seitenscheitel, sah er plötzlich fast aus wie Jude Law in *Liebe braucht keine Ferien*. Vielleicht lebte ich ja in einem britischen Weihnachtsfilm? Dann gab es Grund zur Hoffnung, denn die hatten ja immer ein Happy End.

Wir fingen gleich mit dem Waffelbacken an. Damit richtete ich mich immerhin nach *einem* Dating-Tipp von Wanda: Wenn du einen Mann zum ersten Mal bei dir zu Hause triffst, musst du unbedingt etwas zu tun haben!

»Ich kann ja schon mal die Sahne schlagen«, sagt Simon nun, während ich den Waffelteig mit dem Schneebesen zusammenrühre. Um an die Sahne zu kommen, die rechts auf der Arbeitsfläche der Küchenzeile steht, fasst er mich vorsichtig um die Taille und schiebt mich zur Seite. »Stella, weißt du, ich habe mir etwas überlegt. Meine Mutter hat ja ein Haus in Stockholm und ...« Er stockt und sagt plötzlich: »Oh, du verwendest Zucker?«

Darauf bin ich selbstverständlich vorbereitet.

»Nein, wir können die Sahne ruhig ohne Zucker machen, kein Problem.«

Doch Simon schüttelt den Kopf und zeigt auf die Teigschüssel.

»Ich meine nicht die Sahne. Ich meine den Waffelteig.«

Er deutet auf die Zuckertüte in meiner Hand.

Darauf bin ich *nicht* vorbereitet.

»Backt man in Schweden auch Waffeln ohne Zucker?«

»Also, ich bin jetzt zwar nicht der routinierte Waffelbäcker, aber ich bin fast sicher, dass man normalerweise keinen nimmt.«

»Lass mich raten: Stattdessen kippt man Vanillesoße drüber?«

Simon schaut mich verständnislos an.

»Vanillesoße? Wie kommst du denn da drauf? Natürlich isst man Waffeln mit Vanilleeis und *sylt*.«

»Sylt?«

Ich denke an eine nordfriesische Insel mit hohem Promiaufkommen und verstehe nicht ganz den Zusammenhang.

»Marmelade«, erklärt er in einem Tonfall, in dem man mit Dreijährigen redet. Dann lacht er plötzlich: »Weißt du, ich bin in Waffeldingen sehr flexibel. Wir machen die Waffeln einfach so, wie du es gewohnt bist, und nächstes Mal können wir sie ja dann auf schwedische Art backen.«

Nächstes Mal.

Er hat »nächstes Mal« gesagt.

»Ich glaube, ich muss mal etwas über diese feinen Unterschiede schreiben. So was steht ja in keinem Reiseführer«, sage ich.

»Oh ja, das solltest du unbedingt. Es gibt unheimlich viel, worüber du schreiben kannst. Ich kann dir bei den Recherchen helfen, wenn du magst.«

Sieh an!

»Worüber sollte ich denn zum Beispiel schreiben?«, frage ich und gieße ein bisschen Mineralwasser in den Teig, ein Trick von meiner Mutter, um ihn locker zu machen. Ich hoffe, Mineralwasser ist in Schweden im Waffelteig erlaubt.

»Mittsommer zum Beispiel. Ist natürlich noch etwas hin, aber im nächsten Jahr musst du unbedingt nach Stockholm mitkommen, meine Familie feiert immer in den Schären.«

Ich versuche, mir einen gleißenden Sommertag vorzustellen, plätscherndes Wasser, fröhliche Menschen mit Blumenkränzen im Haar. So wie man das auf den Bildern immer sieht. Und dazwischen mich und Simon, aber es gelingt mir nicht so recht. Vielleicht liegt das am Waffelduft, der sich im Häuschen auszubreiten beginnt, oder am Schnee, der sich stetig und leise auf dem Fensterbrett auftürmt. Sommer, das ist ein unwirkliches Gebilde in einer anderen, fernen Welt.

»Du hattest eben irgendwas gesagt mit dem Haus deiner Mutter?«

Simon hört auf, die Sahne zu bearbeiten.

»Ja, genau«, beginnt er und scheint nach Worten zu suchen. Schließlich sagt er: »Ach, ich sag es einfach geradeheraus. Du kannst schließlich Nein sagen, wenn du willst.«

Der Mann weiß, wie man sein Publikum fesselt.

»*Wozu* kann ich Nein sagen? Oder vielleicht auch Ja? Schieß los.«

»Nichts Besonderes eigentlich. Nur ein Vorschlag.«

Meine Güte, macht er es spannend! Und dann will er wahrscheinlich am Ende bloß, dass ich ihm beim Umzug helfe oder so was.

»Stella, ich muss Mitte Dezember nach Stockholm. Am Freitag habe ich einen Termin in unserem Flagship-Store und wollte dann noch das Wochenende dranhängen. Das Zugticket für den Trip habe ich schon länger gebucht. Jetzt hat sich nur alles verschoben, weil mein Chef mir noch einen zusätzlichen Termin in Nyköping aufgedrückt hat. Das heißt, ich muss schon Mittwoch los. Mein Zugticket für Freitag würde also verfallen, und ich dachte, vielleicht magst du es haben?«

Ich bin baff. Ein Ticket nach Stockholm für lau?

Er fährt fort: »Weißt du, Stockholm hat in der Vorweihnachtszeit zwar wenig Tageslicht zu bieten, aber zum Ausgleich ist die Stadt ein Lichtermeer. Richtig märchenhaft. Vor allem, wenn es geschneit hat, und das tut es ja sogar hier im Süden.«

Er deutet aus dem Fenster auf den Schnee. Sich Stockholm in der Vorweihnachtszeit vorzustellen funktioniert tatsächlich deutlich besser als eine ferne Mittsommerszene. Und ein Zugticket, das verfällt, wenn ich es nicht annehme, verpflichtet auch zu nichts.

»Das ist sehr nett von dir«, sage ich. »Ehrlich gesagt, wollte ich schon immer mal nach Stockholm. Ich müsste nur schauen, wo ich wohnen kann, die Hotels sind ja sicher sehr teuer …«

»Mensch, Stella, hast du gedacht, ich gebe dir das Ticket und überlass dich dann deinem Schicksal? Du wohnst natürlich im Haus meiner Mutter. Da ist massig Platz.«

»Bei deiner Mutter? Also, ich weiß nicht so recht, ist das nicht …«

Ich stehe da mit der Kelle im Waffelteig. Wenn etwas nicht *nicht* verfänglich ist, dann ist das ja wohl, den Eltern oder von mir aus auch nur einem Elternteil eines bislang nur potenziellen Liebhabers vorgestellt zu werden. Egal, wie sich dieser Abend entwickelt: *Das* geht mir eindeutig zu schnell.

Doch Simon beeilt sich.

»Nein, nein, keine Angst. Meine Mutter ist nicht da, Anfang Dezember ist sie beim Skifahren. Also, das Angebot lautet: Ich schenke dir das Ticket, und du bekommst ein eigenes Zimmer im Haus meiner Mutter. Du musst nur die Rückfahrt selbst organisieren. Ich würde mich freuen. Am Freitag habe ich tagsüber eine Präsentation, aber abends können wir vielleicht noch was unternehmen! Am Samstag ist außerdem eine Party in einem Klub in Södermalm … Aber das ist kein Muss, wir können machen, worauf wir Lust haben. Montagfrüh muss ich nach Mailand, und du könntest am Sonntagabend mit dem Zug fahren oder alternativ nach Ängelholm fliegen. Es gibt günstige Direktflüge zu dem kleinen Flugplatz dort für die Berufspendler zwischen Skåne und Stockholm.«

Ich fühle mich unsicher. Die Sache mit Stockholm klingt verlockend, und Simon ist ganz offensichtlich ein Gentleman, der mich zu nichts drängen will. Aber dass er mir das Ticket aus reinem Pragmatismus schenken will, weil er nicht möchte, dass es verfällt, halte ich bei näherer Betrachtung doch für unwahrscheinlich.

Andererseits: Wäre das so schlimm, wenn es anders wäre? An meinen letzten Sex kann ich mich kaum noch erinnern. Meine Güte, es geht hier nicht um eine Hochzeitsreise! Eine bessere Gelegenheit herauszufinden, ob das mit Simon und mir was werden könnte, gibt es wohl nicht.

Und wieder andererseits …

»Stella? Bist du noch da?«

Simon hält mir einen Löffel mit Sahne vors Gesicht.

»Ist das steif genug?«

Meine Ohren werden heiß. Nachdem ich immer noch nichts sage, ergreift Simon wieder das Wort: »Du musst dich nicht sofort entscheiden. Die Einladung steht, du kannst es dir ja überle-- … *holy shit*, Stella, die Waffel!«

Ich folge mit dem Blick seinem ausgestreckten Zeigefinger. Von den Rändern des Waffeleisens steigt Qualm auf.

»Fenster auf! Schnell! Die Rauchmelder!«, befehle ich Simon, und während er zum Fenster stürzt, reiße ich das Waffeleisen auf und den Stecker aus der Wand.

Augenblicklich verteilt sich Rauch in der *stuga*. Wir haben Glück, denn der Rauch zieht ins Freie, noch bevor er die Sensoren der Rauchmelder erreichen kann. Die Waffel ist natürlich völlig verkohlt, aber ansonsten ist kein Schaden entstanden. Das Eisen ist antihaftbeschichtet, und wir haben immer noch genügend Teig, um eine ganze Kompanie mit Backwaren zu versorgen. Außerdem bin ich froh, dass mir der Waffelunfall einen Grund gibt, mich mit etwas anderem zu beschäftigen, als mit Simons Angebot. Ich will gerade anfangen, das Waffeleisen sauber zu machen, da fühle ich den Vibrationsalarm meines Handys in der Tasche meiner Jeans.

Joakim!, denke ich automatisch, greife nach dem Telefon und öffne die SMS.

Es ist ein Angebot meines Telefon-Providers: Ich darf 500 Textnachrichten umsonst verschicken, wenn ich innerhalb von 24

Stunden einen bestimmten Code an eine bestimmte Nummer schicke.

Ich stecke das Telefon wieder weg, und während ich am Waffeleisen herumputze, verkünde ich: »Weißt du was, Simon? Ich komme mit! Nach Stockholm wollte ich wirklich schon immer mal. Das wird bestimmt toll!«

Kapitel 17

UNTERM STERN VON STOCKHOLM

Stella | Ein paar Tage später sitze ich in einem Zug der schwedischen Eisenbahn, der nach Stockholm fährt. Die freundlich lächelnde Schaffnerin sieht aus wie Frida von Abba. Doch als ich ihr mein ausgedrucktes Online-Ticket gebe, erstirbt ihr Lächeln.

»Das ist alles, was Sie haben?«, sagt sie auf Schwedisch.

Ich nicke und ahne nichts Gutes. So ›problemlos übertragbar‹, wie Simon meinte, scheint die Fahrkarte mit dem auf seinen Namen gebuchten Sitzplatz doch nicht zu sein.

»Einen Augenblick bitte!«, sagt Frida, dann verschwindet sie mit dem Ausdruck in der Hand.

Es vergeht eine sehr lange Weile, in der wir an diversen Stationen halten und ich in meinem Buch – Stieg Larssons *Verblendung* – rund hundert Seiten weiterkomme. Menschen steigen ein und aus. Endlich, hinter Alvesta, erscheint Frida wieder. Sie erklärt mir, dass ich das nächste Mal das Ticket vorher auf meinen Namen umschreiben lassen müsse. Heute dürfe ich aber ausnahmsweise sitzen bleiben.

Das beruhigt mich ungemein, denn mich von einem fahrenden Zug in einen einsamen verschneiten Fichtenwald voller Bären, Wölfe und Elche – so es sie denn gibt – zu werfen, war nicht ganz das, was ich mir beim Gedanken an mein allererstes Stockholm-Wochenende vorgestellt habe.

Was ich mir allerdings stattdessen vorgestellt habe, ist mir immer noch nicht so ganz klar. Mein Bauchgefühl hat sich komplett vom Acker gemacht, und die Stimme der Vernunft ist sich wohl auch nicht so ganz sicher, ob das eine ganz hervorragende oder eine saublöde Idee ist. Sie hat sich schon länger zu nichts mehr geäußert. So bin ich auf mich allein gestellt und beschließe mangels Alternativen, einfach alles auf mich zukommen zu lassen und das Wochenende, so gut es geht, zu genießen. Es handelt sich ja nur um zwei Tage. Für Sonntagabend habe ich einen Flug vom Flugplatz Bromma in Stockholm nach Ängelholm gebucht. Spätestens dann werde ich mehr wissen.

Die erste Überraschung erwartet mich am Bahnsteig: Simon steht dort. Samt einer einzelnen Margerite. Mir wird ganz warm ums Herz, damit habe ich nicht gerechnet. Um die Überraschung perfekt zu machen, hat er mir nämlich zuvor detaillierte Instruktionen gegeben, wie ich mit öffentlichen Verkehrsmitteln zum Haus seiner Mutter komme. Er umarmt mich und gibt mir einen Kuss auf die Wange. Dann deutet er einen Diener an und überreicht mir die Blume: »Mein Fräulein!«

Ich bin gerührt!

Gemeinsam schieben wir uns durch die Menschenmengen des Stockholmer Feierabendverkehrs, durch Absperrungen, über Rolltreppen und Gleisplattformen und werden in der U-Bahn hin und her geschaukelt. Ich stelle fest, dass ausgerechnet ich als Deutsche von den Mitreisenden im Waggon am schwedischsten aussehe – zumindest wenn man das Gerücht der blonden, blauäugigen und großen Schweden zugrunde legt.

Am Verkehrsknotenpunkt Slussen müssen wir im Dunkeln unter einer zugigen Betonbrücke auf den Bus warten. Das ist Simon sichtlich unangenehm.

»Sorry für diese Umstände«, sagt er und sieht dabei wieder aus wie Jude Law. »Ich hätte dich gern mit dem Auto abgeholt. Der Haken ist nur: Ich habe keins.«

»Das macht doch nichts«, erwidere ich und ignoriere meine einfrierenden Zehen. »So bekomme ich noch mehr vom Großstadtgefühl mit, das fehlt mir manchmal, da unten in Ängelholm.«

Er lächelt dankbar. Ja, Simon ist wirklich ein Gentleman, der alles perfekt machen möchte.

Endlich sitzen wir im Bus. Meine Füße beginnen, langsam wieder aufzutauen. Als der Fahrer mit rasselndem Dieselmotor losfährt, flackert die Beleuchtung im hinteren Teil und fällt dann ganz aus. Aus dem Dunkeln sieht man die schneeüberzuckerte Schönheit von Schwedens Hauptstadt noch deutlicher. Ich lasse den Blick über die Eisfläche schweifen, an der unser Bus vorbeifährt, und bin ganz ergriffen von der frostigen Anmut da draußen. Die beleuchteten Fenster der Jahrhundertwendehäuser wirken unwiderstehlich gemütlich und spiegeln sich matt im Eis. In vielen Fenstern sehe ich große beleuchtete Sternlaternen oder flackernde Kerzen. Links von uns steht mitten auf einem Platz ein riesiger Weihnachtsbaum. So habe ich mir früher die Szenerie in Charles Dickens' Weihnachtsgeschichten vorgestellt. Schon das zweite Mal innerhalb einer halben Stunde wird mir wohlig warm in Herz und Bauch.

Das Haus von Simons Mutter ist eine moderne kubische Doppelhaushälfte. Weiß gestrichen, skandinavisch schlicht und vermutlich ein Vermögen wert, die Immobilienpreise in Stockholm sind legendär.

Als Simon aufschließt, steigt mir sofort ein sensationeller Duft in die Nase. Ist das zu fassen? Simon hat gekocht! Ich jubele innerlich. Ein Mann, der nicht nur kochen kann, sondern es auch noch tut, ist doch wirklich der ultimative Hauptgewinn.

Kurz steht er mit meiner Tasche in der Hand im Flur herum, offenbar unsicher, was er als Nächstes tun soll.

»Ich hoffe, du hast ordentlich Hunger mitgebracht«, sagt er dann.

Hunger, denke ich, *ist die Untertreibung des Jahrhunderts! Ich könnte einen Elch essen.*

Schon will ich aufgeregt dem Wohlgeruch folgen, um zu sehen, was es denn Feines gibt, da stellt sich mir Simon in den Weg.

»Moment mal, junge Dame, nicht so flott! Der … ähm … Küchenchef hat das Menü noch nicht zum Verzehr freigegeben, er bittet noch um etwas Geduld.«

Mir läuft bereits das Wasser im Munde zusammen. Ich fühle mich, als würde ich untrainiert bei einem Marathon mitmachen, schon halb zusammenbrechen, und dann würde mir jemand auf die Schulter klopfen und sagen: »Hey, nur noch 40 Kilometer!«

Aber was bleibt mir übrig? Ich nicke und seufze innerlich.

Simon fährt fort: »Ich zeig dir jetzt erst mal dein Zimmer, da kannst du dich in Ruhe frisch machen. Wenn du dann wieder runterkommst, erwartet dich eine kulinarische Offenbarung … Also hoffentlich. Ich habe jedenfalls mein Bestes gegeben!«

»Davon bin ich überzeugt!«, sage ich. »Es duftet schon absolut himmlisch!«

Simon strahlt glücklich über das Kompliment, dann springt er schwungvoll vor mir her in den ersten Stock – selbstverständlich mit meiner Tasche in der Hand. Das Bett in meinem Zimmer ist gemacht, zwei frische Handtücher liegen auf dem Plumeau, auf dem Kopfkissen thront eine Praline in Zellophan. Vom Zimmer geht ein eigenes Duschbad ab. Ich bin begeistert, das hier ist ja besser als jedes Hotel. Wie gut, dass ich nicht mit leeren Händen gekommen bin: Ich drücke ihm den Wein in die Hand, den ich gestern extra im *Systembolaget* gekauft habe.

»Danke! Bis gleich!«, sagt er und rast wieder die Treppe hinunter.

Als ich gut 20 Minuten später frisch geduscht und umgezogen die Treppe heruntersteige, höre ich schon auf der obersten Stufe leise klassische Musik und sehe flackerndes Licht auf dem Dielenboden. Im Wohnzimmer hängt ein alter Kandelaber von der hohen Decke, bestückt mit weihnachtlich roten Kerzen. Im Fenster entdecke

230

ich auch hier eine beleuchtete Sternlaterne, und in einem kleinen offenen Kamin im Wohnzimmer knistert tatsächlich ein gemütliches Feuer.

All diese netten Details wären schon allein Grund zur Freude. Aber das, was Simon an Essen aufgefahren hat, verschlägt mir schlicht die Sprache: Wäre der Tisch nicht aus massivem Holz, würde er sich wohl unter seiner Last biegen. Simon hat unzählige Leckereien zusammengetragen. An einem Ende des Tisches sehe ich verschiedene Keramiktöpfchen mit *sill*, eingelegtem Hering. Es gibt eine Schale mit Knäckebrot und ein Schälchen Butter. In der Mitte der Tafel stehen auf diversen Warmhaltestövchen verschiedene Schüsseln. Eine davon enthält *köttbullar*, die schwedischen Fleischklößchen. Außerdem gibt es Schalen mit unterschiedlichen Gemüsen, die ich nicht unmittelbar identifizieren kann, und eine flache Ofenform mit einer Art Kartoffelgratin. Daneben liegt auf einem Teller ein angeschnittener Kochschinken. Am anderen Ende des Tisches sehe ich einen hellen Kuchen, eine Schüssel mit Milchreis und ein Töpfchen mit etwas, das aussieht wie Marmelade. Der Wein ist entkorkt, die Gläser gefüllt. Ich bin richtig ergriffen.

»Voilà, mademoiselle! Bienvenue au restaurant *Chez Simon*. Heute Abend servieren wir Ihnen ein echtes schwedisches *julbord*«, sagt Simon feierlich und deutet eine Verbeugung an. Über seinem angewinkelten Arm hängt ein fein säuberlich gefaltetes kariertes Küchenhandtuch.

Ich muss lachen und küsse ihn spontan auf die Wange.

Ich habe einen solchen Hunger, dass ich am liebsten alles auf einmal in mich hineinstopfen würde, aber ich bremse mich mühsam.

»Man fängt mit dem Sill an«, erklärt Simon. »Und dazu gibt es traditionell erst mal ein Glas Schnaps – dann kann der Rotwein noch ein bisschen atmen.«

Erst jetzt sehe ich die Flasche und die zwei kleinen Gläser. Keine

Frage, die Schweden lieben wirklich ihr Schnäpschen, Simon ist da keine Ausnahme.

Er gießt ein und prostet mir zu. Dabei sieht er richtig glücklich aus, und ich fühle mich, ja, auch irgendwie wohl. Vielleicht nicht wirklich glücklich, aber liebevoll umsorgt. Nach all dem Gefühlschaos der vergangenen Wochen und Monate ist das ja schon mal viel wert. Wir essen und trinken schweigend, es schmeckt wirklich hervorragend. Als wir zum Hauptgang übergehen, zeige ich auf die Schüsseln mit den verschiedenfarbigen Gemüsesorten.

»Was ist das?«, frage ich.

»Oh, das sind *brunkål*, *grönkål* und *rödkål*. Also Braunkohl, Grünkohl und Rotkohl. Kohl in jeder Form ist ein klassisches schwedisches Wintergemüse.«

Ich nicke anerkennend.

»Und das hast du wirklich alles selbst gekocht?«, erkundige ich mich beeindruckt.

Jetzt wird Simon leicht rosa auf der Wangenpartie.

»Na ja, ich hab den *rödkål* gemacht, die beiden anderen hatte meine Mutter im Tiefkühlfach. Die hab ich nur aufgetaut. Und der *julskinka*, also der Gewürzschinken hier, den habe ich fertig gekauft.«

Dann ergänzt er stolz: »Aber alles andere ist wirklich von mir! Die *köttbullar* habe ich übrigens aus Elchfleisch gemacht.«

Schon wieder toter Elch – aber was für einer. Gegen diese saftigen Klößchen sind die Dinger, die man in Deutschland manchmal im großen Möbelhaus bekommt, ein Witz. Offenbar liegt das Kochgen in der Familie Sjöberg, denn egal, was ich koste, meine Geschmacksknospen sind hingerissen. Mir war gar nicht klar, dass schnödes Kohlgemüse exklusiv schmecken kann – mit weihnachtlichen Gewürzen eine reine Delikatesse. Und auch das Kartoffelgratin ist ein absoluter Hit.

»Das Gericht heißt *Janssons Frestelse*«, erläutert Simon, als ich mich danach erkundige, »das bedeutet ›Janssons Versuchung‹. Ein

Klassiker zu Weihnachten. Man muss die Kartoffelstifte von Hand schneiden, damit die Stärke erhalten bleibt und die Soße sämig wird. Eine Heidenarbeit, aber es lohnt sich. Wichtig sind auch die milden schwedischen Anchovis, die geben dem Ganzen die besondere Würze.«

Ich esse und esse und kriege mich vor Begeisterung kaum ein, so köstlich ist alles. Dabei knistert der Kamin leise vor sich hin. Doch während mein Hunger und meine Aufregung sich legen, muss ich plötzlich, ohne Vorwarnung, an den Kamin im Sauerland denken. An mein altes Leben, das vor nun fast genau einem Jahr aufgehört hat zu existieren. Mit dem Gedanken kommt ein Gefühl abgrundtiefer Verlorenheit. Wie bescheuert, wo ich doch hier mit einem unglaublich charmanten Mann sitze, der mir gerade die Finessen der schwedischen Küche näherbringt. Ich blinzele ein paar Tränen weg.

»Wollen wir es uns gemütlich machen?«, fragt Simon genau im richtigen Moment. »Die *risgrynsgröt*, also den Milchreis, können wir auch da drüben essen.«

Er macht eine Kopfbewegung in Richtung der Sessel vor dem Kamin, dann greift er nach den Weingläsern und bedeutet mir, die Milchreisschüssel und die Marmelade zu nehmen.

»Feierst du Weihnachten eigentlich hier?«, frage ich, nachdem ich das Dessert auf einem kleinen Tischchen neben den beiden Sesseln am Kamin abgestellt habe, und deute auf den Stern im Fenster.

Simon schüttelt den Kopf.

»Nein, Heiligabend sind meine Mutter, meine Schwester und ich bei meinem Stiefvater und dessen Tochter in Kristianstad. Er hat einen renovierten Bauernhof, und da gibt's einen größeren Kamin als hier und sowieso viel mehr Platz.«

Er macht eine Pause und lächelt mich an. Ich fühle Verlegenheit in mir aufsteigen. Ich muss irgendetwas sagen. Schnell.

»Sag mal«, beginne ich und lege ihm meine Hand auf den Arm.

Kann das sein, oder spüre ich da bei ihm ein leises Zittern? »Hast du eigentlich schon mal einen Elch gesehen? Also einen echten, lebenden, und keinen auf dem Teller? Ich fange langsam an, die Viecher für eine Legende zu halten. Überall sind Schilder, aber nirgendwo ein Elch!«

Simon lacht.

»Da bist du im falschen Teil Schwedens gelandet. Um Elche zu sehen, fährt man am besten noch weiter in den Norden. Unten in Schonen gibt es natürlich auch ein paar, aber die sind unheimlich scheu. Warte nur ab, irgendwann wirst du auch deinen ersten Elch sehen. Da musst du einfach nur lang genug in Schweden bleiben.«

Er lächelt, und noch bevor ich noch verlegener werden kann, steht er unvermittelt auf: »Sekunde.«

Dann verschwindet er in Richtung Küche. Ich nehme einen Bissen vom – natürlich – sagenhaften Milchreis und schaue zum Fenster. Draußen hat es wieder zu schneien begonnen, Mozart streichelt sanft meine Gehörgänge, das Feuer knackt und knistert.

In Schweden bleiben?

Die Worte umwabern mich wie der Duft der mit Nelken gespickten Orangen, der mit dem harzigen Aroma der brennenden Holzscheite verschmilzt. Gleichzeitig breitet sich eine angenehme Schwere und Entspannung in meinem Körper aus. Simon kehrt mit Kuchen in der Hand zurück: »Das ist *ostkaka*. Auch ein Klassiker zu Weihnachten, hab ich extra heute Nachmittag gebacken. Am besten schmeckt er mit dieser Sanddornsoße.«

Ich befühle meinen schon reichlich ausgebeulten Magen.

»Simon, ich bin nicht sicher, ob ich dafür noch Platz habe, wenn ich den Milchreis hier gegessen habe. Ich bin schon nah am Fresskoma!«

»Ach, der Abend ist noch lang«, meint Simon und schmunzelt schon wieder so vielsagend.

Dann setzt er sich und beginnt, von den Weihnachtsfesten seiner Kindheit zu erzählen, die er bei seiner Großmutter in Falun verbracht hat. Er erzählt, wie die Kinder vor der Bescherung immer hinaus in den Wald geschickt wurden, um den Rentierschlitten des *Tomte*, des Weihnachtsmannes, zu suchen. Ganz langsam wird Simons Stimme leiser und verbindet sich mit der klassischen Musik zu einem einlullenden fernen Murmeln. Ich sinke behaglich tiefer in den Sessel, das Feuer wärmt wohlig meine Zehen. Ich fühle mich so restlos entspannt wie lange nicht mehr.

Jetzt nur nicht einschlafen, denke ich.

Als ich aufwache, flackert das Feuer noch immer, ist aber deutlich heruntergebrannt. Davor ist ein Funkenschutzgitter aufgestellt. Die Uhr an der Wand zeigt halb eins, die Musik ist ausgeschaltet. Ich bin mit einer Wolldecke zugedeckt, und außer vom Kamin dringt nur noch Licht aus der Diele ins Wohnzimmer. Auf dem kleinen Tischchen neben mir steht eine Flasche Mineralwasser. Daneben liegt ein Zettel:

Ich wollte dich nicht wecken, du hast so friedlich geschlafen. Lass das Feuer ruhig brennen, das erledigt sich von alleine, mach einfach das Licht in der Diele aus. Wenn etwas ist: Ich schlafe im Zimmer links neben dir. Du kannst mich jederzeit wecken. Puss*, S.

Die Aussicht, die sich an diesem Mittag von dem kleinen Pfad hoch oben auf der Anhöhe der Stockholmer Insel Södermalm bietet, ist wirklich großartig. Ein Zuckerbäckertraum aus gelben, weißen und lebkuchenbraunen Häusern mit blendend weißen Hauben aus Schnee im Sonnenschein unter einem blauen Himmel. Davor breitet sich eine weiße Eisfläche wie eine straff gezogene Tischdecke aus.

»Da unten rechts siehst du ein Stück von der Altstadt, der

Gamla Stan«, sagt Simon und legt seinen Arm um meine Schulter. »Geradeaus links haben wir die Insel *Kungsholmen* mit dem Rathaus. Und das Inselchen da vorn mit der Kirche, das ist *Riddarholmen*. Stockholm ist ja auf 14 Inseln gebaut, aber das weißt du bestimmt schon.«

Ich spüre seine Hüfte an meiner, und mir steigt schwach der Duft seines Aftershaves in die Nase. Simons Hand wandert von meiner Schulter zu meinem Nacken und fährt vorsichtig am Haaransatz entlang. Eine Berührung, die mich schon immer nahezu willenlos gemacht hat. Die Fußmassage fällt mir wieder ein. Der Mann ist, was seine Hände betrifft, verdammt noch mal, ein Naturtalent.

Mein Herz beginnt zu pochen. Simon parliert ungerührt weiter wie ein professioneller Stadtführer, dabei dreht er ganz langsam mit sanftem Druck meinen Kopf in seine Richtung, bis wir uns in die Augen sehen. Seine haben denselben Ton wie der Himmel, nur einige Nuancen dunkler.

Simons Gesicht ist jetzt so dicht an meinem, dass ich die kleinen Lachfältchen in seinen Augenwinkeln sehen kann. Sein Duft steigt mir erneut in die Nase. Ich neige meinen Kopf nach links und schließe die Augen. Doch irgendwo, weiß der Teufel, wo das herkommt, ist da ein Zögern in mir. Eine Unsicherheit.

Ist es richtig, was ich gerade tue? Die richtige Zeit, der richtige Ort – der richtige Ma--?

Weiter komme ich nicht.

Mit einem Schlag steht die Welt Kopf.

Einem Schlag in meiner Kniekehle, um genau zu sein. Innerhalb eines Sekundenbruchteils liege ich hilflos wie ein Käfer auf dem Rücken. Simons blaue Augen sind verschwunden, stattdessen sehe ich direkt hinauf in den blauen Himmel. Am Rande meines Sichtfelds baumelt etwas. Das Baumelnde entpuppt sich bei näherer Betrachtung als signalroter Fäustling am Ärmel eines ebenso signalroten einteiligen Skianzugs, aus dem mir nun ein schätzungs-

236

weise vierjähriger Kampfzwerg frech ins Gesicht linst. Parallel spüre ich einen dumpfen Schmerz im Steißbein.

Ich blinzele in Richtung meiner Füße und stelle fest, dass meine Unterschenkel auf einem altmodischen Holzschlitten liegen. Dessen Zugleine mündet in der Hand des Zwerges. Ganz klar, ein Attentat!

Simons Stimme ruft aus dem Off: »*Vad fan!* Stella!«

Jemand anders schreit: »*Herregud, Jonas!*«

Schnelle Schritte knirschen auf dem Schnee. Dann strecken sich mir mehrere Hände helfend entgegen, um mir auf die Beine zu helfen. Die eine Hand gehört Simon, die andere einer aufgeregten dunkelhaarigen Frau in meinem Alter, die immer wieder »*Ursäkta! Ursäkta!*« vor sich hin murmelt, das bedeutet »Entschuldigung!«.

»Keine Sorge, nichts passiert!«, sage ich auf Englisch, als ich wieder stehe, und klopfe mir den Schnee von der Jeans.

Nichts passiert, wiederhole ich in Gedanken, *das kann man wohl sagen.*

Der Drehbuchautor meines Lebens hat offenbar panische Angst, dass ihm die wenigen wirklich romantischen Szenen zu kitschig geraten. Der lässt lieber seine Hauptfigur von gemeingefährlichen Mini-Rambos anfahren, die ihre Schlitten in einem Affenzahn über vereiste Spazierwege in die Hacken sich küssender Paare knallen lassen. Ich korrigiere: in die Hacken sich *beinahe* küssender Paare.

Die Mutter des Hooligans drückt mir eine Visitenkarte in die Hand, für den Fall, dass sich bei mir Folgeschäden einstellen. Dann entschuldigt sie sich noch mal, pflanzt ihren Sprössling hastig auf den Schlitten und verschwindet so schnell, wie ihr Höllenbalg erschienen ist. Ich stehe wie bestellt und nicht abgeholt mitten auf dem Weg und schaue ihnen nach.

»Bist du dir sicher, dass du okay bist?«, fragt Simon und betrachtet mich besorgt. Ich befühle mein Steißbein und kreise ein paar Mal vorsichtig mit den Hüften. Kein Zweifel, das wird einige große blaue Flecken nach sich ziehen, aber ansonsten scheine ich den Angriff unverletzt überstanden zu haben.

»Ja, alles klar!«, sage ich und richte mich auf. »Keine Sor-- ... oh!«

Ich erstarre.

Direkt vor uns steht parallel zum schmalen Weg ein Schild, das mir bisher entgangen ist. Es handelt sich um ein schmuckes altmodisches Straßenschild in gusseisernem Rahmen. Ein Straßenschild, das Stadtväter an besonderen Stellen aufstellen.

Aber vor allem ein Straßenschild mit einem Namen.

Monteliusvägen steht da.

Einfach so.

Monteliusvägen. Monteliusweg. Hier.

Joakims Nachname.

Ich weiß, was Wanda jetzt sagen würde. »Das ist ein Zeichen«, würde Wanda sagen.

Fragt sich bloß, wofür. Für eine wunderbare Zukunft in einer der schmucken Villen, wie sie auf der einen Seite des Weges stehen? Oder ist eher der Abhang hinunter zum Wasser das, was hier symbolträchtig ist? Vermutlich Letzteres!

Ich würde Simon gerne fragen, ob Montelius ein häufiger Name in Schweden ist und ob er weiß, nach wem genau diese Straße benannt wurde. Doch als ich mich jetzt zu ihm umdrehe, schlucke ich die Frage wieder herunter. Er ist meinem Blick gefolgt und betrachtet das Schild mit düster zusammengezogenen Augenbrauen. In seinem Gesicht entdecke ich nicht die Andeutung eines Lächelns. Ich frage mich, ob er Gedanken lesen kann. Und was Coira ihm von Joakim erzählt hat.

Schließlich sage ich: »Wirklich ein sagenhafter Ausblick! Danke, dass du mir die Stelle hier gezeigt hast. Aber ich glaube, ich hab von dem Überfall gerade eben einen kleinen Schock. Was hältst du von einem heißen Kaffee irgendwo?«

Simon sieht mich mit schwer zu deutendem Blick an und sagt dann knapp: »Gut.«

Na, das kann ja heiter werden.

Dabei hat der Tag wirklich gut angefangen. Simon ist lange vor mir aufgestanden und einkaufen gegangen und hat mich nach dem sensationellen *julbord* auch noch mit einem Frühstück der Extraklasse überrascht. Er hat eigenhändig Orangensaft aus Ökoapfelsinen gepresst, Rührei gebraten, Pfannkuchen gebacken und Lachs, knusprige Brötchen und alle möglichen anderen Köstlichkeiten aufgefahren. Alles in allem hätte von diesem Frühstück eine Fußballmannschaft satt werden können.

Nach einer kurzen Verdauungspause bekam ich dann zum Nachtisch noch *glögg* serviert, das ist die skandinavische Glühweinvariante, die mit viel Zimt, Nelken und Kardamom gewürzt ist. Simon hat dazu kleine Schälchen mit Mandeln und Rosinen aufgestellt und in unsere Tassen jeweils einen Teelöffel davon hineingegeben.

»Die Einlage löffelt man anschließend wieder heraus, wenn sich die Rosinen schon ein bisschen vollgesogen haben«, hat er erklärt.

Ich habe mich etwas zweifelnd erkundigt, ob das Zeug im Normalfall tatsächlich schon direkt nach dem Frühstück konsumiert wird. Simon hat nur gegrinst und entgegnet: »Na ja, wir hatten ja eher eine Art Brunch, oder? Es ist ja schon Mittag. Außerdem ist Wochenende und wir tun gut daran, uns ordentlich aufzuwärmen, bevor wir jetzt draußen in der Kälte spazieren gehen, oder?«

Dieser Logik habe ich nicht widersprechen wollen.

Mit einem leichten Schwips sind wir schließlich aufgebrochen, und Simon hat mir das Szeneviertel *Södermalm* gezeigt. Dort reihen sich zahllose Geschäfte, Bars, Cafés und Restaurants aneinander, und überall sieht man Menschen, die direkt aus einem Werbespot entsprungen sein könnten. Zwar nicht alle blond und blauäugig, aber im Schnitt beängstigend hübsch und unglaublich

gestylt, auf diese nachlässige Art, wie man sie in bis ins letzte De-
tail durchgeplanten Musikvideos sieht.

Simon hat mich bei unserer Tour immer wieder mit interessanten Details überrascht. In der *Skånegatan* ist er zum Beispiel vor
einer Bäckerei mit Café stehen geblieben und hat gesagt: »Und
hier siehst du das berühmte Sauerteig-Hotel.« Dann hat er erklärt,
dass Backen mit Sauerteig in den vergangenen Jahren ein ungeheuer populäres Hobby in Schweden geworden ist. Die Hobbybä-
cker können hier ihre Sauerteig-Kultur abgeben, wenn sie in Urlaub fahren. Das Team des Ladens verspricht, die Kultur dann in
regelmäßigen Abständen mit warmem Wasser und Mehl zu »füttern«, bis die Besitzer wieder zurückkehren.

»Das ist doch ein Scherz, oder?«, habe ich gefragt.

Statt einer Antwort hat mich Simon in den Laden geschoben
und mir das Regal mit den Sauerteig-Kulturen gezeigt: ein mit
Nummern versehener Riesensetzkasten.

»Wenn du mich fragst, ist das natürlich trotzdem ein Werbegag.
Ich kann mir nicht vorstellen, dass das wirklich jemand nutzt –
mal abgesehen von ein paar Spinnern vielleicht.«

Dann hat er auf die zum Verkauf angebotenen fertigen Brote
für bis zu 100 Kronen gedeutet und gesagt: »Andererseits: Bei den
Preisen backt man doch wirklich lieber selbst, oder?«

Nach all dem sind wir schließlich bei bester Stimmung abgebo-
gen, um zwischen geduckten wunderhübschen Häuschen den Hügel im Norden der Insel hinaufzuklettern.

»Da oben«, hat Simon gesagt, »hast du die allerbeste Aussicht.«

Als wir uns nun an den Abstieg machen, geht Simon doppelt so
schnell wie vorher. Vielleicht ist ihm nur kalt, aber es wirkt eher so,
als sei er froh, dass wir hier wegkommen.

Wir finden ein kleines Café ein paar Ecken weiter. Dort bringt
Simon es fertig, trotz des Monsterfrühstücks ein Stück Apfelkuchen mit – logisch – Vanillesoße zu bestellen. Dann sitzen wir et-

was betreten in einer Ecke des Lokals nebeneinander, ich nippe an meinem Kaffee, Simon isst seinen Kuchen.

Hätten wir uns vor knapp einer halben Stunde tatsächlich fast geküsst?

Ich kann es mir nicht mehr vorstellen, das Ganze wirkt wie ein ferner Traum, aus dem ich eben aufgewacht bin und der schon dabei ist zu verschwinden. Ich betrachte Simon verstohlen und versuche bewusst, mich so zu fühlen wie in dem Moment, bevor ich über den Haufen gefahren wurde, aber es gelingt mir nicht. Der Zauber ist weg.

Immerhin, es scheint, als helle sich Simons Gesicht mit jedem Bissen ein wenig mehr auf. Er strahlt zwar nicht direkt, wirkt aber zumindest nicht mehr so düster. Schließlich sagt er knapp: »Lust auf Weihnachtsmarkt?«

Ich nicke dankbar.

Wir spazieren hinüber in die Altstadt, zwischen uns ein halber Meter Abstand. Es fühlt sich an wie die körpersprachliche Entsprechung einer unangenehmen Gesprächspause. Ich frage mich, ob ich mich einhaken soll wie vorhin, aber Simon schaut stur geradeaus, und ich fühle mich unbehaglich und auf seltsame Weise durchschaut. Ich bin froh, als wir den nahezu absurd pittoresken winzigen Weihnachtsmarkt auf dem *Stortorget* in der *Gamla Stan* mit kleinen roten Holzbuden erreichen. Dort werden, ähnlich wie in Deutschland, Spielzeug und Leckereien angeboten. An einem der Häuschen werden kleine Trolle mit weißem oder grauem Zottelbart und roter Jutemütze verkauft.

»Wer sind denn die?«, frage ich.

»*Hustomtar*«, erklärt Simon. Zu meiner großen Erleichterung lächelt er das erste Mal wieder seit dem Vorfall oben auf dem Hügel. »Das sind hilfreiche Hausgeister, entfernt verwandt mit dem Weihnachtsmann, dem *Tomte*. Jedes Haus hat einen *hustomte*. Wenn man ihm am ersten Weihnachtstag eine Schüssel mit Milchreis und geschmolzener Butter hinstellt, sorgt er dafür, dass es den

Bewohnern seines Hauses im kommenden Jahr gut geht. Wenn er nichts bekommt, macht er nichts und rächt sich im schlimmsten Fall.«

»Und wie?«

»Krankheiten, Unfälle und so was.«

»Hast du auch so einen Haustyrannen?«, frage ich.

»Sagen wir mal so: Wenn ich in meiner Wohnung in Malmö einen hätte, wäre der vermutlich ziemlich sauer, weil er nie etwas bekommt.«

Mir schießt der Gedanke durch den Kopf, dass der kleine Schlittenrambo vielleicht Simons verstimmter Hausgeist war. Der war schließlich auch klein, rot und zipfelig ... Instinktiv fühle ich in meiner Jackentasche nach der Visitenkarte. Sie ist weg. Wahrscheinlich habe ich sie verloren. Oder ich habe den Vorfall vorhin nur geträumt, inklusive nicht vorhandenem Kuss, Schild und Zwerg. In jedem Fall bringt mich die Sache auf eine Idee. Ich zücke mein Portemonnaie und kaufe zwei der etwa 20 Zentimeter großen Figuren. Eine davon drücke ich Simon in die Hand.

»Darf ich vorstellen: Rüdiger, dein neuer *Tomtegotchi*«, sage ich. »Vergiss bloß nicht, ihn zu füttern. Ich werde ihn in regelmäßigen Abständen zu den Arbeitsbedingungen befragen.«

Simon grinst und bedankt sich, schielt aber auch etwas misstrauisch auf den zweiten *hustomte.*

»Und für wen ist der andere?«, fragt er.

»Der ist für mich selbst«, antworte ich. »Milchreis wollte ich schon lange mal wieder machen, und ich kann ein bisschen Glück im kommenden Jahr gut gebrauchen.«

»Da sagst du was.« Simon lässt seinen Blick auf mir ruhen. So als müsste er sich darüber klar werden, was er von mir halten soll. Ich kneife nervös die Lippen zusammen, aber halte dem Blick stand.

»Tja, *det är som det är**«, sagt er schließlich.

Dann holt er tief Luft und hakt sich bei mir ein. Wir gehen weiter durch die wie mit Puderzucker bestreuten Gassen, während die

Sonne sich mit einem Farbspektakel aus Kaminfeuerorange und Granatapfelrot verabschiedet und Stockholms Lichter aufleuchten, als sei die ganze Stadt eine einzige gigantische Weihnachtsdekoration.

Am Sonntag schlafen wir aus, nachdem wir die halbe Nacht auf der Party seiner Freunde durchgetanzt haben, und nach einem sehr späten Frühstück ist es dann auch schon Zeit für mich, zum Aufbruch zu blasen. Simon erklärt, dass er mich bis Slussen begleiten möchte.

»Heute ist der 13. Dezember, weißt du?«, sagt er.

»Ja und? Was bedeutet das?«

»Heute ist *Luciadagen*.«

Ich habe natürlich schon von dem schwedischen Festtag gehört, an dem Mädchen in weißen Kleidern und mit Lichterkränzen auf dem Kopf singend umherziehen. Aber mir war nicht bewusst, dass das Fest auf den heutigen Tag fällt.

»Auf dem Hof des Stadtmuseums ist heute eine Luciafeier. Das liegt quasi auf dem Weg, und ich dachte, das ist vielleicht ein schöner Abschluss deines Stockholm-Wochenendes.«

Dass er sich keine Gedanken machen würde, kann man diesem Mann wirklich nicht vorwerfen.

Um kurz nach vier erreichen wir das Museum, ein wunderschönes weiß gestrichenes Gebäude aus dem 17. Jahrhundert, das u-förmig um einen Innenhof gebaut ist. Es ist bereits seit einiger Zeit dunkel. Auf dem Hof haben sich schon eine Menge dick eingepackter Leute eingefunden. Simon stellt meine Tasche ab, die er wieder den ganzen Weg hierher geschleppt hat, und bittet mich, zu warten. Dann verschwindet er zu einer seitlich aufgebauten Bude und kommt kurz darauf mit zwei Bechern *glögg* zurück. Außerdem balanciert er einen Pappteller mit zwei Stückchen eines curryfarbenen stutenartigen Gebäcks, das aussieht wie eine schiefe Acht mit je einer Rosine in den Kringeln.

»*Lussekatter*«, sagt Simon, »Hast du die schon mal gegessen?«

Er erklärt, dass *lussekatter* übersetzt »Luciakatzen« bedeutet und dass sie im Prinzip aus dem gleichen Teig bestehen wie *kanelbullar* und *kardemummabullar*. Nur eben ohne Zimt und Kardamom, stattdessen mit im Hefeteig verbackenem Safran – daher die gelbliche Farbe. Ich probiere einen Bissen, aber weil ich noch pappsatt bin, verstaue ich den Rest als Reiseproviant für später in meiner Tasche.

Als ich den Blick über den Hof schweifen lassen, sehe ich viele Kinder, die ungeduldig herumhüpfen und die Erwachsenen an diversen Kleidungsstücken zupfen. Viele der Kleinen tragen Trollkostüme mit Zipfelmützen, die sie aussehen lassen wie eine Mischung aus dem DDR-Sandmännchen und Mikro-Nikoläusen. Andere sind als Pfefferkuchenmännchen verkleidet.

Auf einmal kommt Bewegung in die Menge. Eine Tür öffnet sich, und eine Prozession von Mädchen von ungefähr 15, 16 Jahren in weißen bodenlangen Gewändern erscheint. Sie tragen alle einen grünen Kranz auf dem Kopf und halten eine Kerze in beiden Händen. Sie werden angeführt von einer Blondine, die statt des Kranzes eine Krone aus brennenden Kerzen trägt und so grimmig aussieht wie Wladimir Klitschko vor dem Kampf.

»Das ist die Lucia«, kommentiert Simon.

»Scheint eine ziemlich ernste Sache zu sein, der Job als Lucia«, konstatiere ich.

»Oh ja. Alle Mädchen wollen Lucia sein. Das Ganze ist ein ziemlich heftiger Popularitätswettbewerb, weil die Lucia von allen gewählt wird. Das beginnt schon in der *dagis*, so heißt bei uns die Kita. Es gibt auch immer wieder Streit, wenn kleine Jungs auch gerne mal die Lucia sein wollen. Kürzlich hat ein kleiner Junge in Lund in seiner Schule Unterschriften gesammelt. Die anderen Kinder hatten ihn zur Lucia gewählt, aber der Rektor hat trotzdem darauf bestanden, dass die Lucia ein Mädchen sein muss.«

»Ich dachte, ihr seid in Schweden so unheimlich gleichberechtigt?«

»Die Gleichberechtigung hört in dem Moment auf, wenn kleine Jungs Mädchenkleider anziehen wollen. Das Kind könnte ernste Schäden davontragen und schlimmstenfalls schwul werden!«, grinst Simon. Dann fügt er ernster hinzu: »Aber es wird besser. Es gibt immer mehr Schulen und Kindergärten, in denen es männliche Lucias gibt.«

Er massiert nachdenklich sein Kinn. »Wenn man die Traditionen richtig ernst nehmen würde, müsste man Lucia sowieso mehr als eine Woche später feiern. Im julianischen Kalender war der 13. Dezember nämlich der Tag der Wintersonnenwende – nach unserem heutigen Kalender ist das ja der 21. Dezember. Es geht bei dem Brauch übrigens um den Sieg des Lichtes über die Dunkelheit. Darum die ganzen Kerzen.«

»Ehrlich? Ich hätte eher darauf getippt, dass Lucia eine christliche Märtyrerin ist und das Ganze etwas mit der Kirche zu tun hat.«

»Hat es auch. Lucia war eine sizilianische Jungfrau, die sich nicht verheiraten lassen wollte, weil sie sich Christus versprochen hatte. Sie wurde erstochen, nachdem der verschmähte Bräutigam aus Rache verraten hat, dass sie Christin ist. Sie ist nur ganz sicher nie mit Kerzen auf dem Kopf und im weißen Nachthemd durch die Gegend gelaufen. Wenn es sie denn überhaupt gegeben hat, hieß sie wahrscheinlich auch nicht Lucia, zumindest nicht bis zu ihrer Heiligsprechung. Bei solchen Bräuchen wird ja immer alles durcheinandergeworfen. Der Weihnachtsbaum ist ja eigentlich auch eine heidnische Tradition«, sagt Simon und deutet auf die obligatorische Riesenfichte hinter uns.

In diesem Moment beginnen die heidnischen Jungfrauen vor uns zu singen.

Vom verschmähten Lover verpfiffen, denke ich, *da hab ich ja wirklich Glück gehabt, dass ich heute lebe und nicht zu Zeiten der echten Lucia.*

Simon bringt mich bis zum U-Bahnsteig. Schon vorher hat er mir genau beschrieben, wie ich zum Flugplatz im Vorort Bromma komme. Er wiederholt noch einmal alles, damit ich auch wirklich nicht irgendwo in den falschen Bus steige und womöglich in einem gefährlichen Stadtteil lande, von denen es offensichtlich selbst im so beschaulichen Stockholm diverse gibt. Ich beruhige ihn und versichere, dass ich zur Not ein Taxi nehme, falls ich mich wider Erwarten in der Bronx des Nordens wiederfinde. Das veranlasst ihn dazu, mir noch hektisch eine Taxiquittung in die Hand zu drücken, auf der eine der Rufnummern eines Stockholmer Taxiunternehmens aufgedruckt ist.

Dann dreht er sich um und linst auf die Anzeige über dem Bahnsteig. Noch vier Minuten, bis die *tunnelbana* kommt.

Plötzlich nimmt er mich in den Arm. Als er mich nach einigen Sekunden wieder loslässt, sagt er: »Weißt du, Stella, als ich gestern dein Gesicht da oben gesehen habe, war mir klar, dass dein Herz ganz woanders ist. Ich habe auch eine gewisse Ahnung, wo.«

Ich fühle mich ertappt und sage nichts.

»Coira hat mir ein bisschen was erzählt. Von deiner Geburtstagsfeier. Sie hat mir auch mal seinen Namen genannt, aber sie war sich nicht sicher, ob die Sache noch aktuell ist. Ich hatte das total verdrängt. Bis da oben auf dem Hügel. Als ich deine Reaktion gesehen habe, war mir alles klar.«

Ich schaue auf meine Fußspitzen. Meine Schuhe haben Schneeränder. Da muss ich wirklich schnell was gegen tun, sonst gehen die nicht mehr weg.

»Wahrscheinlich hast du recht«, sage ich. Aber die Hälfte des Satzes geht im Lärm der einfahrenden *tunnelbana* unter.

Das Flugzeug ist eine Propellermaschine mit jeweils zwei Sitzreihen auf jeder Seite. Ich habe einen Fensterplatz auf der rechten, der Platz neben mir ist leer. Schon kurze Zeit nach dem Abflug kommt Venus in Sicht, und weil wir die Westküste Schwedens entlangfliegen, bleibt sie sichtbar bis zu unserer Landung. Sie steht da am Himmel wie in der lauen Sommernacht, in der ich am Ängelholmer Strand stand und den Himmel betrachtet habe. Der Sommernacht, der es gelungen ist, auf mysteriöse Weise mein ganzes Leben umzukrempeln. Ist das wirklich erst ein halbes Jahr her?

Venus, was hältst du noch für mich in petto?

»Was darf es für Sie sein?«, fragt die Stewardess.

Den Mann meines Lebens, jede Menge Glück und Liebe bis ans Ende meiner Tage, denke ich und sage: »Einen Kaffee, bitte! Keine Milch, kein Zucker.«

Als ich nach dem knapp 45-minütigen Flug aus dem winzigen Flughafen in die eiskalte und verschneite Sternennacht hinaustrete, fühle ich mich fast so leicht und schicksalsergeben wie vor einem halben Jahr am Ängelholmer Strand. Ich schalte mein Handy ein: drei Anrufe in Abwesenheit.

Daneben steht der Name meines Bruders.

SECHS MONATE SPÄTER

Kapitel 18

SIEBEN BLUMEN UND EIN MITTSOMMERNACHTSTRAUM

Stella | Mein Parkplatz vor dem Schuppen ist belegt von einem alten blauen Ford, den ich noch nie gesehen habe. Auch vor Pernillas Haus stehen die Autos dicht an dicht, das Bed & Breakfast scheint voll belegt zu sein. Darum wende ich und fahre die 50 Meter bis zum Parkplatz an der Strandpizzeria.

Als ich aussteige, ist es nicht besonders warm, und in der Luft liegt ein leichter Niesel. Der Himmel ist bedeckt. Außerdem windet es, und das Meer hinter den Dünen rauscht wild. Dabei duftet es himmlisch nach Meer und Wildrosen, genau wie vor einem Jahr, als ich zum ersten Mal hier war.

Ich bin froh, dass ich mir nach der langen Autofahrt ein bisschen die Füße vertreten und meine Gedanken sammeln kann. Zwar habe ich den Weg von meinem Bruder in Bonn bis hierher nicht in einem Stück zurückgelegt, sondern bei Wanda in Hamburg übernachtet, aber mit der Fährüberfahrt von Puttgarden dauert die Fahrt von Hamburg trotz allem rund sechs Stunden. Plötzlich verfluche ich die Entscheidung, nicht vorher Bescheid gesagt zu haben. Was, wenn Madde und Börje gar nicht da sind?

Ich umklammere den Blumenstrauß, den ich in der Ängelholmer Fußgängerzone erstanden habe, und bevor ich die kleine Treppe zum Windfang von Vebon hinaufgehe, hole ich noch einmal tief Luft. Dann nehme ich innerlich Schwung, gehe entschlossen die paar Stufen hinauf und klopfe. Drinnen beginnt es wild zu bellen. Ein paar Sekunden später öffnet sich die Tür, und Madde steht vor mir. Braun gebrannt und jugendlich wie immer. Nur den Mund hat sie sonst nicht offen stehen.

»Stella!«

»Herzlichen Glückwunsch zum Geburtstag!«, sage ich feierlich und strecke ihr den Strauß entgegen. Sie nimmt die Blumen in Empfang und umarmt mich. Leider sieht sie dabei aus, als wolle sie jeden Augenblick losheulen.

Verdammt, ich komme ungelegen.

Wenigstens Lila freut sich. Sie springt wie ein Flummi um mich herum, wedelt mit dem Schwanz und leckt meine Füße in den Sandalen.

»Ich, Stella …«, stammelt Madde.

»Komme ich unpassend? Ich kann auch sofort wieder gehen. Dann hole ich nur schnell meine Kartons mit den Sommersachen aus dem Schuppen und bin in ein paar Minuten wieder weg.«

Madde schüttelt den Kopf.

»Nein, nein, ich freue mich furchtbar, dich zu sehen! Ich weiß nur nicht, wo ich dich unterbringen soll, Lucylust war nämlich die ganze Woche vermietet, und es muss erst einmal gründlich gereinigt werden, damit du …«

Sie drückt mich ein weiteres Mal an sich, und es glitzert tatsächlich in ihren Augen. Dann sagt sie: »Woher weißt du überhaupt, dass ich Geburtstag habe?«

»Das musst *du* gerade fragen. Woher wusstest du denn vergangenes Jahr, wann ich Geburtstag habe?« Ich grinse. »Madde, ich habe ein Hotel in Helsingborg gebucht. Ich wollte dir nur kurz gratulieren und meine Sachen abholen.«

Wir stehen immer noch auf der Türschwelle, und Madde sieht noch ganz aufgelöst aus.

»Das kommt überhaupt nicht infrage. Ich möchte, dass du hier übernachtest. Ich habe dich doch ein halbes Jahr nicht gesehen! Liv ist außerdem da, zu Besuch aus Australien, die musst du unbedingt kennenlernen!«

»Madde! Ich habe ein Hotel! Gebucht!«

»Unsinn! Du kannst hier nicht einfach aufkreuzen und dann sofort wieder abhauen. Aber jetzt komm endlich rein. Wir sitzen in der Veranda.«

Im Laufe des Abends kommt es natürlich, wie es kommen muss. Madde fragt zwischen Kaffee und Dessert: »Sag mal, wieso bist du eigentlich nach Weihnachten nicht zurückgekommen? Du wolltest doch Neujahr mit uns feiern.«

Ich schlucke. Das, was in den vergangenen Monaten passiert ist, ist für mich schwierig in Worte zu fassen, und das Letzte, was ich will, ist, der Geburtstagsgesellschaft die Laune zu verderben. Also versuche ich, den Bericht so kurz wie möglich zu halten, und erkläre nur, dass mein Bruder Hilfe beim Verkauf des Hauses meiner Mutter brauchte – und vor allem bei dessen Entrümpelung.

Doch das ist natürlich nur ein Bruchteil der Geschichte. Lange habe ich meine Gefühle rund um das Drama mit meiner Mutter erfolgreich verdrängen können. Doch als ich mit meinen Brüdern durch ihr Haus ging, das Haus, in dem ich meine Teenagerzeit verbracht habe, fühlte es sich an, als würden wir die Requisiten eines Lebens aussortieren. Eines geliebten Lebens, das man greifen und festhalten will, das aber stattdessen dabei ist, ganz langsam im Sande zu versickern.

Ich musste die Bücher durchgehen, die sie so gern gelesen hat und jetzt nicht mehr begriff. Die Kochlöffel und Schüsseln, mit denen sie unsere Lieblingsgerichte zubereitet hat, an die sie sich aber schon lang nicht mehr erinnert. Im Treppenhaus gab es uralte Kratzspuren, die noch von meiner ersten Katze Miss Mini stammten. Meine Mutter hatte sie nach dem Tod meines Vaters angeschafft, damit ihre Sechsjährige nicht so einsam war, während sie arbeiten musste. An jedem Gegenstand, in jeder Ecke klebten Erinnerungen, und ich hatte keinen Platz dafür. Weder für die Dinge noch für diese Überdosis an Vergangenheit, die irgendwann nur noch weh tat.

Kurz darauf war ich gezwungen, ein ähnliches Aussortieren mit den Kartons zu veranstalten, in denen die Reste meiner 16-jährigen Beziehung verstaut waren. Danach war ich erst mal urlaubsreif. Ich reagierte wie üblich: stürzte mich in die Arbeit und versuchte nach Möglichkeit, nicht zu viel nachzudenken.

Das klappt immer genau so lange gut, bis jemand nachhakt. Und jetzt bin ich den Tränen blöderweise so nah wie vorhin Madde, die in der Zeit in Schweden so etwas wie eine Ersatzmutter geworden ist.

Doch Börje rettet mich, bevor ich anfange zu heulen. Er sagt zu Madde: »Sag mal, Liebling, hast du Stella von dem jungen Mann erzählt, der kürzlich hier war und nach ihr gefragt hat?«

Madde schüttelt den Kopf: »Wann hätte ich das tun sollen?«

Ich bin ganz Ohr: »Junger Mann?«

»Na ja, dieser Joakim, der voriges Jahr auch auf deiner Geburtstagsfeier war, hat plötzlich hier geklopft und wollte wissen, ob ich weiß, was mit dir ist.«

Mir wird ganz schummrig.

»Wann war denn das?«, frage ich.

»Vor vielleicht drei Wochen. Kann auch vier her sein«, sagt Madde. »Er hat gesagt, dass er etwas in Ängelholm zu erledigen hatte und dann spontan vorbeigekommen ist, um zu sehen, ob du vielleicht da bist.«

»Und was hast du geantwortet?«

Madde zuckt mit den Schultern.

»Na, was soll ich schon gesagt haben? Nein, natürlich. Aber ich habe ihm gesagt, dass du noch Sachen hier im Schuppen hast und darum wohl zwangsläufig irgendwann mal zurückkommen musst.«

»Hat er sonst noch was gesagt?«

»Nur dass er versucht hat, dich zu erreichen. Vergeblich, wie es scheint.«

Frechheit. Der Mann meldet sich Ewigkeiten nicht, und dann behauptet er, *ich* sei nicht zu erreichen gewesen? Wozu habe ich eine E-Mail-Adresse?

»Er sah ein bisschen mitgenommen aus«, merkt Madde an.

»Hast du gefragt, was passiert ist?«

»Natürlich nicht. Das wäre doch unhöflich!«

Immer diese Schweden mit ihrer verdammten Höflichkeit.

Einige Stunden später liege ich in meinem Alkoven im kleinen Häuschen Lucylust. Liv, die genauso hübsch und herzlich wie Madde ist, nur etwa 35 Jahre jünger, hat mir gerade geholfen, das Bett frisch zu beziehen.

Ich hole das Handy mit der schwedischen SIM-Karte aus meiner Tasche. Es ist der »Knochen«, den mir Joakim vergangenen August mitgebracht hat. Jetzt schalte ich es zum ersten Mal wieder ein.

Danach mache ich mich in Ruhe bettfertig. Wasche mich, putze meine Zähne, kuschle mich ins Bett und lese etwas. Erst ganz zum Schluss, bevor ich das Licht lösche, schreibe ich eine SMS.

Hej Joakim. Ich bin in Ängelholm. Wo bist du?

Dann schalte ich das Telefon aus. *Ich* warte nicht mehr.

Wäre ja noch schöner.

Beim Frühstück am nächsten Morgen eröffnet mir Madde, dass sie schon bei Lina und Ulf Bescheid gegeben habe, dass ich morgen mitkomme.

Ich stelle perplex meine Kaffeetasse ab.

»Lina und Ulf? Wer sind denn die? Und wohin soll ich morgen mitkommen? Und warum? Ich wollte morgen eigentlich wieder fahren!«

Madde sieht mich mit diesem mitleidigen Blick an, den sie immer aufsetzt, wenn sie findet, dass ich mal wieder ziemlich verrückte Ideen habe. Etwa wie das Dessert und den Kaffee vor dem richtigen Essen zu servieren.

»Stella, morgen ist *Midsommarafton*, da kannst du auf gar keinen Fall fahren! Wir feiern alle bei Lina und Ulf, ganz alte Freunde von uns, wunderbare Menschen. Die freuen sich schon auf dich.«

»Moment mal, wieso ist morgen Mittsommer?«

»*Midsommarafton*, das ist der Tag davor«, korrigiert Madde.

Ich bin verwirrt.

»Aber die Sommersonnenwende ist doch erst am 21. Juni, also nächste Woche!«

»Der *Midsommar*-Feiertag fällt immer auf den Samstag, der dem 21. Juni am nächsten ist. Und *Midsommarafton* ist dann logischerweise am Tag davor. Das ist der Tag, an dem gefeiert wird. Ich dachte, das wüsstest du?«

Mir fällt es wie Schuppen von den Augen. Darum also war die Hotel-Mitarbeiterin gestern so erleichtert über meine Absage – sie hatte vermutlich eine Schlange zahlungswilliger Touristen vor der Rezeption stehen. Die Ironie der Geschichte ist, dass ich meine Reise extra so geplant hatte, dass ich *nicht* an Mittsommer komme, um den Touristen-Massen zu entgehen. Das ist ja gründlich schiefgegangen. Anfängerfehler.

»Im Übrigen kannst du auch gerne länger bleiben«, sagt Madde jetzt. »Lucylust ist erst ab Ende Juni vermietet. Und ich hab mir da was überlegt. Ich muss eine Grundreinigung im Häuschen machen, bevor die Sommergäste kommen. Fenster putzen, in allen Winkeln saugen und diese Dinge. Wenn du mir ein bisschen dabei hilfst, kostet dich die Woche gar nichts. Na, wäre das was?«

Ich überlege. Das klingt verlockend und wäre ein etwas würdigerer Abschluss meiner Schweden-Zeit als mein überstürzter Aufbruch vor Weihnachten. Sicher, ich habe den Auftrag für einen Artikel, den ich in gut einer Woche abliefern muss, aber den könnte ich natürlich auch hier schreiben.

»Wartest du mal eben?«, sage ich, stehe auf, gehe ein paar Schritte zur Seite und schalte das schwedische Handy ein.

Es piept fast unmittelbar.

```
Stella! Das darf nicht wahr sein: Ich bin mit
der Band auf Tour. Wie lange bist du in Ängel-
holm? Ich komme übermorgen zurück. Bitte sag,
dass du dann noch da bist! Ich muss dich sehen,
ich habe viel zu erzählen! Kram, J.
```

Ich gehe wieder zurück zu den anderen und setze mich.

»Alles klar«, sage ich. »Ich nehme das Angebot an.«

Ich kann mich beim besten Willen nicht daran erinnern, wann ich das letzte Mal so gute Laune hatte.

Über Nacht haben sich die Wolken verzogen, und am *Midsommarafton* ist es wider Erwarten warm und sonnig. Gegen Mittag versammeln wir uns alle vor dem Vebon. Wir, das bedeutet Madde und Börje, Pernilla und Liv. Lila und Karlsson stehen erwartungsvoll neben unserem kleinen Grüppchen. Auf dem kurzen Spaziergang zu Lina und Ulf werden wir aus den Gärten links und rechts mit »*Glad Midsommar!*« begrüßt. Viele in der Nachbarschaft sind damit beschäftigt, eine *midsommarstång* aufzubauen. Andere beschäftigen sich mit dem Bau eines Gartenzeltes, hängen Lampions oder Girlanden zwischen die hochgewachsenen Birken oder schleppen Berge von Tellern und Gläsern zu den Tischen auf ihren Terrassen. Und fast immer springen Horden von Kindern um die Häuser herum.

Gastgeberin Lina ist eine hübsche Frau, deren weißer Pagenschnitt von einem bunten Blumenkranz gekrönt wird und auf die das Adjektiv »alt« trotz ihrer angeblich 72 Jahre nicht passt. Ihr Gatte Ulf, ein früherer Kapitän, ist ein ebenso jung gebliebener schmaler Riese mit markanter Nase und nettem Lächeln. Beide nehmen mich in Empfang, als sei ich eine alte Freundin, dabei sehen sie mich zum ersten Mal. Es reicht, dass ich mit Familie Johansson befreundet bin, um zum Klub zu gehören.

Das traditionelle rote Holzhaus mit den weißen Fensterrahmen am Waldrand wirkt auf den ersten Blick schlicht und nicht allzu groß, entpuppt sich aber bei näherem Hinsehen mit etlichen Winkeln, Veranden und raffinierten Anbauten als Villa. Typisch schwedisches Understatement. Oder *underdrift*, wie man hier sagt. Im Garten davor rascheln alte Obstbäume im Wind, darunter haben Lina und Ulf lange Holztische aufgestellt. Im Minutentakt trudeln die Gäste ein, viele davon mit Kindern und Hunden. Die Erwachsenen bekommen ein Glas Sekt in die Hand gedrückt, die Kleinen einen Becher Holunderlimonade, die in eiskalt beschlagenen Krügen bereitsteht.

Auf einmal fühle ich, wie mir etwas Leichtes auf den Kopf gesetzt wird, das an den Ohren kitzelt. Ein Blumenkranz. Neben mir steht Madde und lächelt. Auch sie hat Blumen auf dem Kopf: »Die Kränze habe ich heute Morgen gemacht, du kannst hier schließlich nicht nackt rumlaufen.«

Ich sehe mich um: Die meisten der Mädchen und Frauen tragen nun Kränze im Haar, auch Pernilla und Liv.

Die Gäste werden an die Tafeln gebeten, auf denen zwischen duftenden Fliedersträußen Steinguttöpfchen mit verschiedenen Sorten Sill, dem eingelegten Hering, stehen: Hering mit Senfsoße, Hering mit Dill, Hering mit Zwiebeln und Hering mit Holunder. Insgesamt sehr viel Hering. Außerdem Schüsseln mit Dill-Kartoffeln, Platten mit Käse und gekochten Eiern mit Schnittlauch und saurer Sahne. Dazu gibt es Knäckebrot und Butter. Alles in einer Szenerie, die Besserverdiener deutscher Großstädte für ihre Hochzeiten und andere Events mit viel Geld mühsam zu inszenieren versuchen oder an der man in den Fotostrecken der Lifestyle-Magazine hängen bleibt und denkt: Ach, so was Schönes, das gibt es doch gar nicht!

Vielleicht gibt es das *wirklich* gar nicht, vielleicht träume ich nur – und habe mir Joakims Nachricht nur eingebildet. Vorsichtshalber kneife ich mir unauffällig in den Arm. Tut weh. Alles bestens also.

Ich frage mich, was Joakim mir wohl zu erzählen hat, aber da muss ich mich wohl noch etwas gedulden.

Nach dem rustikalen Snack bricht auf einmal Geschäftigkeit aus. Viele Gäste springen auf und schwärmen in verschiedene Ecken des Gartens aus. Eine Gruppe von Kindern zwischen ungefähr 9 und 13 Jahren verschwindet aufgeregt kreischend, gefolgt von einigen glücklichen Hunden durch das Gartentörchen.

»Die *midsommarstång* ist bei Lina und Ulf immer ein Gemeinschaftsprojekt«, erläutert Madde. »Die größeren Kinder werden jetzt in den Wald geschickt, um Birkenreisig zu sammeln, die kleineren pflücken im Garten Blumen, und die Herren der Schöpfung bauen inzwischen das Gerüst zusammen.«

Sie deutet in Richtung eines Schuppens, aus dem jetzt Ulf und Börje eine etwa drei Meter lange, verwitterte Holzstange heranschleppen und sie in die Mitte des Gartens auf den Rasen legen. Anschließend holen sie noch eine zweite, etwas kürzere Stange. Die beiden Stangen werden von Ulf mit ein paar Bändern geschickt zu einem Kreuz verbunden. Kurz darauf kommen die Kinder schon mit großen Bündeln grüner Birkenzweige zurück, die Lina und einige andere Frauen mit Draht an den Stangen befestigen. Bis das ganze Gebilde begrünt ist, dauert es eine gute halbe Stunde. Ebenfalls begrünt werden zwei Ringe, die an den Enden der kürzeren Stange befestigt werden und nach Maddes Auskunft die Früchte des Baumes symbolisieren sollen.

Als das Ganze aufgerichtet wird und dabei ein ganz kleines bisschen zweideutig aussieht, sagt Madde zwinkernd: »Die *midsommarstång* ist ein Phallussymbol. Neun Monate nach Mittsommer werden immer noch die meisten Babys geboren, Mittsommer hat etwas Magisches!«

Dann nimmt mich Madde plötzlich an der Hand und zieht mich mit: »Komm! Jetzt sind die Frösche dran.«

»Welche Frösche?«, kann ich gerade noch ängstlich fragen und habe kurz Sorge, dass sich das schwedische Brauchtum französische Unarten wie den Verzehr von Froschschenkeln einverleibt hat. Immerhin hatten die Schweden ja mal einen französischen König, von dem der amtierende Monarch noch abstammt.

Doch dann werde ich vom Gruppendruck in die Knie gezwungen. Die ganze Meute fängt an, sich wie ferngesteuert im Uhrzeigersinn um die Stange zu bewegen. Erst hocken sich alle hin und hopsen dann wie die Wahnsinnigen in die Höhe. Ich kenne so etwas noch von den Torturen aus dem Sportunterricht mit Lehrer Müller, der nebenbei Reserveoffizier bei der Bundeswehr war, eine leicht sadistische Ader hatte und die Sporthalle immer wieder mit dem Schützengraben verwechselte. Sein gnadenloses »Keine Müdigkeit vorschützen! Aufstehen! Hinlegen! Aufstehen! Hinlegen! Hopp! Hopp! Hopp!« werde ich nie vergessen.

Im Gegensatz dazu ist das Zirkeltraining hier allerdings noch um eine Spur verschärft: Dazu wird nämlich gesungen! Genauer gesagt *Små grodorna, små grodorna, är lustiga att se**. Die kleinen Frösche sind lustig anzusehen, heißt das, und ich bin mir sicher, dass das den Tatsachen entspricht.

Einige Stunden und diverse Gartenspiele (*Kubb*, Eierlaufen und Tauziehen, Mittsommer scheint so eine Art Kindergeburtstag für alle zu sein) später steht die Sonne immer noch ziemlich hoch am Himmel. Pernilla hat Karlsson auf dem Schoß, die alle viere nach oben streckt und es sichtlich genießt, am Bauch gekrault zu werden. Ulf hat den Grill angeworfen, an dem er sich mit den anderen Männern abwechselt – der »Mann am Grill« scheint ein internationales Phänomen zu sein. Natürlich werden mit der Zeit auch die unausweichlichen Schnapslieder angestimmt, und als wir gegen elf den Heimweg antreten, bin ich ordentlich *berusad* – angeschickert.

Womit ich nicht die Einzige bin. Pernilla und Liv tuscheln und kichern, Madde hat sich bei Börje untergehakt, und die beiden sind bei noch besserer Laune als normalerweise.

»Hast du denn auch brav all die sieben Sorten Blumen gesammelt?«, fragt mich Börje.

Müssen diese Schweden eigentlich immer in Rätseln reden?

»Sieben Sorten Blumen?«

»Ja, du musst sieben Blumen sammeln und dann unters Kopfkissen legen. Der Mann, von dem du in der Nacht träumst, mit dem wirst du den Rest deines Lebens verbringen«, erklärt Börje.

»Das ist aber riskant. Stellt euch vor, ich träume versehentlich von meinem früheren Sportlehrer. Oder von niemandem. Ich träume oft gar nichts!«

»Man träumt *nie* gar nichts. Man kann sich nur nicht immer erinnern«, erklärt Madde und lächelt beseelt.

Ich lache und werfe einen Blick in den Himmel. Die Sonne ist vor gut einer Stunde untergegangen, im Nordwesten sieht man noch einen rosa Schimmer. Trotzdem wird es nicht lange dauern, bis es zumindest zum Blumenpflücken zu dunkel ist.

»Das hättet ihr mir jedenfalls vorher sagen sollen, jetzt ist es ein bisschen spät. Oder darf ich dafür auch die Blumen aus dem Kranz verwenden, den du mir geschenkt hast?«

»Auf gar keinen Fall, das wäre ja gepfuscht!«, ruft Liv. »Du musst die Blumen selbst pflücken, und es müssen Wildblumen sein. Bei mir hat das super geklappt, Dylan und ich sind jetzt seit zwei Jahren zusammen.«

Madde nickt.

»Und wir wollen heiraten!«

Madde und Börje bleiben abrupt stehen und schauen ihre Tochter an. Pernilla guckt etwas betreten und streichelt Karlsson. Ich fühle mich mit einem Mal gewaltig fehl am Platz.

»Ich … ich wollte es euch schon eher sagen, aber irgendwas ist immer dazwischengekommen. Also, jetzt ist es raus: Dylan und ich wollen im nächsten Jahr heiraten«, sagt Liv und strahlt dabei über das ganze Gesicht.

Madde und Börje stehen in Schockstarre mitten auf dem Weg, dann breiten sie nacheinander ihre Arme aus und drücken Liv an sich.

»Herzlichen Glückwunsch, mein Liebling! Das sind ja tolle Neuigkeiten!«, sagt Madde.

Als sich Madde wieder zu mir umdreht, laufen ihr Tränen übers Gesicht.

Der Mond hat sich hinter ein paar Wolken verzogen, als ich mich in derselben Nacht von Lucylust auf den Weg zu meinem Auto mache. Oben auf der Düne lege ich mich fast hin, weil ich mal wieder über diese verdammte Kiefernwurzel stolpere, doch im Handschuhfach finde ich schnell, was ich suche: meine Notfall-Taschenlampe. Dann mache ich mich auf den Weg. Sieben verschiedene Wildblumen zu finden kann ja wohl so schwierig nicht sein.

Kapitel 19

DIE MAGIE DES ELFENBERGS

Stella | Zwei Tage später sitze ich vor »Himmelstorp«, einem entzückenden alten Fachwerk-Gehöft mit Reetdach und Café-Betrieb, auf einer aus einem Baumstamm grob geschnitzten Bank in der Sonne. Ich stocke meinen Koffeinhaushalt mit einer duftenden Tasse Kaffee auf, begleitet von einer hausgemachten *kanelbulle*. Ich denke an Nils Holgersson, der auf seiner Reise mit den Gänsen hier am Kullaberg haltgemacht hat. Eine Hummel summt friedlich um ein Gänseblümchen herum, und die sattgrünen Laubbäume rascheln sachte in der Sommerbrise. Kurzum, ein perfekter Ort, um den Mann zu treffen, von dem man in der Mittsommernacht geträumt hat.

Okay, das mit dem Träumen ist Interpretationssache.

Wenn man unter Träumen den physiologischen Vorgang einer bestimmten überbewerteten Hirnaktivität während der REM-Phase versteht, habe ich nicht geträumt. Weder von Mittsommermännern noch von sonst was. Genauer gesagt habe ich in der Nacht von *Midsommarafton* auf den Mittsommer-Feiertag nämlich gar nicht geschlafen. Stattdessen habe ich Musik gehört, die Blumen unterm Kopfkissen platt gelegen und mit mutmaßlich debilem Grinsen in das Stückchen Himmel gestarrt, das man vom Bett in Lucylust aus sehen kann und das sich ab drei Uhr bereits wieder aufhellte. Von Schlaf und REM-Phasen und anderem neumodischen Zeug war in der Anleitung des Sieben-Blumen-Orakels ja auch gar nicht die Rede. Nur vom Träumen. Und das geht auch mit offenen Augen. Was den Vorteil hat, dass man genau bestimmen kann, was man träumen will.

Gegen halb drei am Morgen bin ich in der Mittsommernacht endlich mit meinen Wildblumen zurück ins Lucylust-Häuschen gekommen. Mit einem Dorn im Zeh von einem Heckenrosenbusch (wieso musste ich auch in Flip-Flops losziehen?), Brennnessel-Blessuren am Bein, diversen Mückenstichen sowie einigen Abschürfungen im Gesicht, die ich mir zugezogen hatte, als ich eine wunderhübsche violette Blume entdeckt, aber leider das Geäst des Baumes darüber übersehen hatte, weil meine Taschenlampensicht doch etwas eingeschränkt war. Kurz: Ich habe mir mit dem Pflücken der verdammten Dinger während der zwei einzigen wirklich dunklen Stunden verdammt viel Mühe gegeben, und jetzt kann ich ja wohl erwarten, dass diese dämlichen Blumen auch funktionieren!

Und nun sitze ich hier. Die *kanelbulle* ist gegessen, der Kaffee getrunken. Inzwischen ist es 20 nach 4. Von Joakim keine Spur. Ich habe bereits versucht, ihn zu erreichen, aber er nahm nicht ab. Das ist seltsam. Denn auf meinen Vorschlag von gestern, sich heute auf dem Kullaberg zu treffen, hat er eigentlich ziemlich begeistert reagiert.

Das war zumindest mein Eindruck. Aber mein Eindruck ist ja öfter mal … falsch.

Als er um halb fünf immer noch nicht aufgetaucht ist, komme ich zu der Überzeugung, dass ich mich in der Uhrzeit geirrt habe. Ich bringe das benutzte Geschirr nach drinnen zur freundlichen Wirtin, wie man das in Schweden so macht, wenn man ein netter Gast ist, und mache mich auf den Weg zurück zu meinem Auto.

An der *midsommarstång* auf der anderen Seite des Hofes bleibe ich stehen. Ein letzter Versuch muss sein. Ich wähle Joakims Nummer.

Wieder klingelt es. Und zwar deutlich aus dem Wald links von mir. Joakims Klingelton ist unverwechselbar, der Anfang von Kraftwerks *Wir sind die Roboter*. Eine Sekunde später sehe ich Joakim, wie er aus dem kleinen Pfad herausjoggt, der vom Parkplatz zum Gehöft führt und atemlos »Stella!« in den Hörer ruft.

Dann sieht er mich.

Madde hat mit ihrer Beobachtung recht gehabt, er wirkt in der Tat mitgenommen. Selbst auf die Entfernung kann ich seine massiven Augenringe sehen. Außerdem ist er nass geschwitzt, das dunkle Haar klebt an seiner Stirn. Er läuft auf mich zu. Gut einen Meter vor mir bleibt er kurz stehen und sieht mich lächelnd an.

Mir wird schwindlig.

Dann macht er den letzten Schritt auf mich zu und drückt mich so fest an sich, dass mir für einen kurzen Moment der Atem stockt. So müssen sich die Wildblumen unter meinem Kopfkissen auch gefühlt haben, als ich sie die halbe Nacht mit meinem Schädel plattgewalzt habe.

Kein Mensch, denke ich, *kann so gut und herzlich umarmen wie Joakim.*

»Es ist so gut, dich zu sehen«, sagt er und lässt mich zu meinem Bedauern wieder los. »Entschuldige, dass ich zu spät bin, aber ich wollte eine Abkürzung nehmen, die sich als Sackgasse rausgestellt hat. Und dann musste ich den Berg hoch.«

Es fällt mir siedend heiß ein: Joakim hat keinen Führerschein! Wie er herkommt, habe ich bei meinem Spitzenplan leider nicht bedacht. Er muss mit dem Rad gefahren sein …

»Oh nein. Wieso hast du nichts gesagt? Ich hätte dich abholen können. Oder wir hätten uns woanders treffen können!«

»Unsinn, ich wollte dir doch schon so lange den Kullaberg zeigen. Du warst noch nie hier, oder?«

Ich schüttele den Kopf.

»Dann wird es mal Zeit. Komm, ich will dir was zeigen.«

Eigentlich, denke ich, *wird es mal für was ganz anderes Zeit.*

»Wolltest du mir nicht was erzählen?«, wundere ich mich.

»Ja, und das werde ich auch. Aber wir haben alle Zeit der Welt. Oder hast du es eilig?«

Ich schüttele den Kopf und betrachte ihn forschend. Sonst war es ja immer Joakim, der überstürzt zu nicht näher benannten Zielen aufbrechen musste. Wenn er jetzt auf einmal alle Zeit der Welt hat, haben wir es vielleicht wirklich mit einer neuen Situation zu tun. Außerdem bekomme ich ganz subtil den Eindruck, dass Joakim Muffensausen vor dem hat, was er mir erzählen will. Ich habe ja keine Ahnung, ob mir der Inhalt seiner Geschichte überhaupt gefällt, aber ich habe so ein Gefühl von Zuversicht im Bauch. So als würde hier und jetzt alles beginnen, an seinen Platz zu fallen.

Joakim führt mich auf einen Waldweg, der hinter »Himmelstorp« beginnt. Nach kurzer Zeit fällt der Hang zur Rechten ab, und ich sehe tief unten das Meer durch die Zweige glitzern. Eine laute Brandung lässt ahnen, dass das Wasser nicht einfach nur auf einen Sandstrand plätschert, sondern sich an Felsen bricht.

Als unsere kleinen Finger einander zufällig streifen, nimmt Joakim meine Hand, und ich bekomme augenblicklich eine Gänsehaut am ganzen Körper. Wir begegnen keiner Menschenseele, und es würde mich nicht wundern, wenn wir uns außerhalb der normalen Zeit aufhielten, in einer Parallelwelt, in der es nur uns gibt. Nach einer Weile öffnet sich vor uns der Wald, und wir stehen mitten auf einer Lichtung im Sonnenschein. Rings um die Lichtung liegen große graue Felsbrocken, die so alt und verwittert aussehen, als befänden sie sich dort seit Anbeginn der Zeit, auch wenn sie ganz klar von Menschenhand hierhergeschafft wurden. Es ist still, nur die Bäume rascheln ein wenig im Wind. Die Sonne hat den Zenit überschritten, und die Schatten beginnen zu wachsen, fast wie lebendige Wesen.

Hier, schießt es mir durch den Kopf, *hier ist ein magischer Ort. Hier ist alles möglich!*

Kaum habe ich das gedacht, dreht sich Joakim zu mir um. In Zeitlupe nimmt er mein Gesicht in beide Hände und küsst mich. Es fühlt sich an wie der erste echte Kuss meines Lebens.

Joakim | Die Zeit bleibt stehen, und die Luft wird zum zähflüssigen Glas, während wir uns küssen.

Wir.

Stella und ich küssen uns.

Das ist besser, als ich es mir je hätte vorstellen können – und ich kann mir eine Menge vorstellen.

Wir küssen uns tatsächlich, hier und jetzt. Kann das wahr sein? Oder ist es wie in *Matrix*, als Neo lernt, mit dem Code zu spielen?

Ich nehme einige tiefe Atemzüge von der Brise, die vom Meer heraufweht. Es ist Zeit, Worte zu finden. Dann erzähle ich Stella alles. Vom Unglück vieler Jahre und von verzweifelten Versuchen, zu einer Liebe zurückzufinden, die verloren gegangen war. Davon, wie das mein Dasein in Trümmer gelegt hat. Davon, wie ich den Halt verloren habe, obwohl ich schon lange zuvor wusste, dass das passieren würde. Dass es vielleicht passiert ist, weil ich aufgegeben habe. Ich habe mich selbst zu einem Gespenst gemacht.

Ich erzähle, wie ich mehrere Monate anderen Menschen aus dem Weg gegangen bin und wie ich mich in eine Art innere Stille getrunken habe. Eine Stille, die mich nicht jede Sekunde mit tausend Fragen quälte, auf die ich keine Antwort wusste. Und wie ich allmählich aufwachte und anfing, in Richtung Licht zu klettern. Als ich aus dem Abgrund herauskam, den ich mir selbst gegraben hatte, war ich ein anderer Mensch. Joakim Version 2.0, vergangenheitskompatibel und bereit für die Zukunft.

»Tja, und dann habe ich direkt versucht, dich anzurufen auf der schwedischen Nummer, aber du hast nicht geantwortet. Ich nahm an, dass du nicht mit mir reden willst. Das wäre ja mehr als verständlich, nachdem ich einfach so verschwunden bin. Und dann kam mir plötzlich der Gedanke, dass du vielleicht jemand anderen kennengelernt hast. Oder zurück nach Deutschland gegangen bist …«

Ich hole noch einmal tief Luft, dann gebe ich zu: »Du hast keine Ahnung, wie oft ich angefangen habe, dir zu schreiben, aber ich habe die Nachrichten nie abgeschickt, weil ich Angst vor deiner Reaktion hatte. Du hattest schließlich allen Grund, sauer auf mich zu sein. Aber als ich vor einer Weile in Ängelholm war, musste ich einfach in Lucylust vorbeifahren, um zu sehen, ob du vielleicht doch noch da bist. Aber das warst du ja nicht ...«

Bei der Erinnerung an diese Enttäuschung habe ich auf einmal einen Kloß im Hals und gebe mein Bestes, um nicht anzufangen zu heulen.

Doch in diesem Moment nimmt Stella meine beiden Hände fest in ihre. Dann sagt sie: »Aber *jetzt* bin ich hier! Ich habe ja keine Ahnung, wie es weitergeht, aber wenn ich eines weiß, dann, dass ich bei dir sein will.«

Stella | Ich weiß nicht, wie viel Zeit vergangen ist. Wir liegen Hand in Hand im Gras. Irgendwo summt eine Hummel, und ein Pfauenauge tänzelt farbenfroh wie ein chinesischer Glücksdrache vor dem Blau des Himmels auf und ab. Ich folge dem Schmetterling mit dem Blick und entdecke ein Wiesel direkt neben meinem linken Fuß. Es reckt den Kopf aus dem hohen Gras, stellt sich auf die Hinterbeine und beäugt uns neugierig. Dann hüpft es in perfekten Sprungbögen um unsere Füße herum und betrachtet uns von der anderen Seite. So als wollte es sagen: Was tun die denn hier? Wer sind die?

Ich stupse Joakim an und lege den Finger auf den Mund. Das Wiesel taucht nun an unseren Köpfen auf, aber als es bemerkt, dass es von zwei menschlichen Augenpaaren neugierig betrachtet wird, springt es hinter einem der Steine raschelnd ins Unterholz. Ich drehe mich auf die Seite zu Joakim und stütze den Kopf auf einen Ellbogen.

»Was ist das hier eigentlich?«, frage ich.

»Ein *domarring* aus der Eisenzeit«, antwortet Joakim. »Ein Friedhof, aber vor allem ein Platz, an dem man sich beraten hat.

Auf den Steinen hier traf sich der Rat der Weisen. Darum sind es auch neun Steine, eine ungerade Zahl, damit die Abstimmungen zu einem klaren Ergebnis kamen.«

Ich zucke zusammen, als etwas im Wald raschelt. Werden wir von noch mehr Wesen beobachtet als von einem kleinen Wiesel? Von wem?

»Als Kind habe ich geglaubt, dass unter den neun Steinen Elfen leben, die hier in den Sommernächten tanzen«, erklärt Joakim. »Als ich acht oder neun Jahre alt war, haben wir an dieser Stelle einmal Mittsommer gefeiert. Das war das erste Mal, dass ich hier war. Eine alte Dame hat ein Lied gesungen, das die Elfen ihrer Großmutter beigebracht hatten. Ich war vollkommen sicher, dass die Elfen um uns herum waren. Ich konnte sie nur nicht sehen.«

»Wer weiß, wer das Wiesel eben eigentlich war …«

Dann deute ich auf den Waldrand, wo sich die Schatten wie tanzende Elfen bewegen und der Wind die Blätter einen leisen Gesang anstimmen lässt. »Schau, wenn man genau hinsieht, dann sieht man sie: Puck, Oberon, Titania und all die anderen …«

Joakim nickt: »Du hast recht. Weißt du, eigentlich soll man die sieben Wildblumen heute pflücken, am tatsächlichen Tag der Sommersonnenwende. Der 21. Juni ist der wirklich magische Tag. Keiner weiß, woher diese Tradition eigentlich stammt. Aber ich glaube, dass die Menschen, die hier begraben worden sind – ungefähr zur Zeit, als das Römische Reich unterging –, zu ihren Lebzeiten auch schon Blumen an Mittsommer gesucht haben. Sollen wir schauen, ob wir welche finden?«

Als die Sonne an diesem Abend in den sich kräuselnden Wellen des Kattegats versinkt, legt jeder von uns sieben Blumen unters Kopfkissen im Bett in Lucylust. Wir haben noch keine Absicht, uns schlafen zu legen. Aber wenn wir schließlich einschlafen, weiß ich genau, von was und von wem ich träumen werde.

EIN LEBEN FÜR
DIE WISSENSCHAFT

Europa aus der Satelliten-Perspektive, gegen Abend. Man sieht viele erleuchtete Flecke. Paris ist deutlich zu erkennen. London. Rom. Madrid. Moskau. Berlin. Köln. Hamburg. Sogar das Ruhrgebiet ist auszumachen.

Nun wird ein wenig gezoomt. Rom und Madrid fallen weg, nur noch Nordeuropa ist zu sehen. Dänemark und Schweden kommen in den Fokus.

Zoom: Eine Meerenge zwischen den beiden Ländern, links in Dänemark ist deutlich ein Schloss zu erkennen, das wie ein Leuchtturm ein umlaufendes Leuchtsignal abfeuert. Kleiner Schwenk nach rechts: Man sieht nur noch Schweden, und dort eine mittelgroße Stadt am Meer. *Direkt* am Meer.

Zoom auf den Norden der Stadt. Man erkennt so etwas wie einen etwas größeren Hafen, nördlich davon einen Yachthafen mit kleineren Booten, darüber den weißen Saum eines Strandes. Die Kamera gleitet aus der Vogelperspektive hinunter in die Horizontale und zeigt eine Strandpromenade im Mondlicht. Schwebt vom Meer weg durch Straßen mit hübschen alten Stadthäusern – es sieht ein bisschen wie in Hamburg aus. Vorbei an einigen beleuchteten Lokalen, aus denen Stimmengemurmel und gedämpftes Lachen dringen. Die Kamera gleitet dann in eine stille kurze Straße an einem Hügel. Linker Hand: noch mehr alte Häuser. Rechts, in Gärten am Hang, sieht man im Mondschein Büsche und knorrige Bäumchen. Fast wie am Mittelmeer. Durch ein Holztor geht es nun auf der Häuserseite in einen hübschen Innenhof mit Rasen und weiteren Bäumchen. Man hört leise im Wind rauschende Blätter.

Schwenk auf ein erleuchtetes Fenster im Erdgeschoss. Zoom in die Wohnung dahinter. Die Kamera schwebt zwischen Umzugskartons hindurch in eine große Wohnküche.

Darin sitzt, an einem Campingtisch, eine blonde Frau, die sehr schwedisch aussieht (die Kamera hat natürlich keine Ahnung, dass sie es nicht ist). Ihr gegenüber befindet sich ein Mann, der überhaupt nicht schwedisch aussieht (die Kamera hat natürlich keine Ahnung, dass er es trotzdem ist), sondern eher wie ein französischer Filmstar. Oder ein italienischer. Dunkle Haare, ein Lächeln wie Al Pacino. Der Filmstar hält die Hand der Frau.

Die blonde Schein-Schwedin und der dunkelhaarige Schein-Nicht-Schwede schauen sich bei Kerzenschein in die Augen wie in einer Rosamunde-Pilcher-Schmonzette.

»Das ist alles schon ein bisschen wie in einer Rosamunde-Pilcher-Schmonzette«, sagt die Frau.

»In einer was?«, sagt der Mann.

»Na ja, so eine völlig absurde Geschichte, in dem sich ein adliger reicher Erbe, der inkognito als Schreiner in einer Bauernkate lebt, sich in eine Frau verliebt, die sich an der Küste Schottlands gerade nur von irgendeinem traumatischen Schock erholen will und …«

»Moment mal, ich bin aber weder reich, noch sind wir in Schottland, und ich hoffe, du hast keinen traumatischen Schock.«

»Nein, aber du weißt schon, wie ich das meine.«

»Ich gebe zu, nicht so auf Anhieb. Aber ich verstehe auch nichts von Schlonz--… Schlonfetten.«

»Schmonzetten! Was ich sagen will: Das klingt alles so unwahrscheinlich: Ich fahre zufällig in ein anderes Land, mir läuft zufällig ein Haus zu, das zufällig superidyllisch am Strand liegt und sich zufällig in deiner Nähe befindet, und dann finden wir noch die Wohnung hier, hundert Meter von dem Apartment, wo du als Kind gewohnt hast.«

»Du hast recht, das klingt unwahrscheinlich. Und doch ist es passiert. Aber sag mal, das mit der Fußmassage …«

Der Filmstar kämpft mit seinem Gesichtsausdruck.

»… also dieser Simon, da hätte ich ja gern gehabt, dass *der* erfunden gewesen wäre.«

»Ich nicht. Das war nämlich eine ganz hervorragende Fußmassage. Wanda sagt übrigens, ein Mann, der Füße massieren kann, kann auch andere Dinge. Das ist so wie mit dem Küssen.«

»*Jaså?* Und? Konnte dieser … *jävla* … Fußmasseur auch noch andere Dinge *ganz hervorragend?*«

»Ich wüsste nicht, was dich das angeht. *Du* hast dich schließlich nicht gemeldet.«

»Aber so rein interessehalber. Konnte er?«

»Möglicherweise.«

»Möglicherweise?«

»Na, ich habe es nicht nachgeprüft.«

»Das finde ich aber unwahrscheinlich. Ihr wart schließlich ein ganzes *romantisches* Wochenende in Stockholm.«

»Es war eben *nicht* romantisch. Weil ich nämlich immer an einen anderen Döskopp denken musste.«

»Döskopp? Ist das was Nettes?«

»Döskopp ist die offizielle Bezeichnung für einen Mann, der manchmal etwas schwer von Kapee ist, dessen Fußmassagekünste noch unbekannt sind, der aber wirklich wunderbar küssen kann.«

»Nach den Regeln deiner Freundin Wanda ist so ein Döskopp also ein ganz hervorragender Liebhaber.«

»Möglicherweise.«

»Wie jetzt: *Möglicherweise?*«

»Na, vielleicht sollte ich das noch mal nachprüfen. Nur, um da ganz sicherzugehen, meine ich. Aus wissenschaftlichen Gründen.«

»Das lässt sich arrangieren. Ich wäre für eine Versuchsreihe. Um wirklich absolut sicherzugehen, genügen ein paar Stichproben natürlich nicht.«

»Ein Leben für die Wissenschaft!«, ruft die Schein-Schwedin und nimmt die Hand des Mannes. Beide stehen auf.

»Tja, was soll man da machen? Die Pflicht ruft!«, sagt der Schein-Nicht-Schwede mit einem Lächeln.

Sie verlassen die Küche.

Die Kamera gleitet an ihnen vorbei, wie sie um die Ecke aus dem Blickfeld verschwinden, wieder rückwärts hinaus aus der Küche, vorbei an den Umzugskartons, hinaus in den Hof, wo die Blätter rauschen. Sie schwenkt nach oben in den Sternenhimmel, Richtung Südwesten. Dort steht Venus am Himmel, der Morgenstern. Darunter sieht man, mit etwas Fantasie, ein Wort:

ENDE*

* vorläufiges

WIR MÜSSEN DA NOCH WAS ERKLÄREN

Wir, die beiden Protagonisten dieser unserer Geschichte, müssen Ihnen an dieser Stelle vermutlich mal ein paar Geständnisse machen.

Sie haben es ja gemerkt: In unsere Geschichte waren nicht nur wir selbst verwickelt, sondern noch ein ganzer Haufen anderer Leute. Menschen, die nicht alle in die Kategorie »Person des öffentlichen Lebens« fallen. Diese Leute haben ein Recht auf ihr Privatleben, ohne dass eine dahergelaufene Deutsche und ein dahergelaufener Schwede Details daraus ans Licht zerren, die niemanden etwas angehen – selbst wenn einige dieser Menschen eine schwedische Personennummer besitzen und in einem Land leben, in dem das ›Öffentlichkeitsprinzip‹ gilt, eine Angelegenheit, die man diskutieren kann.

Damit Privates also privat bleibt, haben wir einige Vorsichtsmaßnahmen getroffen. Mit Ausnahme unserer eigenen Namen haben wir fast sämtliche Namen geändert. Des Weiteren haben wir auch Häuser, Straßen und Wege, die zu den Menschen führen könnten, die in unserem Buch vorkommen, umgetauft.

Die Orts- und Restaurantnamen sind allerdings in den meisten Fällen echt. Zum einen, weil es ein Leichtes gewesen wäre, die Orte, um die es in diesem Buch geht, herauszufinden. Zum anderen, weil wir vielleicht auch die ein oder andere touristische Ausflugsanregung geben möchten. Ja, Ängelholm ist wirklich eine Reise wert. Und der Kullaberg. Und Helsingborg. Und Mölle. Ach was, ganz Schweden.

Den *Monteliusvägen* in Stockholm gibt es übrigens wirklich, er hat tatsächlich eine großartige Aussicht – die beste über die Hauptstadt, wenn wir das noch einmal bekräftigen dürfen. Nebenbei bemerkt: Der Mann, nach dem der Monteliusvägen benannt ist, hieß Oscar Montelius, er war ein Ur-Ur-Onkel – oder so ähnlich – von Joakim und nicht nur in Schweden ein ziemlich bekannter Archäologe. Na ja, zumindest in Archäologiekreisen. Eine Datierungsmethode für archäologische Fundstücke, die er entwickelt hat, wird heute noch angewendet, und Oscar hat es nicht nur zu einem eigenen Weg in Stockholm gebracht, sondern es auch schon auf zwei schwedische Briefmarken geschafft.

Zurück zum Geständnis: Um ganz sicherzugehen, haben wir uns noch einiger weiterer Kunstgriffe bedient. Nicht jedes Wort wurde etwa genau so gesprochen, wie wir es aufgeschrieben haben. Außerdem haben wir auf genaue Zeitangaben verzichtet. Wir haben Ereignisse gerafft und dabei uninteressante oder irrelevante Details gestrichen. Und wir haben Dinge und Gegebenheiten auseinander gepflückt und dann wieder zusammengesetzt.

Aber trotz aller Verfremdungen bleibt unsere Geschichte wahr, und sie ist es ganz besonders an den Stellen, die am unwahrscheinlichsten klingen. Wenn wir nicht selbst wüssten, dass es so gewesen ist, wir würden es auch nicht glauben. Wir haben den Verdacht, dass der Typ, der das Drehbuch unseres Lebens zu verantworten hat, sich vorher in Sektlaune gepichelt hat. Auf alle Fälle hat er eine lebhafte Fantasie mit leichter Neigung zur Romantik. Oder alles zusammen.

DIE KLEINE STERNKUNDE

*Das verbirgt sich hinter den * im Text*

Bauer, John Der Künstler John Bauer war der in Schweden aufgewachsene Sohn eines bayrischen Metzgers und einer Schwedin. Er wurde zu Beginn des 20. Jahrhunderts vor allem für seine Märchenillustrationen von Trollen und anderen Fabelwesen berühmt.

Det är som det är, det blir som det blir Schwedisches Sprichwort: Es ist, wie es ist, es wird, wie es wird. Vergleichbar mit dem kölschen »Et kütt wie et kütt – Es kommt, wie es kommt«.

Elche Nationalmythos. Selbst Joakim hat in seinem Leben bisher keinen einzigen Elch in freier Wildbahn gesehen. Trotzdem behaupten alle Schweden hartnäckig, dass sie existieren. Ein Indiz dafür wäre immerhin, dass Elchklößchen, Elchsteaks und Elchbraten feste Bestandteile der schwedischen Küche sind. Trotzdem glaubt zumindest Stella erst, dass es Elche gibt, wenn sie einen gesehen hat, der nicht umrahmt von Kartoffelpüree und Lingonbeerkompott auf einem Teller liegt.

Faluröd Das typisch schwedische Rot, mit dem in Schweden immer noch die meisten Holzhäuser gestrichen werden. Die Farbe stammt ursprünglich aus der Stadt Falun in Mittelschweden, wo bis Anfang der Neunzigerjahre Kupferbergbau betrieben wurde. Der Grundstoff der Farbe basiert auf einem Abfallprodukt der Kupfergewinnung. Faluröd konserviert das Holz hervorragend. Ursprünglich sollte die Farbe Backstein und damit holländische Gebäude und deren Reichtum zu Zeiten der Hanse imitieren.

Fika Schwedisches Wort für Kaffeepause, die ein so wichtiger Baustein der schwedischen Kultur ist wie die damit zusammenhängende Thermoskanne. Ohne ihre *fika* würden schwedische Arbeitnehmer streiken, und die Wirtschaft läge vermutlich am Boden.

Freizügigkeit Der Mythos der freizügigen Schweden hält sich hartnäckig, dabei wird nicht einmal gemischt-geschlechtlich sauniert. Unsere Theorie ist, dass der Freizügigkeits-Mythos durch die Pornowelle der Siebziger entstanden ist. Die hatte rechtliche Gründe, weil in Schweden Pornos eher als anderswo legalisiert wurden, nämlich im Jahr 1971. Nur Dänemark war noch schneller. Der Erste, der schwedische Pornos gedreht und verbreitet hat, war ironischerweise ein italienischer Diplomatensohn, der in Schweden lebte und die politische Immunität seiner Eltern ausgenutzt hat, um die Schmuddelfilmchen nach Italien zu schmuggeln. Vielleicht kam es deswegen zu diesem Missverständnis. Tendenziell sind die Skandinavier zwar sehr gleichberechtigt – auch Frauen dürfen gern die Initiative ergreifen, ohne schräg angeschaut zu werden –, aber dabei grundsätzlich eher zurückhaltend.

Geschwindigkeitsbegrenzung Wenn nichts anderes angegeben ist, gelten 50 km/h innerorts, 70 km/h außerorts und 110 auf dem *motorvägen*, dem schwedischen Pendant zur Autobahn. Angeblich soll es einige wenige Strecken mit 120 km/h geben (das hält Stella aber für ein Gerücht). Außerdem fahren die Schweden meist sowieso immer ein bisschen langsamer als angegeben, vermutlich, um den Mythos aufrechtzuerhalten, dass es in ihrem Land Elche (siehe → **Elche**) gibt, die die Straße kreuzen könnten, was potenziell gefährlich wäre. Wenn es sie denn gäbe.

Helan går Ausgesprochen: *Helan gor*. Bekanntestes schwedisches Schnapslied. Bedeutet so viel wie »Der ganze Schnaps muss runter«. Wurde vom schwedischen Eishockeyteam nach dem Sieg bei der Weltmeisterschaft 1957 angeblich statt der Nationalhymne gesungen.

Jantelagen Der Begriff des »Jante-Gesetzes« stammt aus der Feder des norwegischen Schriftstellers Aksel Sandemose, der einen Roman über die fiktive dänische Kleinstadt namens Jante geschrieben hat. Eine Parabel, mit der Sandemose die engstirnigen Bewohner der Stadt in Dänemark aufs Korn nahm, in der er aufgewachsen war. Das fiktive Jante-Gesetz ist ein Kodex, an dem die Bewohner von Jante ihr Verhalten auszurichten haben, und es beschreibt einen Kleingeist, der besonders in Skandinavien wächst und gedeiht. Sandemose hat das Phänomen mit den Zehn Geboten des Gesetzes von Jante in Worte gefasst:

Du sollst nicht glauben, dass du etwas bist.
Du sollst nicht glauben, dass du genauso viel bist wie wir.
Du sollst nicht glauben, dass du klüger bist als wir.
Du sollst dir nicht einbilden, dass du besser bist als wir.
Du sollst nicht glauben, dass du mehr weißt als wir.
Du sollst nicht glauben, dass du mehr bist als wir.
Du sollst nicht glauben, dass du zu etwas taugst.
Du sollst nicht über uns lachen.
Du sollst nicht glauben, dass sich irgendjemand um dich kümmert.
Du sollst nicht glauben, dass du uns etwas beibringen kannst.

Die Ironie an der Geschichte ist, dass viele Skandinavier glauben, Sandemose sei der Erfinder dieser Lebenseinstellung und ihr Befürworter. Dabei hat er sie nur beschrieben – und verabscheut. Einige halten das Jante-Gesetz sogar für eine gültige Anleitung (gewisse Lieferwagenfahrer auf dem *motorvägen* in Richtung Lund, zum Beispiel). Zum Glück ist es nur eine Minderheit, die sich benimmt, als sei sie qua himmlischer Fügung berufen, alle anderen nach den Zehn Geboten des Jante-Gesetzes zu überwachen und zu bestrafen.

Kattegat Das Kattegat, an dem Ängelholm liegt – also so gerade eben liegt, aber knapp dabei ist auch dabei –, gehört streng genommen gar nicht mehr zur Ostsee und darf darum mit Fug und Recht als Meer bezeichnet werden. Jawohl, es gibt sogar Leute, die es zur Nordsee zählen. In Skandinavien ist man aber wohl allgemein der Ansicht, dass das Kattegat so eine Art eigenes Geschlecht ist, weder das eine noch das andere.

Kräftskiva Party, auf der große Mengen Binnenseekrebse unter Zuhilfenahme alkoholischer Getränke in karnevalesker Aufmachung verzehrt werden.

Knäckebrot Eines der schwedischen Grundnahrungsmittel. Der Schwede kennt ungefähr so viele Sorten Knäckebrot, wie der Ire unterschiedliche Sorten Regen. Wenn ein Schwede sagt: *Jag gör en smörgås* (Ich mach mir ein Butterbrot), meint er nicht selten ein Knäcke.

Lagom (Dativ Plural von »lag« = Gesetz) *Lagom* bedeutet übersetzt in etwa »gemäß dem Gesetz«. Folgende weitere Bedeutungen haben sich eingebürgert: »weder zu viel noch zu wenig«, »maßvoll«, »passend« oder »genau richtig«. Ein Schwede sollte nicht groß tun, nicht übertreiben und nicht mehr begehren als seine Mitmenschen (siehe auch → **Jantelagen**). Man kann ein *lagom* großes Auto fahren, *lagom* beschwipst sein und *lagom* viel Geld verdienen. Man kann eine *lagom* große → **stuga** besitzen, ein *lagom* kleines Boot haben oder *lagom* lange Ferien verbringen. *Lagom* ist ein relativer Wert, der in Balance mit einer Art Durchschnitt stehen soll, welcher auf magische Art gemeinsam bestimmt wird, ohne dass man darüber sprechen muss.

Viele Schweden glauben, *lagom* sei eine schwedische Besonderheit, ähnlich wie das Jante-Gesetz. Wie selbiges ist jedoch *lagom* ein über schwedische Grenzen hinaus verbreitetes Phänomen. Ein Wort für *lagom* gibt es in allen skandinavischen Sprachen, im baltischen Raum, in den slawischen Sprachen und in Japan. Im Gegensatz zum Jante-Gesetz wird das *lagom*-Konzept aber meist als positiv erlebt. *Lagom är bäst* – »lagom ist am besten« – lautet eine klassische Maxime. Aber *lagom* kann auch in negativer Form verwendet werden, um einen langweiligen und fantasielosen Konformismus zu beschreiben: »Du willst nie was Spannendes machen, du bist so schrecklich *lagom!*«

Es kursiert ein Mythos, dass *lagom* seinen Ursprung in einer Zeit hatte, als die Bauern sich versammelten und aus einem gemeinsamen Topf aßen. Damit das Essen für *hela laget* – »für die ganze Gruppe« – reiche, musste jeder gleich viel bekommen. *Laget om*, so der Mythos, bedeutet demgemäß »einmal reihum«. Diese Herleitung ist etymologisch nicht korrekt, aber sie verdeutlicht die Idee auf bildhafte Weise.

Nummern ziehen In schwedischen Ämtern, Apotheken, bei der Post und einigen Geschäften ziehen die Kunden eine Nummer. Das System ist sehr entspannend, weil man sich nie streiten muss, wer denn eigentlich dran ist. Außer natürlich, eine doofe Deutsche steht rum und kapiert nichts.

Personnummer Hauskatzen und Hunde haben eine Nummer ins Ohr tätowiert, damit man weiß, wo sie hingehören. Schweden haben dafür eine *personnummer*, also eine persönliche Nummer, unter der die meisten persönlichen Daten zusammengefasst gespeichert sind.

Pizzasalat Mysteriöse Vorspeise, die in beinahe allen Pizzerien in Schweden gereicht wird. Nach einigen Nachforschungen haben wir herausgefunden, dass der Pizzasalat von einem italienischen (Ha! Das wird Maurizio noch zu hören bekommen …) Koch eingeführt wurde, in einer von Schwedens absolut ersten Pizzerien, »Pizzeria Piazza Opera« in Stockholm im Jahre 1969. Wie und warum dieser Peppino Sperandio die Idee bekam, Weißkohl in Streifen zu schneiden, mit Öl, Essig und schwarzem Pfeffer zu vermischen und als Vorspeise zu servieren, ist allerdings unmöglich herauszubekommen. Ebenso bleibt im Dunkeln, wieso alle Pizzerien (außer der von Maurizio natürlich) in ganz Schweden diese Idee nachgemacht und damit eine schwedische Tradition ins Leben gerufen haben, die rein gar nichts mit schwedischer oder italienischer Kochtradition zu tun hat. Merkwürdig. Aber gut. Und trotz allem wesentlich weniger merkwürdig als Pizza mit Nachos und Tacosoße. Das ist nämlich wirklich seltsam!

Puss & kram Das heißt nicht etwa »Katze und Krimskrams« (oder verweist gar auf irgendwelche Schweinereien), sondern bedeutet »Küsschen und Umarmung«, eine schwedische Formel, die gern unter Briefen an enge Freunde, Liebste und Familienmitglieder verwendet wird.

Reißverschlusssystem (oder Reißverschlussverfahren) Gilt auch in Schweden, kollidiert aber mit dem schwedischen Grundbedürfnis des Schlangestehens. Wird darum nur unzureichend ausgeführt.

Sauna heißt auf Schwedisch *bastu* – sprich ungefähr: *bastü* –, und nicht alle Erwartungen des deutschen Saunagängers werden hier erfüllt. In öffentlichen Saunen wird in Schweden nach Geschlechtern getrennt, was möglicherweise daran liegt, dass viele Saunen sehr alt sind, vom Anfang des 20. Jahrhunderts. Und da gab es eben eine Abteilung für die Damen und eine für die Herren. Meistens liegen sie direkt am Meer oder an einem See, damit man darin baden kann.

Stuga (sprich: *s-tüga*) Das Wort *stuga* kommt – wie vieles andere in der schwedischen Sprache – aus dem Mittelniederdeutschen. Das Wort *stove* bezeichnete ein beheizbares Wohnzimmer. Im modernen Alltagsschwedisch ist eine *stuga* ein Freizeithaus, das nach Möglichkeit abgeschieden in der Natur liegen sollte, vorzugsweise an einem See oder am Meer. In Schweden gibt es fast eine halbe Million registrierte Freizeit-*stugor* (Pluralform), die sich auf vier Millionen Haushalte verteilen. Woher die Tradition eigentlich kommt, ist umstritten, aber eine Theorie besagt, dass die sozialdemokratische Politik des 20. Jahrhunderts dafür gesorgt hat, dass es billig und einfach war, sich eine *stuga* anzuschaffen. Ein großer Teil der Landschaft verwilderte, als Schweden eine sehr intensive Zeit der Urbanisierung durchmachte, also wollte man, dass die Leute sich wieder selbst um Grund und Boden kümmerten.

In der schwedischen Mentalität gibt es außerdem ein Bedürfnis, es *lugnt och skönt* – ruhig und schön – zu haben, wobei es unter anderem darum geht, von anderen Menschen unbehelligt die Natur zu genießen. Eine »richtige« *stuga* sollte rot sein, mit weißen Rahmen, sie sollte über eine Veranda verfügen, in der man Kaffee trinken kann, und es sollte keine Nachbarn in Sichtweite geben – die Schweden sind ein Völkchen mit großem Platzbedarf. Das ist vermutlich der Grund dafür, dass es immer noch nur gut neun Millionen Einwohner im Land gibt, andernfalls gäbe es ja zu wenig Platz für die *stugor*. Lucylust ist übrigens juristisch und architektonisch gesehen eine *stuga*, aber weil es nicht den für die Schweden so notwendigen Freiraum bietet, handelt es sich eigentlich um eine *gäststuga*, ein Gästehäuschen.

Systembolaget Staatlich geführter Laden für alkoholhaltige Getränke über 3,5 Prozent Alkoholgehalt. Selbige gibt es nur dort oder im Ausschank lizenzierter Lokale. Der *Systembolaget* hat seine Vorteile. Das Risiko, schlechte Ware zu bekommen, ist aufgrund des kontrollierten Einkaufs ziemlich klein. Wenn man nicht weiß, welcher Wein zu einem bestimmten Gericht passt, kann man ganz einfach das Personal fragen und sich darauf verlassen, eine erhellende und hilfreiche Antwort zu bekommen.

Schuhe ausziehen Kein Scherz: In Schweden ziehen sogar Handwerker die Schuhe aus, sobald sie eine fremde Wohnung betreten. Komischerweise finden Schweden trotzdem das Konzept des »Hausschuhs« seltsam, sie frieren lieber am Fuß.

Joakims
kräftor-Rezept

Die meisten *kräftor* (Krebse), die man zur Saison tiefgefroren in schwedischen Supermärkten kaufen kann, sind mehr oder weniger okay. Im Prinzip kann man sie essen, wie sie sind. Sie werden nach schwedischem Rezept (und angeblich von schwedischen Mitarbeitern überwacht) dort gekocht, wo sie gefangen werden, meistens in der Türkei oder in China. Wenn man aber etwas wählerischer ist (wie Joakim zum Beispiel), kocht man einen neuen Sud und legt die aufgetauten *kräftor* ungefähr 24 Stunden vor der *kräftskiva* darin ein. Der Geschmack ist unwiderstehlich, und die Sache ist ziemlich einfach. Aber Achtung: Die Auftauzeit mit eingerechnet benötigt man insgesamt 72 Stunden für die Zubereitung, also rechtzeitig einkaufen!

Sie brauchen:

- 4 Kilo tiefgefrorene *kräftor* von guter Qualität (Alle schwedischen Tageszeitungen rezensieren die im jeweiligen Jahr angebotenen Krebse – ein hervorragender Guide, um herauszufinden, auf welche Eigenschaften es ankommt, etwa Farbe und Konsistenz. In Deutschland kann man *kräftor* zuweilen in Filialen des einschlägigen schwedischen Möbelhauses bekommen.)
- 2 gelbe Zwiebeln
- 4,5 Liter Wasser

- 7 Esslöffel grobes Salz
- 0,5 Liter dunkles Porterbier oder deutsches Altbier
- 1,5 Esslöffel brauner Rohrohrzucker
- 15 Dillkronen (und gerne noch einige extra als Dekoration)

Wer es scharf mag:
- eine kräftige Chilischote

Ausserdem:
- einen richtig großen Topf oder einige große Schüsseln
- ein großes Sieb oder ein Durchschlag
- Zugang zu einem größeren Kühlschrank

Zunächst müssen die Krebse in der ungeöffneten Verpackung langsam im Kühlschrank aufgetaut werden. Das dauert etwa 48 Stunden. Sie so langsam aufzutauen verbessert das Endergebnis enorm, diese Vorgehensweise ist also dringend empfohlen. Im Notfall lassen sich die Krebse auch – ebenfalls ungeöffnet – in der Badewanne oder im Waschbecken in kaltem Wasser auftauen, das dauert zwischen 12 und 18 Stunden.

Alle Zutaten (außer den Krebsen und eventuell ein, zwei Dillkronen für die anschließende Deko) im Topf vermengen, aufkochen und fünf Minuten sieden lassen. Die Flüssigkeit durch das Sieb gießen und auffangen. Abkühlen. Dillkronen rausnehmen und zur Seite legen. Unbedingt auf die Hygiene achten und Löffel verwenden, nicht die Finger! Mit einem Deckel verschließen, während die Flüssigkeit abkühlt, sodass nichts hinein*kommt*, was nicht hinein*soll*.

Wenn der Sud Raumtemperatur hat (auf keinen Fall vorher!), schichtet man in einer großen Schüssel abwechselnd die Krebse und die Dillkronen aufeinander. Dann wird die Flüssigkeit darübergegossen, bis die *kräftor* ganz bedeckt sind. Abenteuerlustige können eine ganze Chilischote dazulegen.

Mit Frischhaltefolie oder einem dicht schließenden Deckel abdecken und 24 Stunden im Kühlschrank ziehen lassen. Je nach Lust und Laune mit gekochten Dillkronen garnieren.

Fertig!

Lätt som en plätt och sagolikt gott! (So einfach wie ein Pfannkuchen und sagenhaft gut!)

»Verliebt in Schweden« – das Blog zum Buch

Sie wollen mehr? Wie es Stella und Joakim in Schweden weiter ergeht, lesen Sie in Stellas Blog unter www.verliebtinschweden.de. *Välkommen!*

Von der Liebe, dem Leben und einem Neuanfang

Lidewij van Wilgen
TRÄUME ERNTEN
Eine junge Frau,
ein altes Weingut und
ein neues Leben
Aus dem
Niederländischen von
Anja Lademacher
288 Seiten
ISBN 978-3-404-60743-3

Dem stressigen Alltag entfliehen. Noch mal ganz von vorne anfangen: Zusammen mit ihrem Mann Aad kauft die junge Lidewij ein altes Weingut in Südfrankreich. Doch das junge Paar aus Amsterdam ahnt nicht, wie steinig der Weg zum neuen Glück ist: Das Haus muss renoviert werden. Das Winzerhandwerk ist voller Tücken. Und die Dorfgemeinschaft steht den Fremden skeptisch gegenüber. Als schließlich das Geld ausgeht, muss Aad zurück in seinen alten Job. Ist das schon das Ende? Nicht für Lidewij. Auf sich allein gestellt fängt sie an zu kämpfen. Um das Weingut – und um ihre Ehe …

Bastei Lübbe Taschenbuch